脑瘫儿童引导式教育项目系列

Conductive Education for Children with Cerebral Palsy:
Teaching and Learning（Second Edition）

中国残联社会服务指导中心 ◎ 主编

脑瘫儿童引导式教育教与学（第二版）

中国残联长江新里程计划项目办公室　中国康复科学所
中国康复研究中心　首都医科大学康复医学院　◎ 组织编写

脑瘫儿童引导式教育项目系列编辑委员会名单

主　编　郑毓君　李建军
副主编　刘宇赤　郑飞雪　何丽辉
编　委　（以姓氏笔画为序）

王小宇	王彩云	韦玉琴	刘彩红
刘　璐	杨施华	杨燕燕	李远梅
李丽映	何宝莺	余丽亚	张一奚
陈　艳	陈惠英	周访华	赵秋华
骆怡漱	莫　文	徐　凯	黄卫平
黄丽华	曹丽敏	龚　勇	彭　辉
蒋佳佳	韩佳馨	程　颖	温　洁
蔡　中	戴素青		

脑瘫儿童引导式教育教与学（二版）编写组

主　编　郑毓君　郑飞雪
编　者　（以姓氏笔画为序）
　　　　　王小宇　刘彩红　杨施华　杨燕燕
　　　　　李远梅　何宝莺　余丽亚　张一奚
　　　　　陈　艳　陈惠英　周访华　郑飞雪
　　　　　郑毓君　骆怡潋　莫　文　徐　凯
　　　　　黄卫平　曹丽敏　龚　勇　彭　辉
　　　　　蒋佳佳　韩佳馨　温　洁　蔡　中
　　　　　戴素青
插　图　郭铭儁

再版编者的话

据第二次全国残疾人抽样调查,我国0~6岁各类残疾儿童约有167.8万人。儿童期是康复的黄金时期,通过早发现、早诊断、早干预,多数残疾儿童能显著改善功能,不仅可以减轻家庭经济、精神负担,更能正常上学、就业,为社会作出积极贡献。

多年来,各级党政组织对残疾儿童的康复工作给予了高度重视,残疾儿童的康复工作全面发展。国家先后出台了相关政策、法规,组织实施残疾人发展纲要。残疾儿童的康复工作由早期单纯的残疾康复发展到预防康复、医疗康复、社区康复、家庭康复等多形式、多途径康复模式。康复概念更是深入人心,残疾儿童的社会地位显著改善。让残疾儿童融入社会,享受生活成为一种社会共识。2018年10月全面实施的《残疾儿童康复救助制度》,更是实现了残疾儿童康复救助工作从项目式运作到制度化保障的转变,解决了过去残疾儿童康复救助覆盖面窄、持续性差的问题。

"长江新里程计划"项目是中国残疾人联合会(简称中国残联)与李嘉诚基金会长期合作的重点工作和品牌项目,对弘扬人道主义思想和李嘉诚先生"助无助者"的美德,对促进残疾人事业的长远发展,具有十分重要的意义。

脑瘫儿童在肢体残疾儿童中比例高,数量大,康复需求迫切。秉承"早发现早诊断早干预"的原则,如果能在早期进行有效干预性康复和治疗,则可以有效改善功能状况、增强生活自理能力,提高社会参与能力。

面对脑瘫儿童康复的重要性以及所面临的问题,2007年中国残疾人联合会与李嘉诚基金会在"长江新里程计划"(第二期)设立"脑瘫儿童引导式教育项目",采用康复与教育的整合方式为脑瘫儿童提供服务,探索适合我国本土的脑瘫儿童引导式教育模式。在前期基础上,"长江新里程计划"(第三期)脑瘫儿童引导式教育项目进一步推广脑瘫儿童引导式

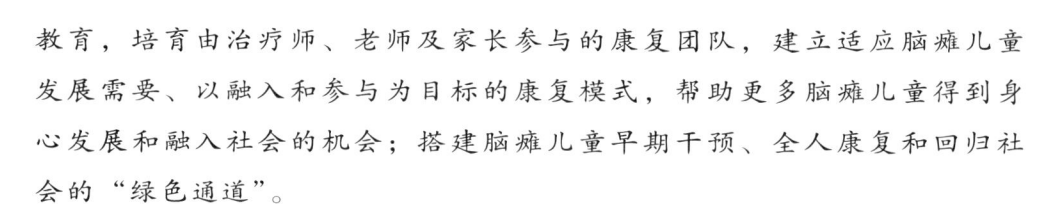

教育，培育由治疗师、老师及家长参与的康复团队，建立适应脑瘫儿童发展需要、以融入和参与为目标的康复模式，帮助更多脑瘫儿童得到身心发展和融入社会的机会；搭建脑瘫儿童早期干预、全人康复和回归社会的"绿色通道"。

在中国残联康复部、长江办的部署下，在中国康复研究中心和中国康复科学所的领导下，中国残联社会服务指导中心具体负责脑瘫儿童引导式教育项目的组织实施。通过出台相关规范化管理文件、成立项目专家指导组、中末期评估、项目工作会议等，加强项目管理；通过实地指导、培训、上岗考核等，提升训练机构服务能力，督促各项目机构保质保量完成任务；通过专题培训、资料库建设、评估指导等，培育示范中心，进一步发挥示范、引领作用；推进手机APP平台应用、融合教育试点等，进一步拓展项目工作，推动项目机构开展多种形式的宣传，积极参与国际合作交流活动，推广项目成果。各项目机构认真落实各项工作，在人员建设、服务创新、模式探索等方面取得了一定的成绩，为探索引导式教育在脑瘫儿童康复的本土化发展做出了积极地贡献，促进了脑瘫儿童融入社会等康复目标的实现。

本教材是由几个全面推行或曾经全面推行引导式教育的康复中心的人员，根据实际经验而编写。2012年第一版出版后，一直成为开展引导式教育的机构或康复中心所采用的参考资料。除供求原因，需再版编印，更因为促进从事引导式教育的康复与教育专业人员提高水平。

作为培训教材，此次再版新增及修订了部分篇章。在理论方面，增加了基础性的理论知识，例如，第一章脑瘫儿童康复概述：正常儿童发育及脑瘫概述，除了引入最新的脑瘫定义，也通过浅显易懂的语言及图文并茂的图示帮助专业人员了解及巩固相关的理论知识。此外，引导式教育与世界卫生组织颁布的"国际功能、残疾和健康分类"（ICF）"生物—心理—社会学"概念相吻合，在"理论篇"第三章引导式教育基本元素章末的"再版资料补充"中，编者做了精简的对照。"实践篇"的部分内容，包括第一章引导式教育康教计划流程、第二章评估与目标制订、第三章主题的运用、第四章编写习作程序及第九章成功案例，都有新增的资料作参考。期望再版内容能为康复与教育专业人员提供具体的帮助。

初版编者的话

2007年，正值中国残联与李嘉诚基金会合作实施的"长江新里程计划"（第一期）圆满成功之际，李嘉诚先生及其属下长江集团再次投入一亿港币，继续支持"长江新里程计划"项目，实施假肢服务、高科技助残就业、脑瘫儿童康复与残疾预防，又一次见证了李嘉诚先生"助无助者"的慈善情怀和博爱精神，十余万残疾人及其家庭将因此受益。

我国0～6岁脑瘫儿童约计31万，每年新增4.6万，80%的脑瘫儿童生活在农村。许多脑瘫儿童由于不能及时、有效地治疗和训练而错失康复的最佳时机，由轻症发展到重症，甚至终生不能自理。我国政府采取了一系列措施，推进残疾儿童的康复工作。然而，由于脑瘫儿童数量多，康复资源缺少、专业人员匮乏，很多脑瘫儿童特别是贫困地区的脑瘫儿童很难得到需要的康复教育。"长江新里程计划"脑瘫儿童康复与残疾预防项目为改变这一现状提供及时助力。

20世纪80年代，香港康复界面对许多已经成长为青少年的脑瘫儿童，其功能改善并不理想，不能生活自理，不能与人沟通，性格非常被动，而且还会随着年龄的增长出现畸形，他们开始质疑："我们给儿童的治疗正确吗？"引导式教育以人为本的康复模式被香港主流康复机构、特殊教育学校认同并快速引入。通过引导式教育的实施，康复工作者们从脑瘫儿童身上发现了一种意想不到的学习潜能……

事实证明，引导式教育是实际可行而有效的。它使孩子们有了整体性的积极改变。今天，香港已经成功地建立了一套香港模式的引导式教育系统，覆盖了不同年龄的中枢神经损伤者，从婴幼儿至老年人。引导式教育的基础理念和实践已经纳入香港理工学院复康医疗学系的课程。

"长江新里程计划"脑瘫儿童康复与残疾预防项目以学习、引进香港引导式教育为重点，举办基础课程培训班，深入康复机构定点指导，培育引导式教育培训基地，资助项目机构开展脑瘫儿童引导式教育训练。

其目的在于帮助内地24个省的30所康复机构建立以儿童和家长为中心的引导式教育系统，培养康复与教育整合的专业团队，提高整体康复效果，促进脑瘫儿童生活自理、掌握生活常识、学会与人交流，为日后上学、独立生活奠定基础，同时也把家长们培养成孩子康复的重要资源。

几年来，在"长江新里程计划"项目管理委员会的支持下，在项目专家郑毓君博士的指导下，中国残联社会服务指导中心组织了一系列引导式教育的培训、指导活动，郑毓君博士亲自执教、亲临指导，香港耀能协会、香港儿童体能及智力测验服务中心、香港韦尔斯亲王医院义肢矫形部、香港屯门医院神经外科、香港复康会等一批专家与老师鼎力相助，每邀必到。一期又一期的引导式教育培训班在东莞市残疾人康复中心、浙江康复医疗中心、济南市脑瘫儿童康复中心举办。学习人员来自全国各地，有医生、护士、治疗师、幼教老师、特教老师、管理人员、主任、院长。引导式教育的广泛传播，为残疾儿童康复工作注入了新的思维和动力，让越来越多的人意识到：脑瘫儿童康复不只是医疗的任务，更是教育的任务，越来越多的康复机构将引导式教育的理念、原则、方法引入脑瘫儿童康复工作中。坚持以儿童为本，建立教育与康复整合的引导式教育系统。

作为承担"长江新里程计划"脑瘫儿童康复与残疾预防项目任务的30个康复机构，已不同程度地开展了引导式教育，取得了显著的康复效果，得到了家长的充分肯定和热情参与。通过项目的实施，我们培育了东莞市残疾人康复中心、浙江康复医疗中心两所能够承担引导式教育基础课程培训、实习、进修的基地，它们在全国引导式教育的培训中发挥了重要作用。济南市按摩医院脑瘫康复中心、广东省残疾人康复中心也在快速成长为脑瘫儿童引导式教育的示范机构，成为当地学习、推广引导式教育的示范窗口。

根据我国政府加强公共服务建设、加大残疾儿童康复投入的要求，"十二五"期间，中央财政继续支持包括脑瘫儿童在内的残疾儿童抢救性康复项目，各地对引导式教育培训的需求会更高。为传播先进的康复理念和实践成果，帮助更多的康复机构培养大家急需的引导式教育专业人员，让更多脑瘫儿童得到有效的康复，从而惠及更多的家庭，我们谨以"长江新里程计划"（第二期）——"脑瘫儿童康复与残疾预防项目"近

5年来引进和推广香港引导式教育的实践成果为基础,由项目实施成效突出的康复中心合力编撰此书,作为各地开展引导式教育基础课程培训、建立引导式教育工作系统之基础教材和操作指导。

本书分为理念篇与实践篇两部分:理念篇主要阐述引导式教育的基本理念、基本原则、基本框架;实践篇重在操作指引,主要从引导式教育实施的程序、流程、环节的角度,全面讲述教学计划制订、评估与目标制订、主题课设计、习作程序编排、节律性意向编制原则、教学环境设计安排、家长培训等,均为康复机构开展引导式教育所必须掌握的基本内容。根据各地学习引导式教育的需要,本书实践篇部分,以浙江康复医疗中心、东莞市残疾人康复中心、济南市按摩医院脑瘫儿童康复中心、广东省残疾人康复中心等四个机构近年来临床实际应用的操作规程、方法和有关工具为蓝本,希望对各地学习和开展引导式教育起到规范和指导的作用。

正如香港著名教育家方心淑博士所讲:"开先河永远是艰巨的工作。"要在我国更广大的地区推广引导式教育,仍将面临重重困难和问题,我们还在努力学习之中,还要不断完善和提升。

衷心欢迎业界同仁、各级残联的脑瘫康复机构提出宝贵的意见和建议。

真切盼望广大康复医学工作者、教育工作者、残疾人康复工作者携手尽力,共同探索建立适合我国国情的康复教育体系,让更多的脑瘫儿童改善状况、接受教育、融入社会!

让社会的关爱和希望的阳光照亮每一个残疾儿童的心灵!

籍此特致谢:

香港耀能协会方长发总裁及其属下引导式教育中心的各位老师、幼儿教师陈小碧老师和言语治疗师袁月明老师;

香港儿童体能及智力测验服务顾问蓝芷芊医生及其属下中九龙儿童体能及智力测验中心小儿神经科黄励燕医生、物理治疗师刘佩香老师、言语治疗师萧洁玲老师;

香港韦尔斯亲王医院义肢矫形部经理欧阳财金老师;

香港屯门医院神经外科主任广锐医生、物理治疗师陈娜智老师;

中九龙儿童体能及智力测验中心小儿神经科黄励燕医生、言语治疗师萧洁玲老师;

展能艺术导师严婉芬老师，《慢慢走故事》创作导师阮志雄老师；青岛儿童福利院温淑静医生。

参考文献

[1] 安妮坦·泰特罗. 引导式教育在脑瘫儿童及青少年之应用理论与实践. 2010年10月.

[2] 香港引导式教育工作组主席方心淑太平绅士. 香港引导式教育中文资料搜集本. 1995年2月.

目 录

第一部分 理论篇

第一章 脑瘫儿童康复概述 ………………………………………………… 2
第一节 正常儿童发育 ………………………………………………… 2
第二节 脑瘫概述 …………………………………………………… 10
第三节 脑瘫的分型和特征 …………………………………………… 13
第四节 脑瘫儿童发展的特点和康复原则 …………………………… 14

第二章 引导式教育基本理念和原则 ……………………………………… 18
第一节 引导式教育基本理念 ………………………………………… 18
第二节 引导式教育实施原则 ………………………………………… 20

第三章 引导式教育基本元素 ……………………………………………… 23
第一节 引导式教育基本框架 ………………………………………… 23
第二节 引导式教育基本元素介绍 …………………………………… 23

第四章 引导式教育纵向与横向系统 ……………………………………… 33
第一节 引导式教育纵向系统 ………………………………………… 33
第二节 引导式教育横向系统 ………………………………………… 34

第二部分 实践篇

第一章 引导式教育康教计划流程 ………………………………………… 37
第一节 康复教育计划流程方案 ……………………………………… 37
第二节 康复教育计划流程步骤介绍 ………………………………… 37

第二章 评估与制订目标 …………………………………………………… 51
第一节 评估 …………………………………………………………… 51
第二节 制订目标 ……………………………………………………… 53

第三章　主题的运用 ··· 157
第一节　主题教学介绍 ····································· 157
第二节　主题教学的开展与应用 ···················· 158

第四章　编写习作程序 ····································· 184
第一节　习作程序概说 ····································· 184
第二节　编写习作程序的原则与重点 ············ 185

第五章　基本动作模式与脑瘫儿童动作模式 ····· 240
第一节　基本动作模式的要义 ······················· 240
第二节　脑瘫儿童的动作模式及学习重点 ···· 244

第六章　节律性意向 ··· 246
第一节　节律性意向的编写 ··························· 246
第二节　节律性意向与儿歌的运用 ··············· 250

第七章　教具与环境设计 ································· 263
第一节　引导式教育一般用具 ······················· 263
第二节　引导式教育环境设计 ······················· 273
第三节　引导式教育教具设计 ······················· 283

第八章　家长培训 ··· 294
第一节　家长培训概念 ··································· 294
第二节　家长培训方法 ··································· 295

第九章　成功案例 ··· 304
第一节　浙江康复医疗中心 ··························· 304
第二节　济南市按摩医院 ······························· 348
第三节　东莞市残疾人康复中心 ···················· 354
第四节　广东省残疾人康复中心 ···················· 361

第十章　涓涓心语 ··· 367
第一节　同路人心声 ······································· 368
第二节　母婴组工作点滴 ······························· 380

第一部分

理论篇

- ◆ 脑瘫儿童康复概述
- ◆ 引导式教育基本理念和原则
- ◆ 引导式教育基本元素
- ◆ 引导式教育纵向与横向系统

第一章 脑瘫儿童康复概述

第一节 正常儿童发育

儿童发育包括体格生长和功能的发育。儿童随着年龄的增长，身高、体重等逐渐增加，功能水平也不断提高，正常应该与年龄水平相当，这里主要介绍儿童功能的发育和成熟。

一、为什么要讨论正常儿童的发育？

只有知道了什么是正常，才能发现什么是异常；了解正常儿童的发育规律和阶段，对我们的工作会有很大的帮助。

（一）帮助发现有发育迟缓的儿童

正常儿童的功能发育遵循一定的规律，不同年龄的儿童通常会出现不同的功能表现。如果功能和年龄水平相当，说明发育正常；如果功能表现低于儿童年龄应该达到的水平，则说明可能有发育迟缓。

（二）帮助计划适当的活动，以促进儿童的进步和发展

儿童的功能按照一定的顺序出现，根据其表现，可以推断出下一阶段应该出现的能力；因此，可以安排一些特别的活动，促进这种能力的发展。

二、儿童发育的影响因素和相互关系

为什么儿童的功能会发育呢？儿童发育主要包括哪些方面？它们之间的关系如何？

（一）影响儿童发育的因素

儿童的发育是先天和后天因素共同作用的结果：先天获得的完整的身体是发育的基础，后天环境的刺激是促进发育的必要条件。

如果母亲在怀孕期间受到不良的影响，胚胎发育出现障碍，或出生早期受到损伤，儿童的身体可能会出现缺陷（有些是看不见的，如神经系统损伤），因此无论环境因素如何，儿童的某些功能发育都可能难以达

到正常水平。

环境因素包括家庭生活条件、父母的生活方式及抚养态度、儿童得到的练习机会、文化习俗、社交状况等。环境中的人或物会给儿童的发展提供必要的刺激，通过感觉和探索周围的环境，儿童的生理结构日益完善，功能水平逐渐提高。如果一个婴儿被放在完全隔离的环境里，没有足够的刺激吸引其去运动，没有人与其讲话，其发育将会明显迟缓。

普通儿童出生后，生活在一个开放的、丰富的生活环境中，他们有机会接触到各种不同的刺激，使身体各个系统得以成熟，功能得到发展。生活在福利院或其他机构的儿童是什么状况呢？他们有机会经历与普通儿童相似的刺激吗？他们有足够的户外活动吗？他们每天有足够的时间和人亲密接触和交谈吗？他们的功能发育状况如何呢？生活在家庭中的残疾儿童又如何呢？他们有机会到处活动吗？家人是否羞于带他们去公共场所呢？

（二）儿童发育的范围和关系

一个儿童的发育主要包括四个方面，即**体能、认知、语言和心理社会能力**。

体能是指身体的运动和工作的能力，如翻身、坐、爬、站、走、跑跳和手的抓握、操作等能力；

认知是指对事物及其关系的理解和认识能力，如认识人和物品、使用物品、理解各种概念、学习知识等能力；

语言是指理解他人所说的话和表达的意思，并用一定的方式表达自己意愿的能力；

心理社会是指处理个人需要及适应社会的能力。

四个方面虽然不同，但密切相关，一个方面的发育会影响其他方面。儿童出生后不久，其感觉器官，如听觉和视觉，就开始接受环境中的信息和刺激，这会激发儿童通过活动身体而去探索和认识事物的欲望，通过探索和认识，儿童会对自身的动作做出调整，以更加适合达到目的的需要，通过反复尝试，儿童的动作会越来越协调，也会由此认识到事物的特性和人与事物之间的关系，并开始与周围的人进行交流，发展适应社会环境的能力。相反，如果一个儿童对自我及周围的认识能力降低，可能会影响其运动的欲望，使身体的运动能力降低，儿童不运动，就不

3

会去探索和感知周围的事物，会影响其对事物的了解和认识；对事物的认识不够，可能会影响语言的发育和交流的能力。

在儿童与环境相互作用而发育的过程中，感觉起着非常关键的作用。儿童通过感觉感受周围的人和物，产生探索和认知的欲望，并开始主动运动。肢体开始运动时，视觉引导和监控伸手的方向，发展眼—手协调的能力，眼—手协调能力是其他功能性活动的基础。

儿童发育各个方面的相互关系，可以用以下图示加以说明。

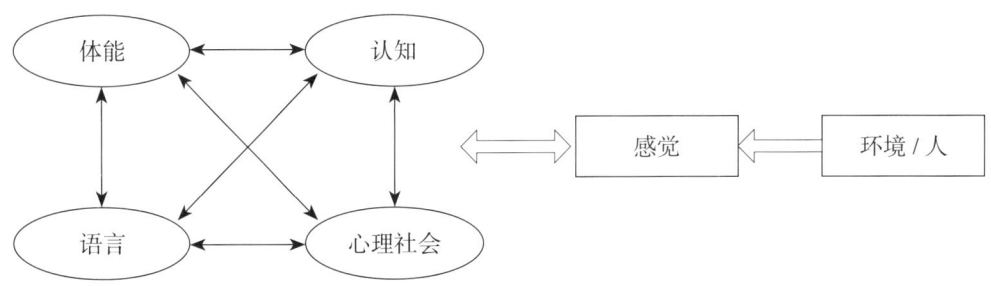

图 1.1.1 儿童发育各方面相互关系示意图

三、正常儿童发育的规律

（一）自主动作出现的规律

基本上，儿童发育是一个连续的过程，遵循一定的顺序和规律，因此，可以对一定年龄儿童的表现和能力做出预测：如体能发育方面，小婴儿以无规律的和反射性的动作为特征，当身体的控制能力提高后，才会出现自主动作。自主动作的出现有一定的规律：

（1）头到脚：首先是头部的控制，逐渐向脚部发展。

（2）近到远：先有身体躯干的控制，后有肢体远端的控制。

（3）不对称到对称：新生儿的动作是不对称的，到四个月左右出现对称动作，把手拿到身体中线，头和眼睛看正前方。

（4）粗到细：由粗大、整体的动作，逐渐发展到精细、分离、选择性动作。

（二）儿童生理、心理及社交发展规律

除了动作发育之外，儿童的其他方面也同时发育成熟。发育的具体顺序和过程见下图。

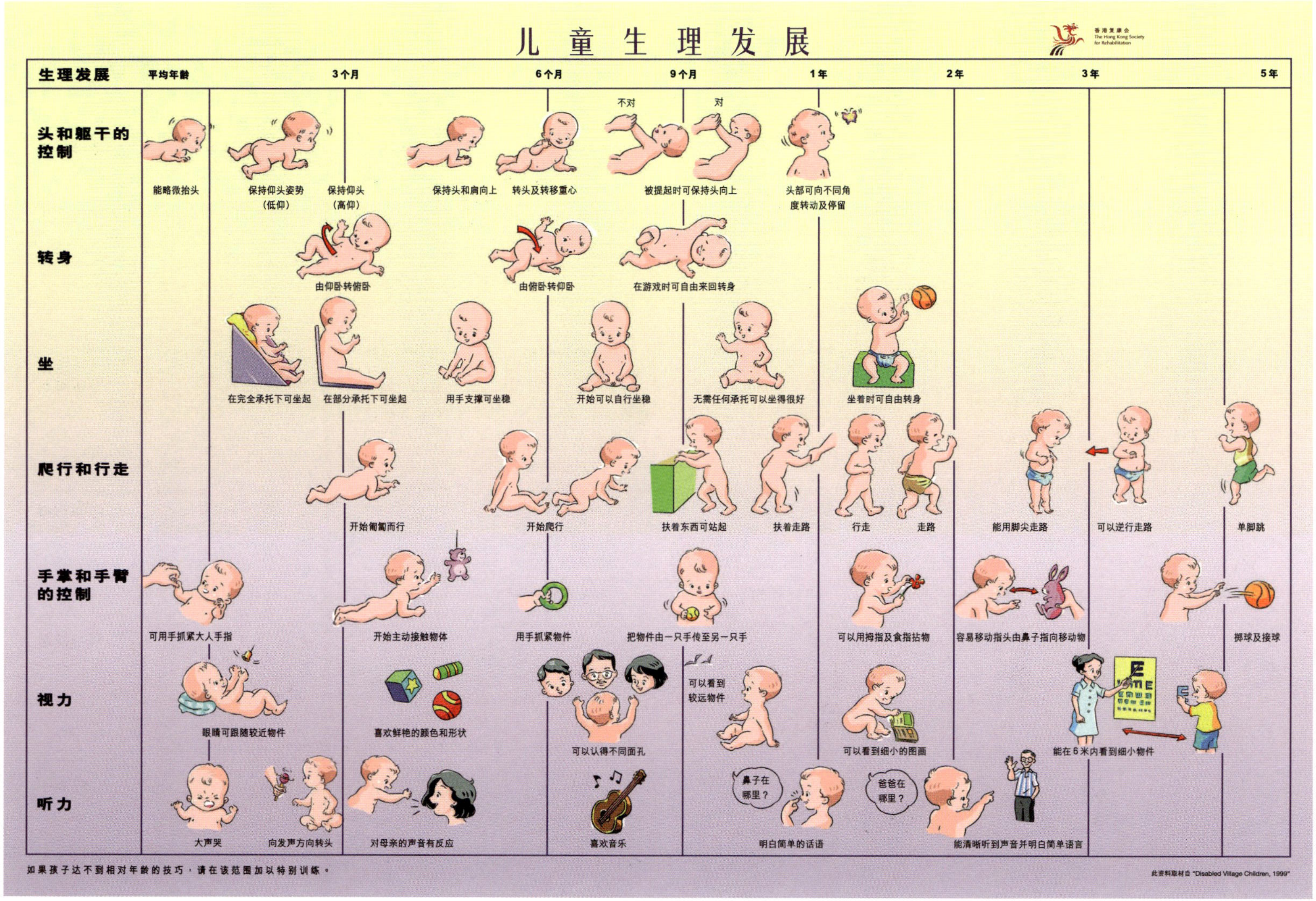

图 1.1.2 儿童生理发展顺序及过程

资料来源：香港复康会。

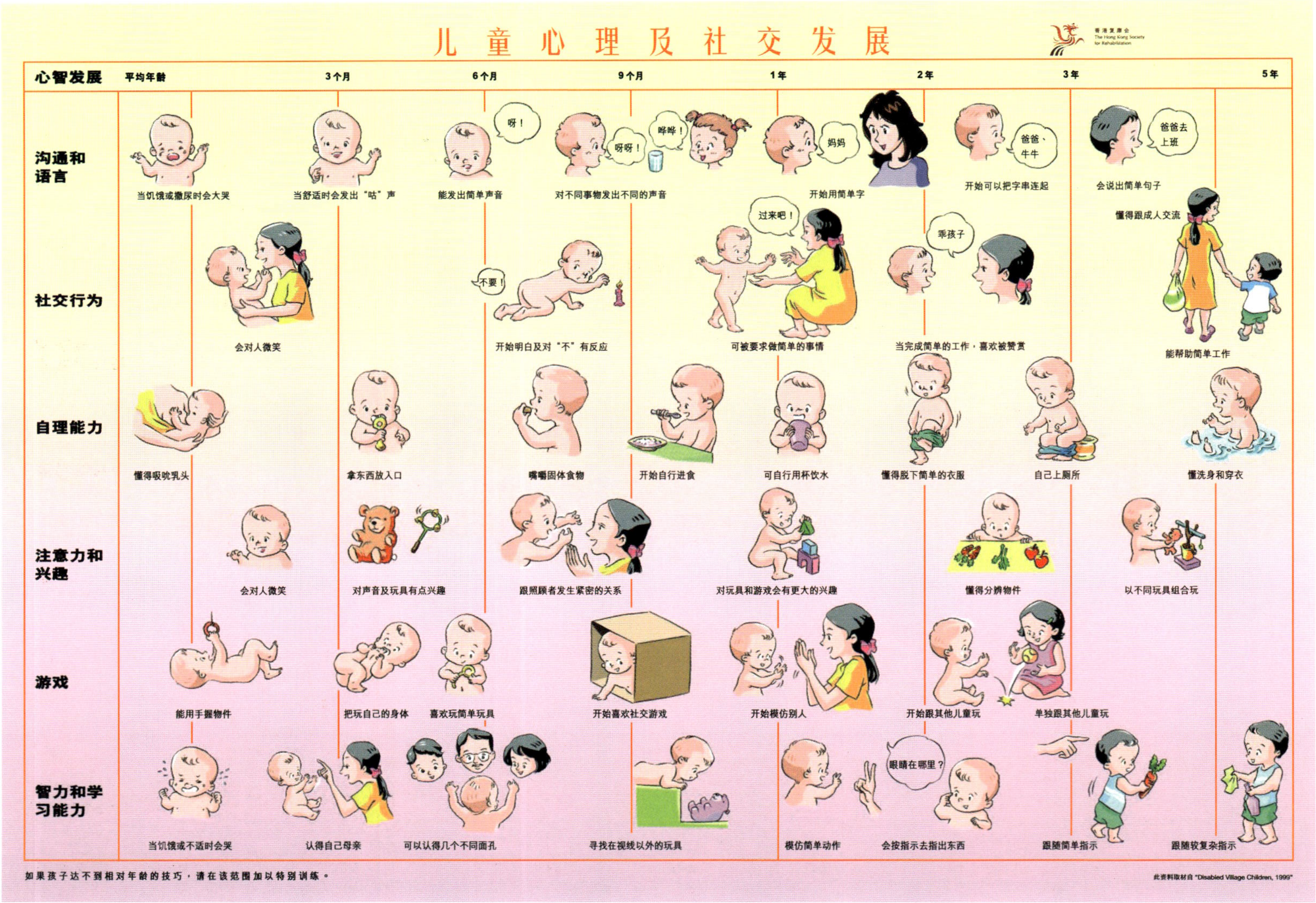

图 1.1.3　儿童心理及社交发展顺序及过程

资料来源：香港复康会。

从以上两图可以看出：

（1）**新生儿**：饥饿或不适时会哭闹。

（2）**三个月左右**：可以比较好地保持头部直立，对周围事物开始感兴趣，并试图做出反应，如伸手够物、对人微笑、转头向声音等。

（3）**六个月左右**：能坐得很稳，也可以转动身体，能识别不同的人、不同的声音，并能发出声音，试图与人交流。

（4）**一岁左右**：能站立，有的开始行走，理解人的简单指令，说出简单的词，喜欢玩玩具和与人游戏。总之，儿童的活动范围越来越大，动作的目的性逐渐增强，与外界的交流也越来越多。

值得注意的是，图中所展示的发育顺序和每项能力出现的年龄是大多数儿童的平均水平；不同儿童具体能力出现的先后和时间可能不一样。某一个动作和技能的延迟，并不一定表示儿童发育迟缓或异常，要考虑儿童的整体情况。

另外还要考虑，早产儿的早期发育可能延迟。因此，对于早产6周以上的2岁以下的儿童，在评价其发育水平时，要按校准以后的年龄水平来衡量（校准年龄 = 实际年龄 − 早产时间）。

四、儿童是如何学习和发育的？

0-1个月	喜欢体验不同的感官刺激，例如：吸吮、摇拍、摇晃及轻轻拍打其身体（图1.1.4）。喜欢听柔和的声音或音乐。凝视光线和照顾者的脸庞。 **为儿童提供**：音乐，你的脸庞，把悬吊玩具吊在床的上方。	**图1.1.4　照顾者轻轻摇晃婴儿**
3-6个月	主动探索自己的身体，例如：双手放在胸前，双手拿至嘴边并发现自己的嘴，触摸自己的身体，观察自己的手和手的活动。 **为儿童提供**：把摇铃放在其手中，将悬吊玩具放在其胸前的位置（图1.1.5）。 **与儿童在一起时**：握住儿童的双手拍掌；握住儿童的手，教其如何触摸你的脸、嘴和眼睛；引导儿童看其手中的摇铃。	**图1.1.5　在上方悬吊玩具**

续表

年龄	描述	图
6–9个月	喜欢用双手摆弄物品。因手肘控制增强，可使摇铃发出声音。用奶瓶饮奶时，边饮边用手拍奶瓶。喜欢玩脚趾（图1.1.6）。把任何物品都往嘴里放，甚至脚趾也往嘴里放。偶有认生或焦躁，但多数情况友好。照镜子时对自己微笑，并发出声音。 **为儿童提供**：摇铃；能握住大小合适的物品，如积木、铃铛、汤匙；口含玩具；不同质感的玩具，例如：小海绵球、小布球、硬塑料摇铃、软布响铃；镜子（不易碎的）；日用品，例如，塑料杯、汤匙、小毛巾、塑料碟子等；吱吱叫的玩具。	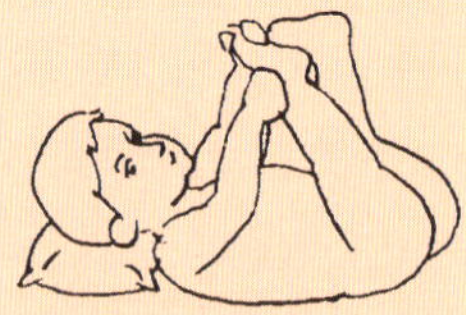 图1.1.6 婴儿玩自己的脚趾
9–12个月	往口里放物体。摇铃铛或在桌上敲击。喜欢玩躲猫猫。向成人显示自己的玩具但不愿放开玩具。移动身体去抓握远些的物体。把两只手上的物体拿在一起进行比较（图1.1.7）。 **为儿童提供**：房间的一角进行探索性活动；安全的家具让其扶着站起来及坐回地上；足够的时间让其主动参与吃饭、穿衣等活动；允许其自行握汤匙，自己脱衣袖等。	 图1.1.7 婴儿拿着物体作比较
1–1.5岁	游戏方式多以空间交往及操作玩具为主，例如：扔物体、注视着移动的物体、堆积木、向前后推车、把物品从容器中取出来再放回去、看容器的里面（图1.1.8）、用绳把远离的玩具车拉近、喜欢看镜子中的自己。 **为儿童提供**：形状、大小、颜色不同的堆砌性玩具；杯子、盒子和任何质地不易破碎的容器；漂浮的洗澡玩具、海绵、盛水的容器；大娃娃和木偶；塑料车；不同大小的球；有声玩具；推拉玩具；大幅图片。	 图1.1.8 看容器的里面
1.5–2岁	探索不同物体/事件。对一些机械的玩具有兴趣，例如：灯的开关、电视开关、上链条的玩具、门锁。模仿成人活动，例如：梳头、擦桌子、握着电话说话（图1.1.9）。玩耍时，喜欢轮流。命令他人与其一起玩耍。模仿新的面部表情或手势。 **幼儿喜欢**：说"不/不要"；要立刻满足自己的需要；爬上楼梯。	 图1.1.9 模仿成人的活动

续表

年龄	发育特点	
2~2.5岁	在室内追随成人，模仿家务活动。喜欢听故事。游戏中观察较年长的儿童，想参加他们的活动，但不知如何做。看图画书的细节。喜欢扔物体、弹跳。喜欢户外活动，如爬山、滑滑梯等。在角色扮演游戏中懂得顺序，如给娃娃洗澡的步骤。	
2.5~3岁	专注力维持时间增长。喜欢画画、堆砌、摆弄物品。跑来跑去，喜欢看彩色书、杂志。喜欢模仿并玩角色扮演游戏（图1.1.10）。游戏中懂得轮流。理解"我的""你的"的概念。 **为儿童提供**：纸和蜡笔、图画书、珠子、茶具、化装盒、医药盒等。	图1.1.10 喜欢角色扮演游戏
3岁	随着音乐唱歌跳舞（图1.1.11）。模仿他人并遵守简单的规则。在成人带领下遵守游戏规则。想玩别人的玩具时懂得先征得对方同意。喜欢听故事并问问题。复述听过故事的一部分。	图1.1.11 随着音乐跳舞

资料来源：欧安娜、余雪萍（1998）引导式教育-伴儿同行

五、残疾儿童的发育

残疾儿童的发育也遵循正常儿童发育的顺序，但残疾的出现可能会影响儿童对自我及周围环境的意识，影响某个方面甚至整体的发育过程。

例如，神经系统损伤的儿童，可能不能顺利地学会控制自己的身体及完成各种动作，出现运动发育迟缓；而体能的障碍又可能使儿童难以对环境进行探索，不能很好地学习和认知事物。听力损伤的儿童，由于听不到声音，可能出现语言发育迟缓，进而影响与人交流，无法融入社会，导致儿童的心理及社会生活能力发育迟缓。视力障碍的儿童，由于无法看到或看清周围的环境，其探索和运动的欲望会降低，运动及感觉刺激的减少可能会反过来影响神经系统的发育。

因此，当我们在评价残疾儿童的发育情况时，要对**各个方面**进行评

价，因为其各个方面并不是孤立发展的。而当发现儿童有某一方面的障碍时，我们要及时帮助儿童克服障碍，防止其他方面的继发迟缓或障碍。如由于体能障碍而不能探索周围环境的儿童，我们在提高其运动能力的同时，还要创造条件，让其有机会**接触不同的环境和事物**，促进认知能力的发展；视力障碍的儿童不能用视觉接受刺激，我们就要提供其他的感觉刺激，鼓励儿童运动及探索和认识周围环境，促进其功能的发展。

总之，无论是正常儿童，还是残疾儿童，他们的发育和发展都是**自身与周围环境相互作用、各方面发育相互促进的结果**。虽然残疾儿童的身体某些部分遭受了损伤，如果在发育早期尽可能地为其提供各种刺激和活动的机会，可能会促使儿童的身体利用未受损的部分替代或补偿受损部分的功能，使儿童的功能水平得到最大程度的发展。参照正常儿童的发育规律，对残疾儿童进行全面的评价和干预，可以防止各种继发性发育迟缓或障碍的出现。

第二节　脑瘫概述

脑性瘫痪（cerebral palsy，CP）简称脑瘫，由发育不成熟的大脑（产前、产时或产后）先天性发育缺陷（畸形、宫内感染）或获得性因素（早产、低出生体重、窒息、缺氧缺血性脑病、核黄疸、外伤、感染）等导致的非进行性脑损伤所致，患病率约为每1000个活产儿中有2.0-3.5例。主要表现为运动障碍，伴或不伴有感知觉和智力缺陷。症状多发生在18个月前。

一、定义

依据2006版国际脑瘫定义的原则，第六届全国儿童康复会议、第十三届全国小儿脑瘫康复学术会议于2014年4月通过了我国脑性瘫痪的定义：脑性瘫痪是一组持续存在的中枢性运动和姿势发育障碍、活动受限症候群，这种症候群是由于发育中的胎儿或婴幼儿脑部非进行性损伤所致。脑瘫的运动障碍常伴有感觉、知觉、认知、交流和行为障碍，以及癫痫和继发性肌肉、骨骼问题。

从定义中可以看出，脑瘫本质特征是发育，应该充分考虑发育性；核心表现是运动发育和姿势异常，临床康复治疗和研究应以解决脑瘫患儿的运动功能障碍为主；新的定义更加遵循ICF核心要素，即涵盖了脑瘫患儿的躯体功能和结构、活动及参与、环境因素三大方面，从身体水平、个体水平和社会水平对脑瘫患儿的功能进行评价。

二、发生的原因

大部分脑瘫可以追溯到一些出生前后的原因，但有小部分却不能。脑瘫病因复杂，发病机制尚不完全清楚。大多数病例可能与以下因素有关。

1. *出生前因素*

（1）遗传因素：家族中曾有脑瘫、智力低下、先天畸形患者，染色体异常。

（2）妊娠时因素：母亲怀孕时有宫内感染（常见的有风疹病毒、巨细胞病毒、单纯疱疹病毒、弓形虫感染），先兆流产，母亲慢性疾病、妊娠中毒症、先兆子痫，有害物质如一氧化碳中毒、X线辐射及药物，多胎妊娠、高龄或低龄孕妇等。

2. *出生时因素*

早产或低出生体重儿，胎位不正、难产，脐带绕颈、胎盘前置、胎盘早剥，新生儿窒息等。

3. *出生后因素*

新生儿惊厥、颅内出血、核黄疸、新生儿感染等。

以上因素可能造成大脑发育不全或颅脑损伤，导致脑瘫。

三、临床表现

1. *主要表现*

脑瘫的主要表现是运动障碍和姿势异常。

（1）运动发育迟缓：儿童到了一定的年龄，却不出现应有的运动能力和表现。例如，正常3个月的儿童在俯卧位时应该可以抬头，6个月应该可以坐、伸手拿面前的东西，而脑瘫儿童则可能出现抬头、翻身、坐、站、行走及手部活动等的延迟。

（2）运动模式异常：运动时非常缓慢或全身用力，动作不协调、笨拙，或有不能自己控制的怪异表情和动作。

（3）姿势异常：全身僵硬或特别松软，4个月以后两侧身体不对称、头偏向一侧，四肢屈曲或伸直僵硬，双手不能拿到身体的中线，双手握拳、拇指内收，双腿并拢或交叉、脚尖朝下；坐位时上身屈曲或仰头向后，站立时下肢屈曲、脚尖着地。有的儿童则无法维持稳定的姿势，身体扭曲变动。

（4）姿势变化减少：在卧、坐、站等体位下，儿童经常处于某种固定的姿势，很难自己调整姿势。

2．伴随表现

除了以上的运动和姿势异常外，脑瘫儿童可能还伴有以下一些表现。

（1）感觉障碍：可能伴随有视觉、听觉、触觉等障碍。脑瘫合并的视觉障碍以斜视最常见，也可能有眼球震颤、视力低下、视野缺损等；部分有听力减退。触觉障碍可以表现为触觉迟钝、不敏感，偏瘫儿童最常见；严重痉挛或徐动的儿童也可能有触觉过敏，尤其是口腔及面部，表现为不喜欢别人的触摸或擦拭、被触及时出现全身紧张。

（2）智力障碍：脑瘫儿童中60%～70%伴有不同程度的智力障碍，但真正严重的智力低下只有很小一部分，因此，绝大多数脑瘫儿童都具有不错的学习能力。

（3）癫痫：癫痫是脑瘫较常见的合并症，约40%的脑瘫儿童并发癫痫，需要药物治疗，部分甚至需要长期服用。

（4）进食和吞咽障碍：由于口面及咽喉部肌肉活动受影响，很多儿童出现吸吮困难、下颌及口唇开合困难、咀嚼障碍、吞咽障碍，甚至出现营养吸收障碍和食物误吸进入气管等严重的问题。

（5）语言障碍：儿童可能因为大脑的语言中枢损伤而出现语言发育迟缓、失语，但脑瘫最常见的是因为肌肉控制失调而引起的构音障碍，表现为口吃、发音不清或完全不能发音。

（6）牙齿发育不良：很多脑瘫儿童的牙齿发育不良，表现为牙齿疏松易折、排列不整齐、发黑变质等。

（7）情绪、行为异常：儿童可能比较固执、任性，情绪波动、喜怒无常，或孤僻、畏缩，或过分依赖他人，甚至有自伤或攻击他人的行为。

（8）年龄较大的儿童可能出现关节挛缩变形、髋关节脱位、脊柱侧弯等。

以上表现，可以单独或同时出现于一个儿童身上，有些是与脑瘫同时发生的，不可避免的，有些则是随着儿童的成长出现的，与环境和处理态度有关，如情绪和行为的异常以及关节挛缩，我们要努力避免这些合并障碍的出现。

第三节 脑瘫的分型和特征

虽然脑瘫具有运动障碍和姿势异常的共同特征，但由于大脑受损的部位及严重程度不同，可能出现几种表现差异较大的类型。对脑瘫进行分类有利于掌握不同类型脑瘫的特点，以进行针对性的处理。

参考 2006 版国际脑瘫定义、分型和分级标准，ICD-10 和近几年的国外文献，第六届全国儿童康复会议、第十三届全国小儿脑瘫康复学术会议于 2014 年 4 月制订了我国脑性瘫痪新的临床分型、分级标准，现介绍如下。

一、临床分型

（一）痉挛型四肢瘫（spastic quadriplegia）

以锥体系受损为主，包括皮质运动区损伤。牵张反射亢进是本型的特征。四肢肌张力增高，上肢背伸、内收、内旋，拇指内收，躯干前屈，下肢内收、内旋、交叉、膝关节屈曲、剪刀步、尖足、足内外翻，拱背坐，腱反射亢进、踝阵挛、折刀征和锥体束征等。

（二）痉挛型双瘫（spastic diplegia）

症状同痉挛型四肢瘫，主要表现为双下肢痉挛及功能障碍重于双上肢。

（三）痉挛型偏瘫（spastic hemiplegia）

症状同痉挛型四肢瘫，表现在一侧肢体。

（四）不随意运动型（dyskinetic）

以锥体外系受损为主，主要包括**舞蹈性手足徐动**（chroeo-athetosis）和**肌张力障碍**（dystonic）。该型最明显的特征是非对称性姿势，头部和四肢出现不随意运动，即进行某种动作时常夹杂许多多余动作，四肢、头部不停晃动，难以自我控制。该型肌张力可高可低，可随年龄改变。腱反射正常、锥体外系征 TLR（+）、ATNR（+）。静止时肌张力低下，随意运动时增强，对刺激敏感，表情奇特，挤眉弄眼，颈部不稳定，构音与发音障碍，流涎、摄食困难，婴儿期多表现为肌力低下。

（五）共济失调型（ataxia）

以小脑受损为主，以及锥体系、锥体外系损伤。主要特点是由于运动感觉和平衡感觉障碍造成不协调运动。为获得平衡，两脚左右分离较远，步态蹒跚，方向性差。运动笨拙、不协调，可有意向性震颤及眼球震颤，平衡障碍、站立时重心在足跟部、基底宽、醉汉步态、身体僵硬。肌张力可偏低、运动速度慢、头部活动少、分离动作差，闭目难立征（+）、指鼻试验（+）、腱反射正常。混合型（mixed types）具有两型以上的特点。

二、临床分级

目前多采用粗大运动功能分级系统（gross motor function classification system，GMFCS）。GMFCS是根据脑瘫儿童运动功能受限随年龄变化的规律所设计的一套分级系统，完整的GMFCS将脑瘫患儿分为5个年龄组（0~2岁；2~4岁；4~6岁；6~12岁；12~18岁），每个年龄组根据患儿运动功能从高至低分为5个级别（Ⅰ级、Ⅱ级、Ⅲ级、Ⅳ级、Ⅴ级）。此外，欧洲小儿脑瘫监测组织（surveillance of cerebral palsy in Europe，SCPE）树状分型法（决策树）现在也被广泛采用。

第四节　脑瘫儿童发展的特点和康复原则

众所周知，在出生的头几年，儿童由一无所知到学会很多技能，包括运动技能、认知技能、语言和社交技能、日常生活技能等。大脑的发育是这种学习的前提和基础，同时，儿童在学习过程中的经历和体验，对大脑的发育有很好的诱导和促进作用。

脑瘫发生时，大脑尚未发育成熟，儿童只是具备了最基本的原始功能，如呼吸、吸吮、排泄、比较模糊的感觉能力等。脑瘫发生后，大脑只能在受损的状态下继续发育和成熟，儿童也开始在某些功能缺损的情况下逐步学习各种技能。因此，脑瘫儿童的发展有其独特之处，康复训练要遵循一些基本的原则。

一、脑瘫儿童发展特点

（一）运动发展缓慢和异常

运动障碍是脑瘫儿童的必有表现，不仅有运动发育迟缓，还有姿势和运动模式异常。如果儿童常常以异常的模式运动，运动的信息和结果会反馈给大脑，使大脑按照错误的信息去发展，最后形成固有模式，甚至难以纠正。因此，虽然说脑瘫儿童的大脑损伤是非进行性的，但如果没有进行早期干预，儿童的异常模式可能会越来越明显。

（二）全面发展可能受影响

正常儿童的发育过程中，感觉和运动是互相影响的。例如，儿童听到一个声音，会转头去看，由此知道发出声音的地方在哪里、有多远、是什么东西发出的声音，这样，儿童发展了关于空间距离、方向及物体特性等概念。如果儿童不能转动头部，就失去了学习的机会。同样，如果儿童不能移动身体，不能外出活动，就无法认识周围的环境，无法与周围的人进行交流，无法和小朋友游戏，因此运动障碍可能会影响认知、交流和社会技能的发展。有部分脑瘫儿童本来就伴有认知、感觉、语言等障碍，全面发展更加困难。

（三）对环境的依赖增加

由于运动障碍，脑瘫儿童可能需要运用一些特殊的辅助设备，可能无法在普通的环境中生活和活动。如大部分脑瘫儿童都不能蹲下完成如厕的过程，需要使用坐式的、带扶手的厕所，这可能使他们难以在普通学校里生活。因此，很多脑瘫儿童都需要在一些特殊的环境中生活。

（四）对家庭和父母的依赖增加

由于脑瘫儿童从小处于家人的照顾之中，他们非常依赖父母的帮助，即使到了一定的年龄，他们和父母在一起的时间还是明显多于普通儿童；而且，由于环境的限制，脑瘫儿童的活动范围比较小，他们在家里的时间会比较长。

（五）融入社会有障碍

脑瘫儿童在融入普通社会生活时，除了有能力和环境的障碍外，还可能有心理障碍。很多脑瘫儿童比较自卑、孤僻，不愿意参与社会活动。

除了以上特点外，脑瘫儿童也同样具有普通儿童的特点，如对新鲜事物好奇、喜欢游戏和玩具、学习需要循序渐进等，这些都是我们在进行儿童康复时要注意的。

二、脑瘫儿童康复的基本原则

根据脑瘫儿童发展的特点，我们总结出以下康复训练的基本原则。

（一）早期发现、早期康复是关键

如前所述，大脑在出生后的前 1~2 年继续迅速发展，具有很强的可塑性。如果能够在这个阶段开始对儿童进行康复训练，不仅可以促进中枢神经系统的正常发育，使受损大脑的功能得到代偿，还能改善异常姿势，预防关节挛缩变形，可以很大程度地改善患儿将来的功能状态。

早期康复越早越好，早期发现就显得特别重要。如何才能做到早期发现呢？关键是要仔细观察患儿的日常反应，发现其与普通儿童的差别，这就要求我们对正常儿童发展规律要非常清楚。脑瘫儿童6个月以内常见的早期表现有：

（1）新生儿时，易惊、吵闹，喂养困难，身体特别松软或四肢伸直僵硬。

（2）1～3个月时，对周围的声音、玩具等没有反应。

（3）3个月以上，抬头不稳、不能伸手、四肢不能灵活地活动。

（4）5个月以上，双手不能抓东西放入口中，扶起站立时双脚不能承重，或两腿绷直、脚尖着地。

如果发现儿童有以上的任何表现，需要及时咨询专业人员，以进行早期干预。

（二）全面综合康复

由于脑瘫儿童的大脑损伤发生在所有技能发展之前，运动功能的障碍会影响儿童其他方面的发育，因此，对脑瘫儿童要强调全面综合康复，所有普通儿童需要学习的技能，脑瘫儿童也都需要。除了运动功能训练外，脑瘫儿童还要学习包括事物的认知和理解、生活自理的技巧、语言和与人交流与人游戏的技巧、心理和社会行为技巧等；而且，这些方面的学习应该是融合在一起的，不应该分隔开进行，以利于儿童的学习和理解。

（三）日常生活的每个环节都是康复的最佳时机

普通儿童的很多技能都是通过日常生活中的观察、模仿、练习而学会的，他们很少有专门的课堂和专门的学习时间，脑瘫儿童的学习也同样遵循这样的规律，因此，儿童康复不是一天几个小时在医院或康复室，而是应该在日常生活的每时每刻。儿童起床时可以学习翻身、坐起、穿衣服，换尿布时可以学习双腿分开，吃饭时可以学习手的抓握、身体的控制，这样，儿童可以得到很多反复练习的机会。要学会任何技能，都是需要反复练习的。

（四）游戏对脑瘫儿童非常重要

爱游戏是每个儿童的天性，游戏是儿童学习技能的重要途径，脑瘫儿童也需要游戏。游戏是自发的、儿童愿意参加的、有兴趣的活动，我们需要把康复训练与游戏活动相结合，让儿童在轻松、有趣的游戏中学到必要的技能。

（五）主动的、有目的的活动才是学习身体控制和技能的有效方法

脑瘫的根本问题是大脑失去了对身体的合理控制，要想让大脑学会控制，只有通过主动的、有目的、有意义的活动，让大脑参与到动作之中，最终找到正确的控制方法。上述日常生活活动和游戏活动，都是有目的、有意义的活动，可以鼓励儿童主动地学习和完成，对儿童功能康复有非常重要的意义。

（六）家庭和父母是脑瘫儿童康复的重要因素

儿童生活的大部分时间都在家庭，父母是他们最直接的照顾者和教导者，因此，家庭康复活动安排的是否合理，会直接影响康复的效果。首先，我们要教导父母有关脑瘫的知识，和父母一起为儿童制订训练计划和目标，并设计出一些适合在家庭环境中开展的训练活动，鼓励父母在家中完成康复训练活动，并给予必要的支持。另外，在家庭环境的安排上，我们可以充分利用家庭现有的设施和用具，必要时因地取材制作一些简单的设备；我们还要鼓励家长，适当调整家庭环境和布局，使其既方便儿童活动，又最大限度地发展儿童独立生活的能力。例如，我们可以建议家长将家具按一定的位置摆放，以便于儿童扶着家具在家里行走，也可以鼓励家长在家里安装一些扶手和栏杆，方便儿童抓握，使其可以自己完成如厕、变换房间等活动，减少对家长的依赖。

参考文献

[1] 贝维斯，赵悌尊. 儿童残疾的康复. 全国县级康复人员培训合作项目，2005.

[2] 中国康复医学会儿童康复专业委员会，中国残疾人康复协会小儿脑性瘫痪康复专业委员会，《中国脑性瘫痪康复指南》编委会. 中国脑性瘫痪康复指南（2015）[J]. 中国康复医学杂志，2015.

[3] 唐久来，吴德. 小儿脑瘫引导式教育疗法（2版）[M]. 北京：人民卫生出版社，2015.

[4] 欧安娜，余雪萍. 引导式教育——伴儿同行. 香港复康会国际及中国项目部，1998.

第二章 引导式教育基本理念和原则

第一节 引导式教育基本理念

引导式教育（conductive education）由匈牙利学者安德拉斯·派特（András Petö）教授创建，其特点是最大限度地调动和激发脑瘫儿童的学习兴趣，鼓励和引导儿童主动思考，向往目标、向往成功；利用环境设施、学习实践机会和小组动力，诱发学习动机；以娱乐性、节律性、意向性为原则给儿童提供预先设计的目标，最大程度地激发其主动运动的能力和潜力，让其自己完成这些功能目标；鼓励儿童主动迎接挑战，解决所面临的实际问题。同时，引导式教育是将脑瘫儿童作为"全人"来对待，把他们的语言、智力、情绪、性格、人际关系、意志、日常生活技能和体能结合起来进行教育与学习的训练，并将教育训练、生活适应能力和社会生活相结合，使他们在各个方面得到全面发展。

一、每个脑瘫儿童都有学习和发展的潜力

美国著名儿童心理学家盖赛尔认为，支配儿童发展的因素有两个：成熟与学习。成长是一个不断学习的过程，儿童从呱呱坠地即开始了一生的学习历程，任何功能和技能都是通过学习获得的。脑瘫儿童与普通儿童一样，其成长和发展都离不开学习，只是学习的模式、方法、条件和起点不同。幼儿期是大脑发育的关键时期，也是受到损伤的大脑可塑性和代偿性很强的时期，如果得到充足的刺激，健全的脑细胞就会增加与其他细胞的接触，提高功能，使神经细胞间的连接更广泛和完善，从而代偿和补偿受损细胞的功能缺失。

引导式教育强调：脑瘫不是一系列的弱能，不论残障程度如何，每个脑瘫儿童都能学习，都有学习和发展的潜力。教育的原理、原则、方法对脑瘫儿童的成长发展同样适用。"脑瘫儿童必须全面地学习，从学习如何上厕所到学习A、B、C"，这是派特教授的话，也是引导式教育的

灵魂。引导式教育不是一种"疗程"而是学习过程。

二、强调脑瘫儿童康复是"知""行""意"合一

儿童的成长既然是一个不断学习的过程,那么学习本身又是什么呢?学习是获得知识、经验和适应环境的手段,通过学习使个体的行为或能力发生变化,需要"知""行""意"三方面的配合,即通过理解问题的结构去学习,而不是按照不理解的公式进行机械的、重复的操练,表现为一个人知道怎样去做某件事情,而这样做有利于得到某种结果,从而产生动机去学习完成事情的方法。例如,儿童在动作上知道了怎样骑自行车或怎样打绳结等,而骑自行车、打绳结的活动本身给了儿童预知的愉悦和满足,诱发儿童学习的动机,因而能不断自觉地重复练习。"知"是指认知或认识,"行"是指技巧、方法、行动,"意"是指学习、行动及解难的欲望或进取心。

(1)脑瘫儿童的障碍:脑瘫儿童与一般儿童一样,都是通过学习来成长。但是,由于功能障碍常常限制了脑瘫儿童参与与其年龄相适应的活动,其运动、认知、社交和情绪发展都会受到影响,使他们在学习上的"知""行""意"出现障碍。

知的障碍:感觉、感知、专注、理解等有障碍;

行的障碍:缺乏探索(输入)及表达(输出)、行动的能力;

意的障碍:缺乏积极、主动、进取的态度。

(2)脑瘫儿童的学习:脑瘫儿童需要一套"知""行""意"三方面都兼顾的学习体系。以手部的精细活动学习为例:

知的学习:需要有对手的意识和反应;

行的学习:要求手部有基本活动和操作物体的能力;

意的学习:建立使用双手的欲望和习惯。

儿童在环境中学习,脑瘫儿童也一样,也会受到周围的物质环境、人际关系、社会文化、价值取向的影响,这一切都与学习的因素(知、行、意)息息相关。因此,提供不脱离群体、不脱离日常生活、强调以人为本的整合学习环境,是提升脑瘫儿童能力的法则,能够真正应对他们的问题和需求,这正是引导式教育的根本理念。

三、脑瘫儿童学习与训练的相关性和统一性

引导式教育基于人的"心智、情感和身体统一"的理念，强调脑瘫儿童在身体上、心理上、社交上和认知上的相关性和完整性，否定以分割式的治疗模式来处理中枢神经受损带来的各种障碍。引导式教育认为，各学科分别实施而不是整合的康复措施，忽略了建立儿童的学习意向，忽略了家长的实际参与，使儿童成为单纯的接受者，因而往往变得依赖、被动、无法适应环境的要求。引导式教育的课程则以适应环境和日常生活为基础，与现实生活融为一体，每日、每时、每刻都是学习和康复的活动过程。每一日的活动程序都要精心安排，从翻身、起床、穿衣、如厕等基本的生活活动开始到课堂习作训练，从一日三餐、茶点、午睡到放学等各项作息活动，都要经过整体规划和设计安排，都要按照正确的活动方法、技能和程序进行，儿童在自然而熟悉的生活情境中，进行全方位的学习训练，运动、生活自理、沟通、社交能力得到整体发展，在与环境的接触和交往中，认识自己，认识各种人、事、物的概念和其间的相互关系，学会运用身体的能力去适应和控制周围环境，学会独立生活的技巧，进而建立积极的生活态度，达到正常生活的目的。

四、注重脑瘫儿童学习训练的自主性

引导式教育最显著的特点是引导和鼓励儿童主动参与学习训练活动。引导式教育不是灌输式的学习，而是根据儿童的功能水平和特点，创造性地设计，既能促进其功能改善，又能鼓励其积极参与学习的方法来实施各种学习训练活动。每个活动都要考虑如何诱发儿童的学习动机，每个习作程序的设计都要基于诱发学习动机，都要考虑怎样引导他们积极主动地投入学习活动，怎样调动他们的积极性和专注力，使功能训练活动不再是一种机械、乏味的过程，而是有目的、有意义的学习，促进儿童发挥潜能，体验成功的喜悦，培养对学习的兴趣，逐步建立主动参与和独立解决困难的态度和能力。

第二节 引导式教育实施原则

一、以全人发展为宗旨

引导式教育尊重残障儿童是完整的个体，不分割体能、智能、情感

同步发展的需求，务求把儿童体能、智能、自理、沟通、社交的学习完整地结合起来，打破专业界限，以贯通一致的态度、期望和教学方法引导儿童全人发展。（图1.2.1、2）

图1.2.1　全人发展个体训练　　　　图1.2.2　全人发展集体训练

二、以建立正常生活为基础

引导式教育让儿童在生活中学习，也为生活而学习，把学习与日常生活结合起来，使生活的每一环节都成为学习和训练的时机，使儿童在实际生活的整日流程中学习生活自理，建立良好的习惯和生活规律。生活自理是脑瘫儿童康复的首要问题。（图1.2.3、4）

 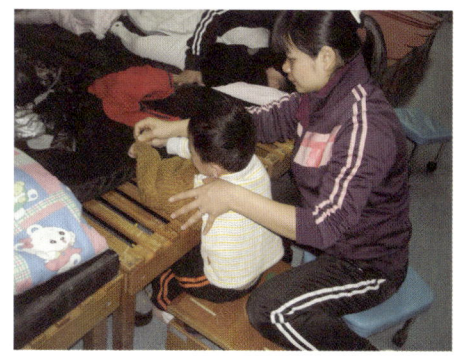

图1.2.3　以日常生活训练为基础学习吃饭　　图1.2.4　以日常生活训练为基础动手操作

三、以诱发主动参与为策略

引导式教育的基本策略是引导和鼓励儿童主动参与每一个学习和训练过程，激发其学习动机，调动其内在动力，始终致力于让儿童在学习中充满兴趣和产生动机，使其学会解决困难的方法，让他们懂得：任何进步都是自己努力的结果。（图1.2.5、6）

图 1.2.5　引导下肢主动活动　　　　　　图 1.2.6　引导上肢主动活动

四、以培养积极的性格为目标

引导式教育始终把发展积极的性格、培养生活独立和融入主流社群的能力作为目标，并贯穿于全部的康复教育活动中，帮助儿童养成积极主动的人格，对自己负起越来越多的责任，不畏惧困难，自尊、自信、自立、自强。（图 1.2.7、8）

图 1.2.7　独立面对困难　　　　　　　　图 1.2.8　自信自强

参考文献

［1］郑毓君，李佩瑜. 香港引导式教育的发展历程和路向.

［2］叶奇，张效房，等. 中国残疾儿童现状分析及对策研究. 北京：华夏出版社，2007.

［3］香港耀能协会. 引导式教育要义.

［4］欧安娜，余雪萍. 引导式教育——伴儿同行. 香港复康会世界卫生组织复康协作中心，1998.

［5］方心让教授自传. 康复——一生的工作.

［6］郑毓君，杨玉珊，何洵美，等. 引导式教育如何帮助严重弱能儿童. 香港耀能协会，2002.

第三章 引导式教育基本元素

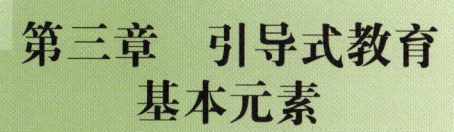

第一节 引导式教育基本框架

由引导式教育基本元素构成引导式教育基本框架。这些元素包括：

（1）贯通式专业团队　　（6）整合的课程
（2）小组学习　　　　　（7）规划的环境
（3）整日流程　　　　　（8）家长参与
（4）习作程序　　　　　（9）诱发技巧
（5）节律性意向

第二节 引导式教育基本元素介绍

一、跨专业的贯通式专业团队

在香港，引导式教育系统的专业团队是由物理治疗师、职业治疗师、言语治疗师、特殊教育（特教）老师、社会工作者、护士及辅助人员组成的贯通式专业团队。在内地，大部分康复中心贯通式专业团队最基本的人员包括儿科医生或康复医生、康复治疗师、护士和幼儿教师或特教老师。两者同样是由不同专业的人员一起进行评估，按照儿童全面发展的需要，将各个专业方面的知识、方法、经验贯通起来，达成对儿童能力和障碍评价的一致性，针对教学和训练方向的一致性，制订一套全面的、整合的教育计划，设计教育和治疗技术相融合的综合性康复教育课程（综合康教课程），包括认知、运动、自我照顾、心理、社交和沟通。这种有共同目标、知识共享、资源共享、高度协作的贯通式团队，突破了专业的界线，改变了过去康复与特教的分割状况，促使针对脑瘫儿童康复的不同专业保持一致性和连贯性，为儿童创造出最佳的学习环境，能够有效促进脑瘫儿童的整体发展，显示出强大的、不同以往的团队力量。

在实施步骤中，贯通式专业团队每个成员按照团队已达成共识的康复教育计划，在整日的课堂与生活常规中分工而又合作，全面照顾与引导各小组的儿童学习与成长，指导和陪伴家长参与儿童的训练，并共同承担引导式教育系统的管理与发展工作。本书的第二部分（《实践篇》）会详述贯通式专业团队在引导式教育各元素中的具体工作。

二、小组学习

在引导式教育的系统里，儿童每天各方面的学习训练都是以小组形式进行的。对于缺少主动活动的脑瘫儿童来说，群体活动为他们提供了相互观察、交流、模仿的机会和学习社交技巧的自然环境。特别是小组内某个儿童的成功，可以激励其他儿童获得同样的成功，能够有效地调动儿童主动参与的积极性，使他们逐渐产生集体的归属感和安全感，逐步学会等待、轮作、互助与合作，促进人际关系的健康发展，从而减少对成人的依赖。因此，小组学习是引导式教育实施的基本元素。（图1.3.1、2）

图1.3.1　小组茶点课（喝水）　　　　图1.3.2　小组手工课

三、整日流程

整日流程是结合日常生活而精心设计的一整天的活动编排，包括课堂习作和起床、穿衣、如厕、洗漱、一日三餐、茶点、午睡、放学等各项作息活动，每一刻都是学习的机会。在整日流程中，引导员不断地教儿童把学到的内容用在日常生活中。学习抓握，就要让儿童在进食时抓住汤匙，坐位时抓住条台，站立时抓住梯背架；学习站立行走，就要让其自己行走或借助辅助器具完成日常生活中的各种移动。儿童在自然的生活情境中反复练习位置转移、沟通、社交、肌能活动，使整体能力得到提高，逐步养成正常的生活规律，建立起自我负责的态度。（图1.3.3、4）

第三章　引导式教育基本元素 理论篇

图 1.3.3　吃饭

图 1.3.4　擦手

四、习作程序

习作程序是引导式教育的教学策略，是按照儿童的能力，把要学习的动作分解成细小的步骤，串联起来，成为一个连贯的、循序渐进的具体活动，目的是帮助儿童建立坐、立、行、位置转移、手的活动能力。但是，习作程序不等于一连串的运动练习，而是结合引导式教育的其他元素，组成一个流畅的、对儿童来说有意义的课堂活动，也是一个整合的学习，包括：运动、感知认知、主动参与、自我解难意识等，并通过掌握这些技巧与步骤，进行诸如进饮、进食、步行、如厕、游戏、学习等日常生活活动。（图 1.3.5、6）

图 1.3.5　穿脱鞋袜

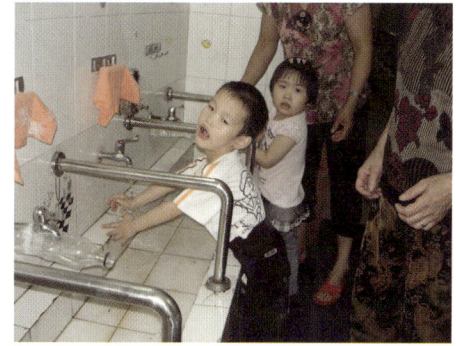
图 1.3.6　洗手

五、节律性意向

节律性意向是引导式教育独特的学习方法，在引导脑瘫儿童主动学习的训练中发挥着重要作用。节律是指配合习作活动，编排有节奏感并重复的口令或儿歌；意向是指以节律性的语言（口令或儿歌）来表达一

25

项习作活动要达到的目标。通过引导员带领儿童一边做一边说，把语言内容、节奏和具体活动联系在一起，加深儿童对动作的记忆和理解，协助儿童计划、发动和协调动作，顺利完成一项具体的习作活动。同时，还能帮助不能讲话的儿童模仿引导员，学会把动作与语言联系起来。节律性意向符合儿童对节奏性语言和活动的天然喜爱，能够调动快乐的情绪，营造轻松愉快的学习氛围，达到诱发儿童积极学习、主动参与的目的。（图 1.3.7、8）

图 1.3.7　大肌能训练——移动

图 1.3.8　大肌能训练——坐位

六、整合的课程

整合的课程贯穿引导式教育各个领域的内容，融合教育、治疗与日常生活的康复教育课程，力求将儿童的运动、认知、沟通、社交、生活自理等方面的学习完整地结合起来，使训练成为有意义的学习，让儿童获得完整的经验，感受成功的喜悦，引发进一步的学习探索。整合的课程包括生活流程的整合学习和课堂时段的整合学习，把在课堂学习的知识和技能在日常生活时段应用，巩固能力和建立自我负责的态度。（图 1.3.9、10）

图 1.3.9　边说边做：我们上课了！

图 1.3.10　边说边做：我两脚踩实地，
　　　　　　 踩实！踩实！

七、规划的环境

规划的环境以儿童的学习需要为中心，配合生活流程和课堂学习，安排场地、家具、座位、教具和辅助器具等。例如，教室、厕所、饭厅之间的距离要适合儿童的能力；要提供容易使儿童专注的学习环境；要有足够的空间允许儿童进行位置转移；座位的安排要有利于儿童与引导员以及相互间的观察；家具的高度要有助于儿童主动保持正确的姿势，促进基本运动模式的发展，让儿童能够获得成功的经验，帮助他们建立有效的功能。（图 1.3.11、12）

图 1.3.11 手部训练

图 1.3.12 站立行走训练

八、家长参与

引导式教育强调家长参与，始终把家长作为儿童教育的重要角色。家长参加教学训练活动，能了解儿童的需要和发展潜力，了解引导式教育的模式和方法，坚定康复、教育信念，改变仅仅作为照顾者的心态，成为培养儿童成长的核心人物和专业团队的伙伴。我们通过引导式教育的实践活动，看到家长同样发生了很大变化。在由老师、儿童和家长共同组成的学习训练环境中，家长逐渐了解儿童的问题和需要，开始面对现实，帮助儿童，陪伴儿童在长期的生活中不断学习和锻炼，成为康复系统中的重要力量。

引导式教育强调贯通式专业团队，除了引导儿童外，工作的重点也在引导家长担负起培养儿童的主导角色。在"知"方面：认识儿童的病症，全面了解儿童的能力，认识儿童成长的潜质；在"行"方面：观察儿童各方面的能力和技巧，学会引导儿童并与其建立情感关系的技巧；在"意"方面：接受儿童的客观情况，给予儿童适切的要求，感觉有能

力面对儿童的问题，认同自己是培养儿童的中心人物，认同家庭是儿童成长的根基。（图 1.3.13 ~ 16）

图 1.3.13　适合的卫生间

图 1.3.14　与课程配合的环境

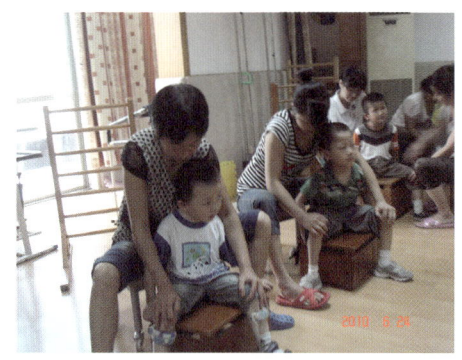

图 1.3.15　家长参与集体训练

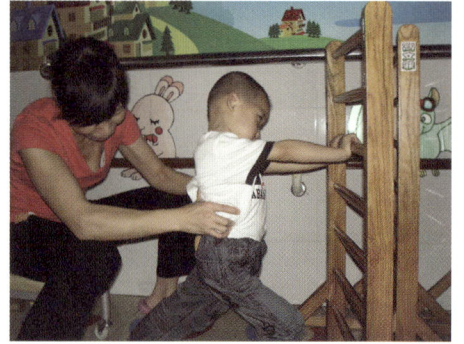

图 1.3.16　家长参与个体训练

九、诱发技巧

引导式教育各基本元素相互配合构成整体的诱发技巧。

（一）诱发目的

针对儿童的需要，制造机会，激发他们的动机与信心，帮助儿童建立有意识的主动学习动机，让儿童掌握解决行动障碍的策略，解决自己遇到的难题。

（二）诱发原则

根据儿童的能力，按照口头提示→触体提示→触体协助的顺序增加提示和协助的程度，以儿童最多参与、成人最少协助的原则，最大可能地减少儿童对他人的依赖。

（三）诱发方法

诱发方法包括：善用诱发性的环境、家具、教具和场地布置引起儿童的注意力；配合主题设计有趣的活动，营造期待激励的情境，激发儿童参与的积极性；利用小组教学，鼓励儿童相互关注、支持，彼此激励；运用节律性意向引导儿童明白将要做什么，认识身体、动作、空间的概念；应用习作程序、辅助器具、动作诱发等方法，帮助儿童学习和掌握生活技巧。

换言之，诱发方法是运用引导式教育元素的核心理念，引导儿童在"知""行""意"三方面学习，形成学习的意向、建立学习的概念、掌握学习的技巧。

要使引导式教育的元素得以成功地运用，贯通式专业团队成员必须具备"三心二意"：童心、耐心、恒心、决意、刻意。（图1.3.17~21）

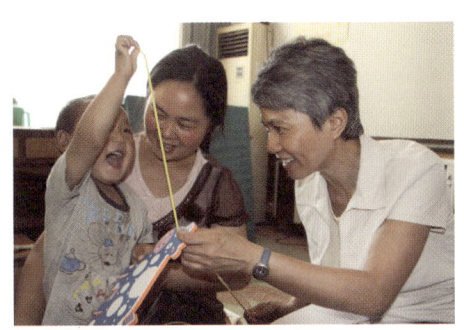

图1.3.17　童心：测试儿童的潜能和限制

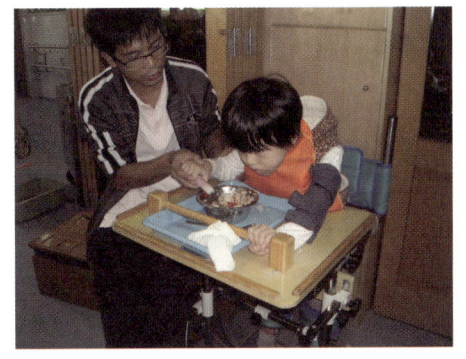

图1.3.18　耐心：等待儿童及家长逐渐成长

图1.3.19　恒心：坚持重复性康复教育流程

图1.3.20　决意：决意协力推行教学与训练细节

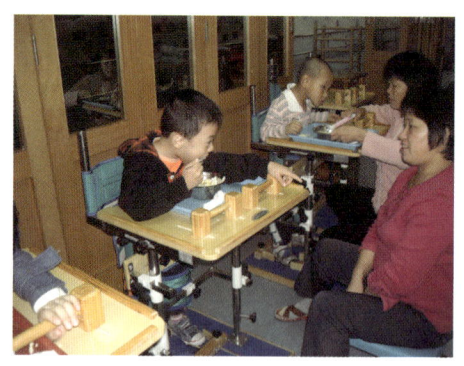

图 1.3.21　刻意：在每个元素中刻意制造丰富的学习机会

参考文献

［1］郑毓君，李佩瑜. 香港引导式教育的发展历程和路向.

［2］叶奇，张效房，等. 中国残疾儿童现状分析及对策研究. 北京：华夏出版社，2007.

［3］香港耀能协会. 引导式教育要义.

［4］欧安娜，余雪萍. 引导式教育——伴儿同行. 香港复康会世界卫生组织复康协作中心，1998.

［5］方心让教授自传. 康复——一生的工作.

［6］郑毓君，杨玉珊，何洵美，等. 引导式教育如何帮助严重弱能儿童. 香港耀能协会，2002.

再版资料补充

近代康复理念离不开大家都熟悉的ICF，它修正了过去的疾病分类，代之以一套生理、个人、社会观点的健康整合概念。康复不再是把异常矫正为正常；而是根据赋能的概念，把身体结构和功能的损伤、活动的能力与表现及参与家庭生活与社会三个角度互相链接，来分析身心障碍过程（图1.3.22）。ICF提出了一个重要的概念，就是无论残疾人士处于什么身体状况，符合他们年龄阶段参与社会是必须要考虑的。

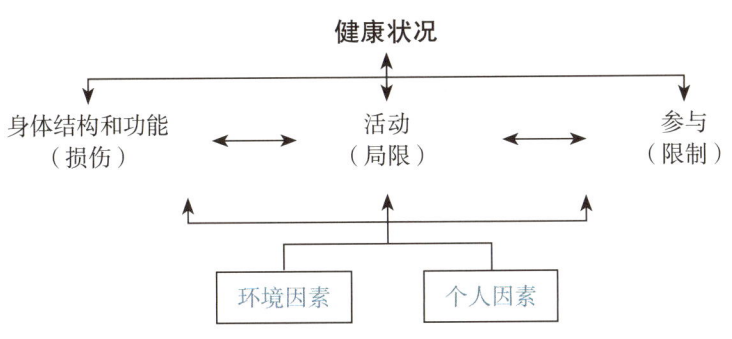

图 1.3.22　ICF 理念框架：身心障碍过程

引导式教育的理念与 ICF 非常吻合，其基本元素也对应 ICF 框架的组件：

身体结构和功能：引导式教育是通过习作程序、康复及启智整合课程来处理。

活动：整日的生活流程针对活动的局限。

参与：引导式教育强调真实情境的学习、家庭支持和入学跟进。

环境因素：引导式教育构建利于脑瘫儿童学习与成长的规划性环境。

个人因素：培养乐观、主动、积极的性格，增强儿童面对身体障碍的内在素质。

在这个框架基础上，随着儿童年龄的增长，引导式教育的重点也跟着变化，称为纵向发展（图 1.3.23）。

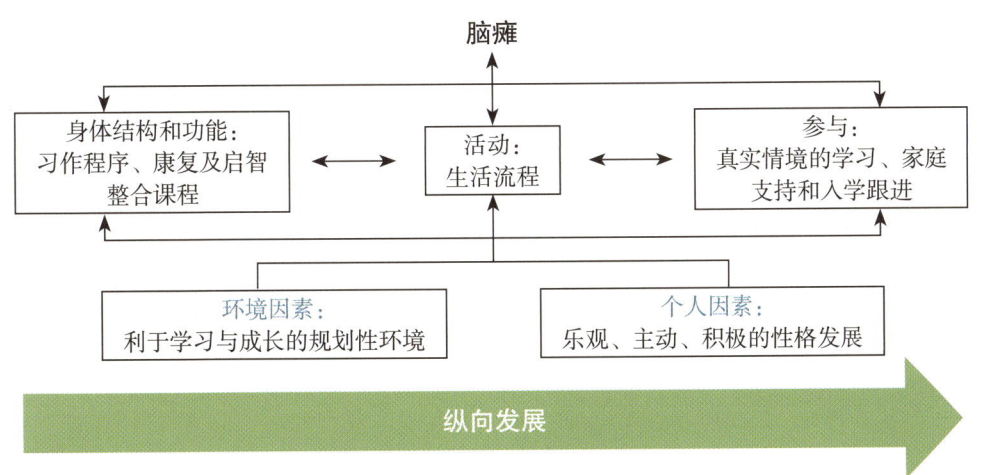

图 1.3.23　ICF 与引导式教育元素

除了技术方面，引导式教育的独特之处是不单把康复、教育与生活综合为一个息息相关的完整系统，促进脑瘫儿童全面发展，还建立了一套包括专业与管理团队、家长及儿童的工作文化：爱与尊重的精神价值；活泼与主动的生活方式；积极、勤奋、感恩与包容的集体人格。参与引导式教育的工作人员重视每个残疾儿童生命的价值，打开各个系统的藩篱，资源共享，专业上互相支持，成为一支既勇于承担又富有使命感的工作团队，与残疾儿童和他们的家庭同行康复之路！

第四章 引导式教育纵向与横向系统

第一节 引导式教育纵向系统

引导式教育纵向系统（图1.4.1）是一个从学前教育、学校教育到成人教育的完整的引导式教育网络系统，为各类中枢神经系统受损人群提供终生的、全程的、连贯的教育和康复机会，使他们获得建立正常生活技能和勇于面对困难的信念，提高生活质量。在我国香港地区，引导式教育的纵向网络系统包括：实施引导式教育的特殊幼儿中心、身体残障儿童特殊学校和采取引导式教育的成人庇护工场、成人宿舍。引导式教育的实施模式因不同年龄阶段的学习需求不同进行调整，但亦强调各个阶段的衔接，纵向发展系统也包括协调转介和跟进服务的制度。在内地广大地区，引导式教育的纵向系统还有待开发和建设。

图1.4.1 引导式教育纵向系统

不同年龄阶段的学习重点各不相同：

（一）学龄前儿童

重点学习生活自理、认知、沟通、互动，认识自己与外界事物。

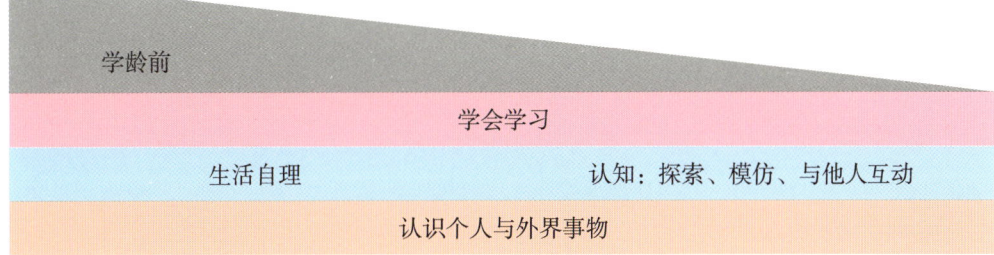

(二)学龄期至少年

重点学习独立生活能力、人际交往、学术知识、社会常识和工作技能。

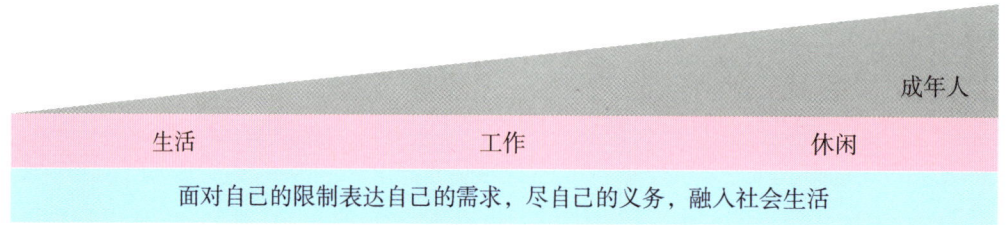

(三)成年人

学会生活、工作和休闲,面对自己的限制,表达自己的需求,尽自己的义务,融入社会生活。

第二节 引导式教育横向系统

引导式教育横向系统(图1.4.2)是指为同一年龄阶段、不同伤残程度的弱能人士提供引导式教育服务的系统,如香港各学前特殊幼儿中心为脑瘫婴幼儿、学龄前儿童和严重弱能儿童设置的引导式教育实施系统。在这些学前特殊幼儿中心里,一般将脑瘫儿童根据年龄和伤残程度分为母婴组、幼儿组、学前预备组和多重严重弱能组,分别设置符合实际发展需求的目标和学习重点,实施训练计划,以满足他们的需要。

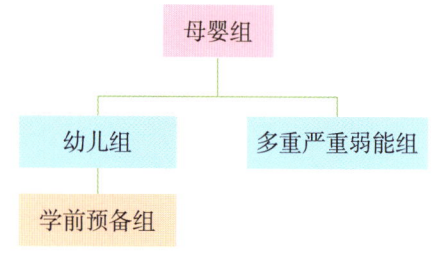

图1.4.2 引导式教育横向系统——学前特殊幼儿中心

母婴组的对象为2岁以下的儿童及他们的家长。教学重点是协助家长建立与儿童自然呼应的亲子关系，教导和支持家长担任主导的角色，诱发儿童体能、认知、社交的发展。

幼儿组的对象为2~4岁的儿童，已经开始适应小组的学习，教学重点是建立学习的基本条件，掌握基本的动作模式，学习基本的自我照顾能力和活动能力。

学前预备组的对象为4~6岁的儿童，教学重点是建立阅读、书写、社交能力，提高儿童在行动、自我照顾、解难能力方面的独立性和自主性。

多重严重弱能组的对象为严重体能、感知、认知障碍的儿童，教学重点是激发儿童对环境、人物、事物的专注能力和兴趣，教导家长诱发儿童参加自我照顾活动，发展基本活动能力，建立亲子关系。

在我国内地，已有30余所康复服务机构和部分儿童福利院不同程度地开展了脑瘫儿童引导式教育训练课程，其中，有数所开展"长江新里程计划"（第二期）"残疾预防与脑瘫儿童康复项目"的康复中心，已经建立起较完整的学前脑瘫儿童引导式教育横向系统，为引导式教育的宣传和推广发挥了重要作用。许多残疾儿童康复服务机构也在积极学习香港引导式教育的模式和经验，探索建立符合当地实际情况的引导式教育系统，为脑瘫儿童和他们的家长提供更有效的帮助。

参考文献

［1］郑毓君，李佩瑜. 香港引导式教育的发展历程和路向.

［2］叶奇，张效房，等. 中国残疾儿童现状分析及对策研究. 北京：华夏出版社，2007.

［3］香港耀能协会. 引导式教育要义.

［4］欧安娜，余雪萍. 引导式教育——伴儿同行. 香港复康会世界卫生组织复康协作中心，1998.

［5］方心让教授自传. 康复——一生的工作.

［6］郑毓君，杨玉珊，何洵美，等. 引导式教育如何帮助严重弱能儿童. 香港耀能协会，2002.

第二部分

实践篇

- ◆ 引导式教育康教计划流程
- ◆ 评估与制订目标
- ◆ 主题的运用
- ◆ 编写习作程序
- ◆ 基本动作模式与脑瘫儿童动作模式
- ◆ 节律性意向
- ◆ 教具与环境设计
- ◆ 家长培训
- ◆ 成功案例
- ◆ 涓涓心语

第一章 引导式教育康教计划流程 实践篇

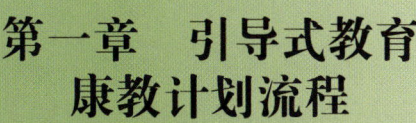

第一章 引导式教育康教计划流程

第一节 康复教育计划流程方案

引导式教育通过教育的过程实施康复教育整合方案，并以贯通式专业团队协作模式策划、组织及推行整个方案，这一过程被称为康复教育计划流程（康教计划流程）。康教计划流程按照引导式教育的理念和原则，实践引导式教育的元素。欲成立引导式教育中心，需按照康教计划流程的步骤（图2.1.1）建立儿童学习与训练的内容。

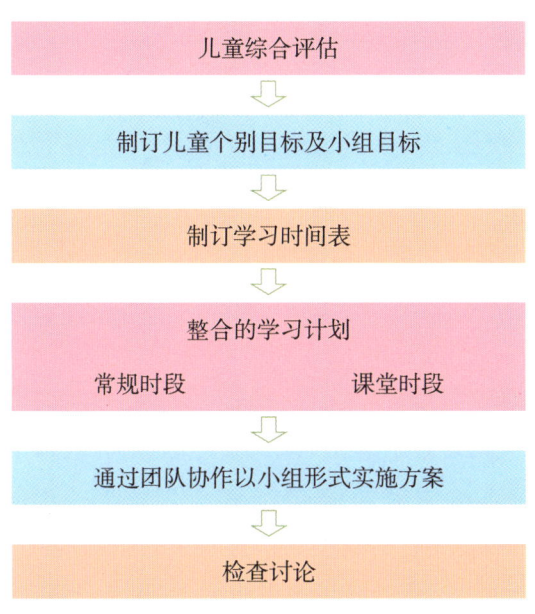

图 2.1.1 康复教育计划流程图

第二节 康复教育计划流程步骤介绍

第一步 评估

引导式教育的评估是一项对儿童能力的观察活动，目的是要发掘儿

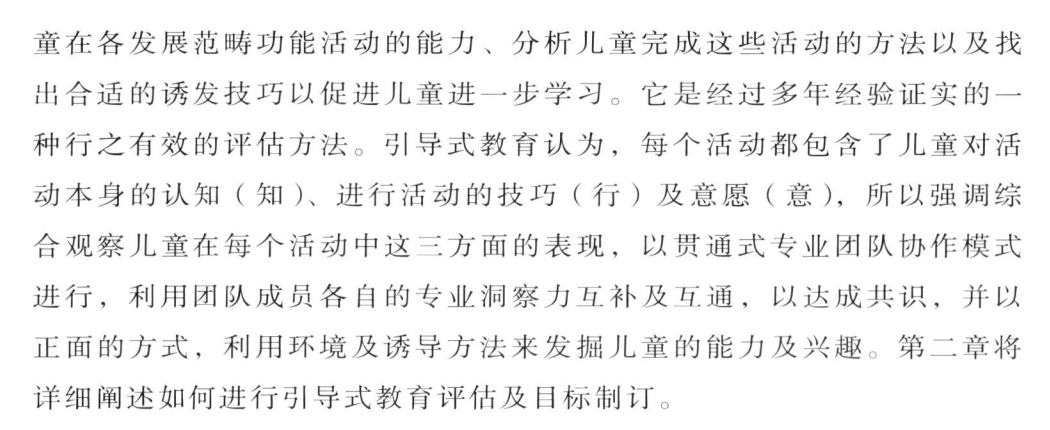

童在各发展范畴功能活动的能力、分析儿童完成这些活动的方法以及找出合适的诱发技巧以促进儿童进一步学习。它是经过多年经验证实的一种行之有效的评估方法。引导式教育认为，每个活动都包含了儿童对活动本身的认知（知）、进行活动的技巧（行）及意愿（意），所以强调综合观察儿童在每个活动中这三方面的表现，以贯通式专业团队协作模式进行，利用团队成员各自的专业洞察力互补及互通，以达成共识，并以正面的方式，利用环境及诱导方法来发掘儿童的能力及兴趣。第二章将详细阐述如何进行引导式教育评估及目标制订。

第二步 制订目标与分组

（一）制订目标

学习目标分为儿童个别目标和小组目标，儿童个别目标又分为长期目标和短期目标。一般长期目标是儿童在院康复期间学习的大方向，短期目标是儿童康复的具体目标，是可度量的。若儿童在院为一年，则以一年和半年分别制订长期目标、短期目标，以此类推。

（二）分组

分组的原则是根据儿童的心智、年龄及体能进行整体考虑，可分为学前组、幼儿组、母婴组、严重弱能组，每个小组以5~8人为宜。学前组特别强调增强儿童的解难能力和独立性，为他们进入学校接受正规教育做准备；幼儿组重视建立幼儿遵守常规与适应小组学习的能力；母婴组则着重提升家长与儿童互动的能力，建立家长培养儿童的信心；严重弱能组以引导儿童对外界环境、事物和人的注意力和兴趣为重点。

除按年龄与心智程度分组之外，还可以给小组命名，这样能提高小组的凝聚力，加强儿童与家长的归属感，有助于小组学习。小组的名称通常采用儿童熟悉的事物，如小动物、水果或颜色等，根据儿童的认知水平来设定。

第三步 制订学习时间表

制订学习时间表的目的是系统地实施康复与教育整合的学习内容，即制订整合的学习计划，包括课堂时段内的整合学习及常规时段内的整合学习。康复与教育整合的学习内容分为六个范畴：大肌能、精细活动、生活自理、认知、沟通、社交。目的是使儿童建立基本生活技能，并且在实施学习内容的过程中培养其专注能力、理解能力、协作能力及创作能力。

（一）整合

引导式教育强调整合性学习，设计的方法是把小组学习目标和个别学习目标贯穿于常规时段与课堂时段的康教活动，以主题教学整合六个范畴的学习和训练，使康复、教育成为儿童感兴趣、有意义的学习活动。常规时段的活动是儿童除课堂时段外的所有功能活动。主要有：位置转移、步行、如厕、梳洗、进食、穿脱衣服、休闲等。儿童在常规时段实践课堂上学到的知识和技巧，并反复运用，从而提升各项能力。小组内的儿童虽然同时进行常规时段的活动，却也要依照个别儿童能力的差异，将活动步骤个别化（参考附录2.1.1范例）。

（二）课堂种类设置

课堂种类需参考学前教育系统的课程及引导式教育六大学习范畴而设置；依据小组成员的心智与能力及小组学习目标来挑选和决定课堂种类和节数。课堂种类包括习作程序（地席课、坐立课、位置转移课、条台课、体能课、手部—写前课、手部—美术课、口肌课、感知课、综合感官课、沟通课、游戏课、玩耍技巧课等）及学前教育课程（语文课、常识课、数概课、音乐课、音乐律动课等）。虽然有不同课堂种类，但均强调学前教育课程与六大学习范畴的整合。学习能力较低的小组，课堂的种类较少，并且每个课堂的整合性较高。

（三）课堂学习时段与常规学习时段的分配

课堂学习时段和常规学习时段的比例根据小组儿童的年龄和学习能力进行分配，通常年龄较小和障碍较严重的小组常规时段较长。选定了课堂种类和决定了课堂节数与常规时段的长度后，按全中心的环境和人力资源编订一周时间表（参考附录2.1.2～2.1.5范例）。

第四步　通过团队协作以小组形式实施康教计划

儿童以小组形式进行学习，治疗师及教师作为第一引导员带动小组进行课堂时段及常规时段的康教活动，家长作为第二引导员参与儿童的全部活动。目的是使家长掌握康复知识和技能，成为儿童康复的启动者。在贯通式专业团队中，引导员不仅要对儿童的学习目标达成共识，对待儿童的态度、方法也要一致。

第五步　检查讨论

检查讨论包括经常性的持续检查讨论和定期性的总结评估，这是对康教活动进行了一段时间后的检视和总结：一方面对存在的问题提出解决办法，另一方面为下一阶段的康教活动进行规划。

（一）经常性的持续检查讨论

这是针对一周内常规时段及课堂时段的康教活动设计、团队协作及组织方面的检查讨论。目的是增强团队成员间的沟通协作，改进教学策略及技巧，以适合儿童的学习进度，促进儿童全面发展（详见附录2.1.6）。

（二）定期性的总结评估

这是个别儿童经过一段时间的康教活动后，对其各方面的表现进行评核，据此制订下一阶段的学习目标。若儿童在院期限为半年，总结评估要在三个月及半年各进行一次（儿童出院总结见附录2.1.7）。

结语

引导式教育康教计划流程是建立引导式教育系统中"教与学"的蓝图，实践每一个环节都要依照儿童的年龄特征、残障程度、认知水平进行操作，将引导式教育理念贯穿于儿童一天的活动。其目的是为儿童搭建一个全人发展的成长平台，提升儿童的整体发展水平，最终融入家庭和参与社会生活。本书将详细阐明每个环节实践的要义和步骤。

再版资料补充

按照康复教育计划流程，引导式教育系统具备一套完整的记录档案，包括记录个别儿童相关资料的《脑瘫儿童康复教育个人档案》（简称《个人档案》，档案目录见附录2.1.8）及引导式教育团队的工作计划与记录的《脑瘫儿童引导式教育康教计划小组档案》（简称《小组档案》，档案目录见附录2.1.9）。所有推行引导式教育系统的康复中心应用此两套记录档案有助于团队成员掌握个别儿童与小组的进度及提高贯通专业的能力，档案的累积也保留了丰富的参考及研究素材，促进引导式教育技术的传承。

参考文献

[1] 郑毓君, 杨玉珊, 何洵美, 等. 引导式教育如何帮助严重弱能儿童. 香港耀能协会, 2002.

附录 2.1.1　个别儿童常规流程表范例（广东省残疾人康复中心脑瘫康复部）

组别：学前组　儿童姓名：肖××

常规	步骤	节律性意向	备注
从地席至梯背架扶站	1. 辅助从坐位到蹲位，双手按地，低头，数十下。		中量触体帮助
	2. 双手抓住梯背架，向前推。		
	3. 抓握梯背架向前，慢慢抬高臀部站起来。		
	4. 站立，数十下。		
从凳至梯背架扶站	1. 将臀部向前移，脚踏实地。	"我将屁股向前移、移、移。"	注意保护
	2. 双手抓住梯背架，向前推。	"我双手抓住梯背架，向前推。"	
	3. 低头弯腰，抬高臀部慢慢站起来。		
	4. 站立，数十下。		
从梯背架扶站至长台前坐下	1. 一手抓梯背架，另一手抓长台，从梯背架慢慢转移到长台。		少量帮助
	2. 扶着长台向左、右横行至凳子前。		
	3. 一手抓握长台，另一手拉出凳子，慢慢坐下。		
步行	1. 伸直手肘向前推梯背架，推一下，踏一步，踏二步。提示头向前看。	"我伸直手推，踏一步，踏二步，站好。"	注意保护
如厕	1. 步行至马桶前，用梯背架转至背对马桶。		注意保护
	2. 一手抓握梯背架，另一手将裤子拉下，左右手交替。		中量触体帮助
	3. 双手抓握梯背架，慢慢坐在马桶上。		
	4. 便完后，双手抓握梯背架，慢慢站起来。		
	5. 一手抓握梯背架，另一手将裤子拉上，左右手交替。		中量触体帮助
	6. 家长完成便后冲水。		

续表

常规	步骤	节律性意向	备注
洗手	1. 口头提示下，一手抓住梯背架，一手抓住扶手，从梯背架转移到扶手。		少量触体帮助
	2. 双手抓握扶手，脚踏实地站好，眼睛看着水龙头，辅助者开水龙头。		
	3. 口头提示下，一手抓住扶手，另一手冲洗，左右手交替。		
	4. 双手抓握扶手，眼睛看着水龙头，辅助者关水龙头。		
	5. 一手抓住扶手，另一手拿毛巾擦手，左右手交替。		
	6. 口头提示下，一手抓住扶手，另一手抓住梯背架，从扶手转移到梯背架。		
梳洗活动（刷牙、洗脸）	1. 双手抓握扶手，脚踏实地站好，头转向前。		
	2. 发"i"音，辅助者帮忙刷前面的牙齿。		
	3. 含水漱口，低头把漱口水吐出。		水杯放前面，儿童自己向前含水漱口
	4. 双手抓握扶手，抬头向前，辅助者帮忙擦脸。		
进食、进饮	1. 双下肢固定。		
	2. 右手抓握扶手，左手握勺子进食半份正餐。		口头提示抬头
	3. 双手抓握扶手，头转向右侧，辅助者喂食剩下的半份正餐。		
	4. 双手抓握扶手，辅助者持杯在正前方，儿童低头碰到吸管3次。		口头提示双手抓住扶手
	5. 双手抓握扶手，辅助者喂饮。		口头提示双手抓住扶手

42

续表

常规	步骤	节律性意向	备注
穿脱鞋袜	1. 自己在地席上穿脱鞋袜。		
	2. 地席上完成穿脱套头衫。		
	3. 自己套上裤脚，仰卧位把裤子拉上。		

附录 2.1.2　母婴组课程表（浙江康复医疗中心脑瘫儿童康复部）

时间＼星期	星期一	星期二	星期三	星期四	星期五
8:15—9:00	步行 / 蹲便盆 / 脱鞋					
9:00—9:40	感官认知课	地席课	坐立课	坐立课	地席课
9:40—10:10	步行 / 蹲便盆				
10:10—10:50	抚触按摩活动				
11:10—12:00	擦手 / 午餐 / 餐后清洁				
12:00—14:00	步行 / 蹲便盆 / 午睡				
14:15—14:55	地席课	坐立课	口肌课	亲子游戏	音乐律动课
14:55—15:20	蹲便盆 / 步行 / 道别				

附录 2.1.3　幼儿组课程表（浙江康复医疗中心脑瘫儿童康复部）

时间＼星期	星期一	星期二	星期三	星期四	星期五
7:00—8:15	起床 / 穿衣 / 蹲便盆 / 洗漱 / 早餐				
8:15—9:00	步行 / 蹲便盆 / 准备上课				
9:00—9:40	坐立课	坐立课	条台课	坐立课	条台课
9:40—10:10	位置转移 / 擦手 / 喝水 / 蹲便盆 / 小憩				
10:10—10:45	认知课	玩耍技巧课	地席课	手部课	亲子游戏
10:45—13:40	步行 / 午餐 / 拉筋按摩 / 午睡				
14:00—14:20	步行 / 蹲便盆 / 准备上课				
14:30—15:10	地席课	地席课	口肌课	地席课	音乐课
15:10—15:30	位置转移 / 擦手 / 喝水 / 蹲便盆				
15:30—15:45	道别 / 步行 / 上下台阶				

附录 2.1.4　学前组课程表（浙江康复医疗中心脑瘫儿童康复部）

时间 \ 星期	星期一	星期二	星期三	星期四	星期五
7:00—8:15	起床 / 穿衣 / 如厕 / 洗漱 / 步行 / 早餐				
8:15—8:50	上下台阶 / 如厕 / 准备上课				
8:50—9:30	坐立行课	坐立行课	地席转移课	沟通课	地席转移课
9:30—10:10	擦手 / 吃点心 / 步行 / 如厕 / 准备上课				
10:10—10:50	常识课	手部—写前 / 写字课	语文课	条台课	手部—美术课
10:50—12:00	步行 / 如厕 / 洗手 / 擦手 / 午餐 / 餐后清洁				
12:00—14:00	步行 / 如厕 / 脱衣 / 午睡				
14:00—14:40	起床 / 穿衣 / 如厕 / 喝水 / 步行 / 准备上课				
14:40—15:20	数学课	音乐课	体能课	坐立行课	地席牵拉课
15:20—15:50	步行 / 如厕 / 准备上课				
15:50—16:30	地席牵拉课	条台课	坐立行课	水疗	游戏角活动
16:30—17:00	步行 / 如厕 / 洗手 / 擦手 / 晚餐				

附录 2.1.5　严重弱能组课程表（广东省残疾人康复中心脑瘫康复部）

时间 \ 星期	星期一	星期二	星期三	星期四	星期五
8:30—9:00	报到				
9:00—9:30	语言课	坐立课	语言课	坐立课	感知课
9:30—10:20	步行 / 如厕 / 站立 / 擦手 / 喝水				
10:20—10:50	体能课	综合感官课	体能课	综合感官课	体能课
10:50—11:20	穿鞋 / 步行 / 如厕 / 擦手 / 喝水				
11:20—11:25	餐前准备 / 餐前口肌练习				
11:25—11:30	介绍每日饭菜 / 分餐				
11:30—12:00	午餐：学习进餐 / 餐后整理				
12:30—13:50	午睡：如厕 / 脱鞋 / 上床 / 脱衣 / 盖被等				

续表

时间 \ 星期	星期一	星期二	星期三	星期四	星期五
13:50—14:00	起床：穿衣/下床/穿鞋				
14:00—14:45	步行/如厕/擦手/茶点				
14:45—15:25	坐立课	地席课	坐立课	地席课	玩耍技巧课
15:25—16:00	穿鞋/步行/如厕/擦手/喝水				
16:00—16:30	感知课	手部课	音乐律动课	手部课	玩耍技巧课
16:30	放学：步行/上下台阶/道别				

附录2.1.6　引导式教育小组运作检查讨论表

组别名称：_____　　　　组长与组员：_____

日期：_____

	检查讨论内容	有无问题	如何解决	达成日期	负责人
常规时段	步行				
	如厕				
	洗漱				
	吃饭				
	餐具				
	穿脱衣服				
	睡觉				
课堂时段	能否达到课堂目标				
	习作程序				
	个别照顾				
	家具及教具				
	主题运用				
	周末活动				
	老师之间沟通				
	家长工作				
	其他				

附录2.1.7 浙江康复医疗中心儿童学期总结报告

封底	封面
家长反馈	浙江康复医疗中心 引导式教育基地 幼儿学习报告表 年度_____ 组别_____ 姓名_____ 小组组长_____
内页1 _____家长您好！ 感谢您对我们工作的支持和理解。 ____年____月_____小朋友被编入_____组，接受引导式教育。现把_____小朋友在这段时间的学习和成绩记录如下： 入组时情况： 经过_____个月的引导式教育学习，您的孩子在以下各方面都有不同程度的进步，具体如下： 大肌能： 手部精细活动： 生活自理活动： 语言理解/表达： 概念： 社交活动：	内页2　　　　　　家庭作业 本期学习于____月____日结束。在家中的这段时间希望家长根据老师的目标督促小朋友进行学习与训练，一定要注意安全哦！ 作业： 大肌能： 手部精细活动： 生活自理活动： 语言理解/表达： 概念： 社交活动：

附录 2.1.8　引导式教育儿童《个人档案》目录

长江新里程计划项目（第三期）

脑瘫儿童引导式教育项目

脑瘫儿童康复教育个人档案
（项目机构内部使用）

资料来源：广东省残疾人康复中心整理、郑毓君审定

脑瘫儿童康复教育档案

档案编号 _____

姓　　名 _____

性　　别 _____

出生年月 _____

贴照片

户口所在地 _____ 省 _____ 市 _____ 县（区）_____

备注：新入的儿童需填写第 1、2、3 项。此档案也适用于部分肢体残疾儿童。

材 料 目 次			
1	脑瘫儿童咨询表（新入）	8	脑瘫儿童常规流程表
2	医疗记录（新入）	9	主题教学认知进度记录
3	引导式教育筛查表（新入）	10	每月学习记录
4	标准化评估表（GMFM 88 项）	11	非经常性事件记录
5	脑瘫儿童实用技能记录表、认知能力记录表、社交能力记录表、语文–表达能力记录表	12	学期总结
^	^	13	粗大运动功能分类系统（GMFCS）、徒手能力分类系统（MACS）、交流功能分级系统（CFCS）的说明 脑瘫患者进饮进食功能分类系统（EDACS）的说明
6	评估分析及目标制订表	^	^
7	脑瘫儿童长短期学习目标及进度表	14	儿童出园小结 儿童学期总结家长报告

附录 2.1.9　引导式教育《小组档案》目录

长江新里程计划项目（第三期）

脑瘫儿童引导式教育项目

脑瘫儿童引导式教育
康教计划小组档案

小组名称：_____

儿童名单：_____

_____

_____

带教组长（姓名／专业）：_____

带教成员（姓名／专业）：_____

_____

时段：_____　至　_____

资料来源：广东省残疾人康复中心整理、郑毓君审定

目 录

1. 小组信息 ··· 1
2. 引导式教育一周时间安排表 ·· 2
3. 学期主题一览表 ·· 3
4. 引导式教育小组学习重点及关键目标 ··· 4
5. 每月主题网络图 ·· 5
6. 每月主题康教推行计划 ·· 7
7. 习作程序设计表 ·· 10
8. 每月主题教学认知内容记录表 ·· 12
9. 每月家长系统培训记录 ·· 13
10. 每月小组总结表 ·· 14

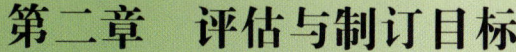

第二章 评估与制订目标

第一节 评估

一、引导式教育评估特点

引导式教育评估是以贯通式专业团队方式进行，并以自然情境观察为主，个别评估为辅，团队成员使用同一工具和观察方法，以达到全面的共识；注重分析儿童进行活动的方法及困难，并利用环境及互动技巧发掘儿童的强处、能力及兴趣，借以找出合适的诱导方法，以促进儿童进一步学习。

二、引导式教育评估技巧

（1）先观察，等候儿童的反应。

（2）当儿童未能独立完成活动时，提示的层次为：口头提示→环境提示→触体提示→触体协助，并观察儿童在提示下如何完成活动。

（3）评估过程须保持与儿童交流，避免给予儿童挫败感。

三、引导式教育评估要诀

引导式教育评估是评估者与儿童的共同学习，评估者的作用主要是诱发及引导儿童，发现儿童的"能"，而不是专注于儿童的"不能"。评估者要给儿童足够的时间去反应，先给予口头提示，不要急于给予触体协助。评估过程中影像资料的备份很关键，便于与中、后期情况进行对比，也便于团队成员共同重复观看和讨论，以使评估结论更客观、准确。

四、引导式教育评估范畴

引导式教育评估范畴包括大肌能、精细动作、生活自理、语言沟通、认知及社交六大范畴，并观察儿童进行每个范畴的活动时在知、行、意三方面的表现。

五、引导式教育评估步骤

引导式教育评估分两个阶段——初步评估及进阶评估。

（一）初步评估

儿童入院时进行，通过综合的观察步骤，初步了解儿童大、小肌能，认知以及语言、社交等情况，目的是作为分班的依据。进行初步评估前，必须预先准备一个能让儿童感觉安全及有趣的环境（图 2.2.1）。初步评估参考《脑瘫儿童引导式教育筛查表》（即《初次综合评估记录表》）及《脑瘫儿童咨询表》（附录 2.2.1）。

图 2.2.1　儿童感觉安全及有趣的评估室

（二）进阶评估

儿童入院后约一周，对环境和老师较熟识时才进行进阶评估，以确保儿童能自然地表现自己的能力。进阶评估完成时间在儿童入院半个月到一个月；贯通式专业团队通过个别检查和常规时段自然情境中的观察，使用《脑瘫儿童实用技能记录表》（附录 2.2.2）进行记录及分析，详细了解儿童六大范畴的能力和障碍情况，目的是为儿童制订适宜的六大范畴整合学习目标（图 2.2.2）。

图 2.2.2　贯通式专业团队进行
个别儿童进阶评估

六、专业评估工具的使用

（1）贯通式专业团队的成员在各自的专业范畴内已有一套评估工具，其中部分内容能补充《脑瘫儿童实用技能记录表》的观察项目，例如，言语治疗师的《S—S法量表》（附录2.2.3）可补充《脑瘫儿童实用技能记录表》内"语言表达能力"及"语言理解能力"的范畴，或有关口肌的详细描述。若团队的专业成员已经接受过使用此类量表的培训并且已经能够熟练使用，可以根据个别儿童的特殊情况。例如，针对有较复杂的言语和口肌功能障碍的儿童，在完成进阶评估后，可使用《S—S法量表》做进一步检查。

（2）采用《脑瘫儿童粗大运动功能分级系统》（GMFCS）及《4～18岁脑瘫儿童手功能分级系统》（MACS）为儿童的体能程度分级，作为概括资料（复旦大学附属儿科医院康复中心史惟医生翻译此两个分级系统的中文版见附录2.2.4及附录2.2.5）。

（3）学习程度的分组：综合心智、年龄、体能程度三方面进行考虑。

心智：分0～6个月组、7～12个月组、1～2岁组、3～5岁组、6～8岁组。

年龄：分0～2岁母婴组、3～5岁幼儿组和6～8岁学前组。

体能：以体能程度的级别（GMFCS）分，Ⅰ级及Ⅱ级属轻度（组），Ⅲ级及Ⅳ级属重度（组），Ⅴ级属严重（组）。

七、评估记录

（1）不按专业范畴分别记录，而是综合记录（参考《脑瘫儿童实用技能记录表》）。

（2）贯通式专业团队成员分析评估记录，以附录2.2.6《评估分析及目标制订》中现有的能力／困难作为制订学习目标的依据。

第二节　制订目标

学习目标在整个教学中起着承上启下的作用，既是对评估分析的总结，又是对下一步教学的指导。它整合了六大范畴及知、行、意三方面的学习内容，可以分为个别目标及小组目标。脑瘫的康复是长期甚至终生的，所以儿童出院时，要按儿童及家庭的具体情况，为其制订出院后的学习发展目标，给家长以延续孩子学习的具体方向。

一、个别目标的制订

个别目标分为长期目标和短期目标。

（一）长期目标

1. 长期目标的含义

长期目标是学习的大方向，例如，以6个月为长期目标的周期，根据《评估分析及目标制订》分析评估结果，制订长期和短期目标（参考附录2.2.6）。

2. 长期目标采用的词汇

为使团队各成员能准确地交流信息，在制订长期目标时应采用共通的词汇，定义如下：

建立——处于早期学习阶段，需要较多的协助。

巩固——仍有明显限制，需要重复此阶段的学习。

增强——做下一阶段功能的准备。

扩展——接近下一阶段功能的学习。

（二）短期目标

1. 短期目标的含义

短期目标是达成长期目标的具体子目标，例如，儿童住院半年，可以3个月为周期来制订短期目标。每半个月观察并记录一次（附录2.2.7《幼儿学期训练短期目标进度记录表》）。3个月后根据短期目标达成与否进行分析，中期评估后制订出下一阶段的短期目标。

2. 如何制订短期目标

短期目标必须可度量，可以按协助的程度（大量或少量）、协助的方式（口头提示、环境提示、触体提示、触体协助、用具协助）、维持或完成活动的时间、完成活动的距离或达成的次数作为度量标准。短期目标的描述也需要包括活动的质量要求，例如，活动的质量达到基本动作模式或对活动的意愿和认知。这部分是学习的先决条件。

3. 短期目标采用的词汇

为使团队各成员能准确地交流信息，在制订短期目标时应当采用共通的词汇，定义如下：

偶尔做到——达成活动的次数小于30%。

有时做到——达成活动的次数在 30% ~ 70%。

经常做到——达成活动的次数大于 70%。

（三）出院后的目标

离院前需个别指导，出院后通过电话、影像及到家做跟踪指导。

二、小组目标的制订

小组目标要从组内大部分儿童共同的目标中挑选，同时根据该小组需特别关注的学习范畴制订小组的关键目标（参考附录 2.2.8）。

三、评估及目标制订的流程

（一）评估流程

评估流程以图 2.2.3 表示。

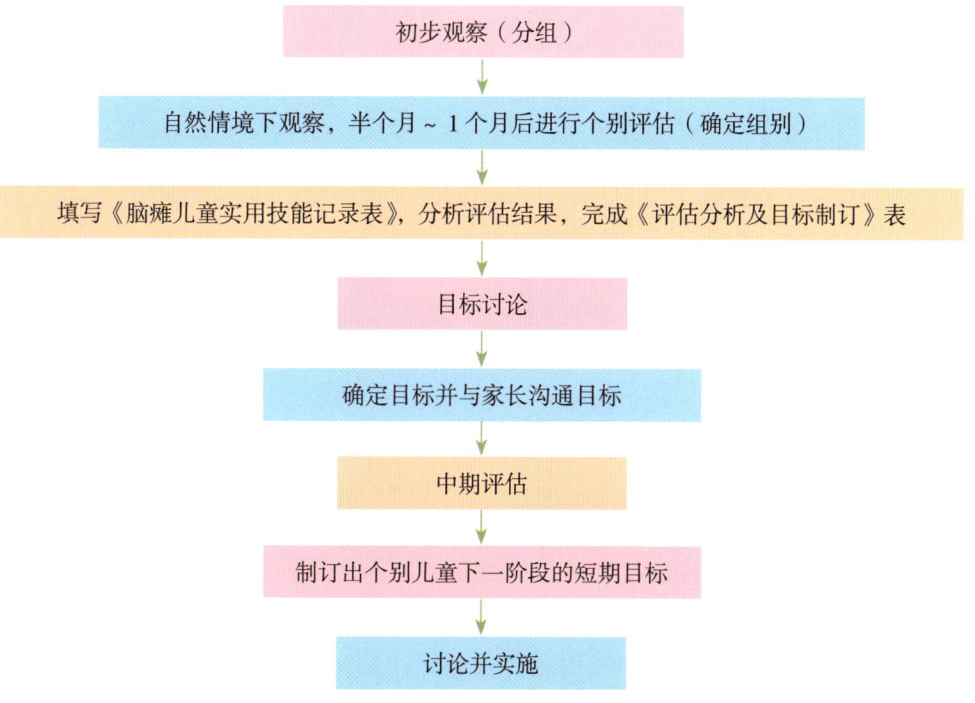

图 2.2.3　评估流程

（二）目标的推行

制订个别短期目标和小组目标后，一方面把目标融入对儿童有意义的康教活动中，在课堂上推行；另一方面刻意把学习目标编排到生活流程里，提供自然情境让儿童重复练习（表 2.2.1）。课堂中如何推行学习目标，在第四章"编写习作程序"中将详述。

表 2.2.1　学习目标融入常规学习时段

项目	学习目标				
	体能	手部	自理	概念	沟通社交
生活流程	协助下坐稳于凳上	协助下左手能经常抓握、放开物件	大量协助下能经常正确抓勺子舀食物	认读与主题相关的简单汉字	在相应环境中能经常使用相应的礼貌用语
课前如厕、步行常规	如厕时坐于便器上	步行时抓握梯背架			课前能向老师及同伴问候
茶点、如厕常规	进食点心时,坐于台前；如厕时,坐于便器上	进食点心时,抓握、放开食物；如厕时,转移抓握扶手		茶点名称的汉字与茶点配对	遇到困难时,能够主动寻求周围人的帮助
午饭、午睡前常规	进餐时,坐于台前	进餐时抓握勺子	协助进餐时,用勺子舀食物		接受帮助时,能够主动说"谢谢"
午点、步行常规	进食点心时,坐于台前	进食点心时,抓握、放开食物；步行时,抓握梯背架		茶点名称的汉字与茶点配对	课后能够主动与老师、同伴说"再见"等

参考《引导式教育如何帮助严重弱能儿童》54 页

结语

评估与目标制订是引导式教育康教计划流程的起始点，也是重要的环节，它对其后设计针对性的康教活动起着指导作用。按照引导式教育的理念，要达到准确的评估和制订适宜的目标，不是单靠评估工具，更重要的是综合性地反复观察和设计自然与正面的评估过程，让儿童能表现他们的现有能力和解难的方法与意愿。因此，贯通式专业团队在"起始点"便需要密切合作，从评估过程到制订目标，康复专业与教育专业人员共同协作，交流各专业的判断。

再版资料补充

引导式教育评估不是单纯通过一套标准的评估工具进行，而是强调日常观察，《脑瘫儿童实用技能记录表》是把观察进行系统地记录，易于贯通式专业团队共同分析儿童的学习和训练需要。随着康复专业和教育专业水平不断提升，此次再版增加和更新了《脑瘫儿童实用技能记录表》的部分项目，尤其在精细动作方面，得到房角石协会特殊儿童项目（湖北）主任暨高级职业治疗师王俊杰老师的帮助，补充了手内操作的评估。同时，可喜的是各康复中心越来越多地接收年龄小的脑瘫儿童，部分评估项目需要年龄参照。得到珠海市残疾人综合服务中心康复教育部脑瘫组副组长梁杰玲老师的帮助，参照香港、台湾和内地的文献和参考书，把《脑瘫儿童实用技能记录表》中大肌能活动、精细活动及生活自理中的部分项目，对应正常儿童发展阶段，整理了一份参考资料（附录2.2.2b），有助于引导式教育人员更准确地分析脑瘫儿童的能力与限制。

参考文献

[1] Palisano, R., Rosenbaum, P., Walter, S., et al. Developmental and reliability of a system to classify gross motor Function in children with cerebral palsy. Developmental Medicine and Child Neurology, 1997, 39（4）:214-223.

[2] Eliasson, A.C,, Krumlinde Sundholm, L,, Rsblad, B,, et al. The Manual Ability Classification System（MACS）for children with cerebral palsy: scale development and evidence of validity and reliability. Developmental Medicine and Child Neurology, 2001, 48:549-554.

[3] 郑毓君，杨玉珊，何洵美，等. 引导式教育如何帮助严重弱能儿童. 香港耀能协会，2002.

附录 2.2.1
初次综合评估记录表（初步评估）

目的：帮助观察员通过简单的步骤，了解脑瘫儿童在体能、精细活动、沟通、认知、社交及自理等方面的粗略表现，以提供筛选及分组的数据。所有初步评估不能取代日后的详细评估。

评估方式：以综合形式推行，观察员要具有敏感度，分析及记录儿童的表现。

◆ **直接评估部分**：贯通式专业团队其中一名成员带出一连串综合活动，与过程中其他成员一边配合评估，一边观察儿童的表现。团队成员在与儿童保持互动的自然情境下，轮流做带领者或观察者。根据儿童的能力及情绪，评估活动可进行次序上的调整。

◆ **查询部分**：向家长及有关人士咨询儿童平日的表现，以补充资料。

评估态度：以活泼的形式进行，评估过程中尽量与儿童保持交谈，在儿童未能做出适当表现时，帮助完成。

评估前预备：

◆ 告诉家长尽量让儿童自行发挥。

◆ 熟悉评估程序。

◆ 预备适合的场地、家具及教具。

◆ 预备摄录。

在"□"内记录分数

4分：独立完成　3分：口头提示　2分：少量协助完成
1分：大量协助完成　0分：没有意识，完全被动

进行姿势	活动	体能	精细	沟通	认知	社交	自理
地席	与儿童打招呼，请其说出自己的名字			口语□ 表情□ 手势□		目光注视□	
	引导儿童在地席上脱去鞋袜	保持坐好□	左□ 右□				参与的意愿□
	邀请儿童仰卧	头于中线□ 双手垂直□ 双脚伸直□ 两边对称□		理解要求□			
	把教具从身体一边移到另一边	头部转动□			追视教具□		

续表

进行姿势	活动	体能	精细	沟通	认知	社交	自理
地席	询问儿童要不要教具			口语回应□ 表情回应□ 动作回应□			
	将教具放于一边，要求儿童从仰卧转为俯卧	动作协调□		理解要求□			
	俯卧姿势	头部抬高□ 前臂支撑□ 双脚伸直□ 两边对称□ 备注：					
	给予教具把玩		伸出左手□ 伸出右手□				
	把教具移至90°	转动身体□ 动作协调□					
	邀请儿童做四点跪	双膝承力□	双手支撑□				
	邀请儿童仰卧转身及坐起	动作协调□	手撑着地□	理解要求□			
	邀请儿童坐好（能坐在凳上的儿童，在凳上进行以下活动）	头于中线□ 双手按地□ 双脚微曲□ 两边对称□ 备注：					
	在儿童背后摇铃				追踪声源□		

续表

进行姿势	活动	体能	精细	沟通	认知	社交	自理
地席	邀请儿童与引导员推球（询问儿童要不要）	单手按地□	伸出手□ 推球□	口语回应□ 动作回应□		懂得轮流□	
	邀请儿童把球推给家长			理解指令□		望向家长□	
	出示杯、勺子、毛巾、梳子，询问儿童物品的用途			口语回答□ 动作回答□	理解名称□	假想行为□	
	请儿童用毛巾抹不同的身体部位				头□ 手□ 脚□ 眼□ 耳□ 口□ 备注：		
	请儿童邀请家长喝饮料			口头邀请□ 动作邀请□		做出邀请□	
站立	引导儿童扶着家具站起来	记录方式：	抓握家具□				
	引导儿童站好	头于中线□ 双手伸直□ 双膝伸直□ 双脚踏地□ 腰挺直□ 备注：					
步行	邀请儿童走数步：注明辅助（辅助器具）或独立	记录步态：				参与意愿□	
靠坐桌前	邀请儿童坐在桌前	动作协调□			有方向感□		

续表

进行姿势	活动	体能	精细	沟通	认知	社交	自理
靠坐桌前	维持坐好	头于中线□ 双手按桌□ 双脚踏地□ 挺直腰背□ 备注：					
	邀请儿童玩一些因果关系玩具		拨□ 推□ 摇□ 敲□ 按□		明白关系□		
	邀请儿童玩一些操作玩具				明白关系□		
	引导儿童搭积木		握物方式： 手掌□ 前二指□ 前三指□		空间概念□		
	邀请儿童说出积木的颜色				说出一种□ 说出两种□ 说出三种□		
	拧开瓶盖并把小珠放入瓶中		固定能力□ 前二指□ 前三指□		空间概念□		
	拿出一本简单故事书给儿童阅读		掀书□	口语描述□	一页一页描述图片□ 读出文字□		
	告诉儿童活动已结束		挥手道别□	口语□ 手势□		微笑□ 注视□	

脑瘫儿童咨询表
（咨询新入学儿童家长，做第一次记录）

咨询日期：_____ 记录者：_____

儿童个人资料：

姓名：_____ 出生日期：_____ 性别：□男 □女

诊断：_____ 脑瘫的分型：□痉挛型 □肌张力障碍型 □手足徐动型 □共济失调型
其他：_____

曾接受过治疗：_____ 出生地点：_____

视觉：□正常 □有视力障碍 听觉：□正常 □有听力障碍
癫痫：□有 □没有 □有服药 食物过敏：□有 □没有 其他疾病：_____

家庭资料：

父亲姓名：_____ 父亲年龄：_____ 父亲职业：_____

母亲姓名：_____ 母亲年龄：_____ 母亲职业：_____

家庭地址及邮编：_____

联络电话：_____

儿童的起居生活主要由谁协助照顾：
□父亲 □母亲 □祖父／母 □外祖父／母 其他：_____

家居生活技能：

进餐：□独立 □少量帮助 □大量帮助 □完全协助
食物质地：□软 □硬 □流质 其他：_____ 备注：_____

喝水：□独立 □少量帮助 □大量帮助 □完全协助
通常使用：□奶瓶 □杯 □勺子 □吸管 其他：_____ 备注：_____

如厕：□独立 □少量帮助 □大量帮助 □完全协助
□口语表示需要 □手势表示需要 □表情或身体语言表示需要
梳洗：□独立 □少量帮助 □大量帮助 □完全协助 备注：_____
穿衣、穿鞋袜：□独立 □少量帮助 □大量帮助 □完全协助 备注：_____

儿童的兴趣：

玩具的类型：□简单因果关系玩具，例：摇铃　　□操作玩具，例：捣床、串珠
　　　　　　□假想玩具，例：扮家家、电话　　□最喜欢的玩具：_____

游戏的方式：□独自玩耍　□与成人玩耍　□与小朋友玩耍　□观看别人玩耍

休闲的方式：□看电视　□阅读　□画画　□唱歌　□户外玩耍　其他：_____

儿童情绪表现：□主动表达　□含蓄　□负面行为，例如：□发脾气　□伤害自己

　　　　　备注：_____
　　　　　　　　_____

儿童在家中通常的活动（注明通常在什么位置）：_____

家长对儿童的期望：_____

附录 2.2.2

脑瘫儿童实用技能记录表
（于参加引导式教育两周之后，在一个月内进行）

儿童姓名：_____

性　　别：_____

出生日期：_____

组　　别：_____

入园日期：_____

（2017 年 10 月 10 日修订）

目录

使用指引 …………………………………………………… 70

挛缩及变形 ………………………………………………… 71

大肌能活动 ………………………………………………… 73

1. 坐凳活动 ………………………………………………… 73

    1.1. 抓握辅助器具，坐在凳上

    1.2. 完全独立地坐在凳上

    1.3. 独立坐在凳上活动

    1.4. 坐在凳上→站立

    1.5. 站立→坐在凳上

    1.6. 坐在凳上→坐在地上

    1.7. 坐在地上→坐在凳上

2. 木条台 / 席上活动 ……………………………………… 74

    2.1. 俯卧姿势

    2.2. 俯卧在木条台上，把身体上拉

    2.3. 完全独立地在席上匍匐爬行（肚腹贴地）

    2.4. 俯卧：前臂支撑

    2.5. 俯卧：直臂支撑

    2.6. 俯卧→仰卧（向左 / 向右）

    2.7. 仰卧姿势

    2.8. 仰卧：头部的控制

    2.9. 仰卧：上肢的控制

    2.10. 仰卧：下肢的控制

    2.11. 仰卧：搭桥

    2.12. 仰卧：坐起来

    2.13. 盘腿坐

    2.14. 保护性支撑反应

    2.15. 坐在木条台 / 地上，慢慢躺下

    2.16. 仰卧→俯卧（向左 / 向右）

    2.17. 俯卧：往后推下床★

3. 站立活动 ………………………………………………… 77

    3.1. 用辅助器具站立

    3.2. 完全独立地站立

4. 步行活动 ··· 78

    4.1. 使用辅助器具步行

    4.2. 完全独立地使用辅助器具步行

    4.3. 完全独立地扶家具横行（向左/向右）（双脚横行为一步）

    4.4. 完全独立地徒手步行

5. 进阶体能活动 ··· 79

    5.1. 上楼梯（四级）

    5.2. 下楼梯（四级）

    5.3. 徒手向前步行10步，停，转身，步行回原处

    5.4. 向后行走10步

    5.5. 双手抱着一件体积大如足球的物品，向前步行10步

    5.6. 单腿站立（左站/右站）

    5.7. 跨过5厘米高的障碍物（左跨/右跨）

    5.8. 跨过及膝高的障碍物（左跨/右跨）

    5.9. 跑4.5米，停，跑回原处

    5.10. 踢一个直径15厘米不动的球，仍能保持平衡（左踢/右踢）

    5.11. 跳高

    5.12. 跳远

    5.13. 单腿跳（左/右）

6. 基本动作模式 ··· 80

    6.1. 伸直手肘（左/右）

    6.2. 抓握（左/右）

    6.3. 放手（左/右）

    6.4. 左手固定，右手活动

    6.5. 右手固定，左手活动

    6.6. 脚踏实地（坐、站）（左/右）

    6.7. 髋关节活动

    6.8. 朝向中线

7. 认知、意向 ··· 81

    7.1. 身体概念

    7.2. 动作概念

    7.3. 空间概念

    7.4. 正确姿势及动作的概念

    7.5. 计划动作的能力

第二章　评估与制订目标 实践篇

4. 玩耍技巧 ☆ ·· 95
   4.1. 认知：注视／明白玩具带出的因果关系
   4.2. 技巧：尝试操控玩具以出现应有的效果
   4.3. 意向：通过选择玩具表达玩耍的意愿

5. 抽象概念 ☆ ·· 95
   5.1. 大小概念
   5.2. 颜色概念
   5.3. 形状概念
   5.4. 对比概念
   5.5. 空间概念
   5.6. 数量概念
   5.7. 语文概念

认知能力记录表 ·· 98
社交能力记录表 ·· 109
语文—表达能力记录表 ·· 115
附：评估用具 ·· 120

使用指引

（一）目标

1. 作为一个评估工具，了解儿童在不同范畴的发展及能力。
2. 作为制订训练计划的参考指标。
3. 定期记录及提供个别儿童在各方面发展的数据。

（二）评估方式

1. 记录表内的项目可通过直接测试或在生活常规中的观察评估儿童在该项技能中的表现。
2. 记录儿童在一般情况下的表现。

（三）使用次数

1. 至少每学年2次。
2. 入园1个月内为新生填妥此表。

（四）评分及记录方式

1. A1~A7代表7次评估。
2. 采用五级评分制度：

"0"需要全面的协助。

"1"有些主动，但需要许多体能上的协助。

"2"主动做，只需少量体能上的协助。

"3"能在监督下或口头指示下完成。

"4"全面独立，无需任何协助。

"NA"不适用（例如：实际年龄未及的项目）。

"左右"如果左右肢的功能程度有差距，必须分别记录两侧的功能程度。

3. 与时间或距离有关的项目在儿童能独立地进行该项目时才填写。记分采用该项目下面的4，5，6评分标准。
4. 每一个活动范畴下的"认知及意向评估"采用0，2，4评分标准。
5. 有"★"的项目为总项目，需对该总项目的整体表现评分。

以下各部分如有使用辅助器具（如缚带、脚托、特别扶手等），请在图表内填写该项目编号及器具名称。

项目	A1	A2	A3	A4	A5	A6	A7
坐活动							
木条台/席上活动							
站立活动							
步行活动							

续表

项目	A1	A2	A3	A4	A5	A6	A7
进阶体能活动							
精细活动							
进食进饮							
如厕							
梳洗							
穿衣							

挛缩及变形

身体部位		动作幅度（＋正常　↓减少　↑过多）		A1	A2	A3	A4	A5	A6	A7
上肢	肩关节	举高（180°）								
		分开								
		交臂								
	手肘	伸直（0°）								
		外旋（80°）								
	手腕	背向屈曲（80°）								
	手掌	握拳头								
		张开								
	大拇指	分开（70°）								

71

续表

身体部位	动作幅度（+正常 ↓减少 ↑过多）		A1	A2	A3	A4	A5	A6	A7
下肢	髋关节	伸直（0°）							
		分开（45°）							
	膝关节	伸直（25°）							
	脚踝背向	背向屈曲（15°）（伸直膝关节）							
	髋关节脱位	MP值____% X线片							

身体部位	形状（√有 ×没有）	A1	A2	A3	A4	A5	A6	A7
躯干	正中							
	C型（凸向左）							
	C型（凸向右）							
	S型							
	反转S型							
	圆背							
	腰过伸							

大肌能活动

1. **坐凳活动**

1.1 抓握辅助器具，坐在凳上	A1	A2	A3	A4	A5	A6	A7
辅助器具							
Ⅰ．双手抓握辅助器具时，能保持坐姿★							
ⅰ．手肘伸直（左/右）	/	/	/	/	/	/	/
ⅱ．双手握住辅助器具（左/右）	/	/	/	/	/	/	/
ⅲ．躯干挺直及对称							
ⅳ．髋关节屈曲							
ⅴ．保持脚掌在地上放平（左/右）	/	/	/	/	/	/	/
Ⅱ．双手抓握辅助器具，完全独立地保持坐姿 4分：3秒以内 5分：3~20秒 6分：20秒以上							
Ⅲ．一手握住辅助器具时，用另一只手捡起地上的物品，然后恢复坐姿							

1.2 完全独立地坐在凳上

Ⅰ．保持坐姿 4分：3秒以内 5分：3~20秒 6分：20秒以上							

1.3 独立坐在凳上活动

Ⅰ．抬高一只脚，放在另一条腿的膝盖上面（左/右）	/	/	/	/	/	/	/
Ⅱ．向后移							
Ⅲ．团团转（向左/向右）	/	/	/	/	/	/	/

1.4 坐在凳上→站立

| 独立 / 辅助器具 | | | | | | | |

1.5 站立→坐在凳上

| 独立 / 辅助器具 | | | | | | | |

1.6 坐在凳上→坐在地上

1.7 坐在地上→坐在凳上

2. 木条台 / 席上活动

2.1 俯卧姿势	A1	A2	A3	A4	A5	A6	A7
Ⅰ．保持躯干在中线							
Ⅱ．保持双手在躯干两侧 / 伸直举高（左 / 右）	/	/	/	/	/	/	/
Ⅲ．保持双脚伸直及分开（左 / 右）	/	/	/	/	/	/	/
Ⅳ．保持不动							

2.2 俯卧在木条台上，把身体上拉★							
Ⅰ．保持头部在中线，抬起							
Ⅱ．保持躯干在中线							
Ⅲ．双手举高，伸直（左 / 右）	/	/	/	/	/	/	/
Ⅳ．双手抓握木条台（左 / 右）	/	/	/	/	/	/	/
Ⅴ．双手屈曲，把身体上拉（左 / 右）	/	/	/	/	/	/	/
Ⅵ．保持双脚伸直，分开（左 / 右）	/	/	/	/	/	/	/

2.3 完全独立地在席上匍匐爬行（肚腹贴地）

　　　4 分：60 厘米以内

　　　5 分：60 ~ 150 厘米

　　　6 分：150 厘米以上

2.15 坐在木条台 / 地上，慢慢躺下							
2.16 仰卧→俯卧（向左 / 向右）	/	/	/	/	/	/	/
2.17 俯卧：往后推下床★							
Ⅰ．保持头部在中线，抬起							
Ⅱ．保持躯干在中线							
Ⅲ．手肘屈曲（左 / 右）	/	/	/	/	/	/	/
Ⅳ．双手抓握木条台（左 / 右）	/	/	/	/	/	/	/
Ⅴ．手肘伸直，把身体推下（左 / 右）	/	/	/	/	/	/	/
Ⅵ．保持双脚伸直，分开（左 / 右）	/	/	/	/	/	/	/

3. 站立活动

	A1	A2	A3	A4	A5	A6	A7
3.1 用辅助器具站立							
辅助器具							
Ⅰ．当握着辅助器具时，能保持站姿★							
ⅰ．头部抬起，保持在中线							
ⅱ．躯干挺直，对称							
ⅲ．手肘伸直（左 / 右）	/	/	/	/	/	/	/
ⅳ．双手握住辅助器具（左 / 右）	/	/	/	/	/	/	/
ⅴ．膝部伸直（左 / 右）	/	/	/	/	/	/	/
ⅵ．脚掌平放在地上（左 / 右）	/	/	/	/	/	/	/
ⅶ．保持不动							
Ⅱ．当握着辅助器具时，能完全独立地保持站姿 4分：3秒以内 5分：3～20秒 6分：20秒以上							
Ⅲ．当只有一只手握着辅助器具时，能保持站姿							
Ⅳ．当握着辅助器具时，抬高一只脚（左 / 右）	/	/	/	/	/	/	/

Ⅴ．当握着辅助器具时，站立→蹲							
Ⅵ．当握着辅助器具时，蹲→站立							
Ⅶ．当握着辅助器具时，从地上站起来							
3.2　完全独立地站立							
Ⅰ．不用扶持，站立 　　4分：3秒以内 　　5分：3~20秒 　　6分：20秒以上							
Ⅱ．不用扶持，站立→蹲							
Ⅲ．不用扶持，蹲→站立							
Ⅳ．不用扶持，从地上站起来							

4. 步行活动

	A1	A2	A3	A4	A5	A6	A7
4.1　使用辅助器具步行							
辅助器具							
Ⅰ．能使用辅助器具步行★							
ⅰ．头部抬起							
ⅱ．躯干挺直及对称							
ⅲ．手握辅助器具（左/右）	/	/	/	/	/	/	/
ⅳ．脚掌平放在地上（左/右）	/	/	/	/	/	/	/
ⅴ．向前移辅助器具							
ⅵ．转移重心（向左/向右）	/	/	/	/	/	/	/
ⅶ．踏步（左/右）	/	/	/	/	/	/	/
4.2　完全独立地使用辅助器具步行◇							
4.3　完全独立地扶家具横行（向左/向右）（双脚横行为一步）◇	/	/	/	/	/	/	/
4.4　完全独立地徒手步行◇							

◇备注：4分：3步以内；5分：3~10步；6分：10步以上

5. 进阶体能活动

5.1 上楼梯（四级）

	A1	A2	A3	A4	A5	A6	A7
Ⅰ．双手扶栏杆，两步一级							
Ⅱ．双手扶栏杆，一步一级							
Ⅲ．一手扶栏杆，两步一级							
Ⅳ．一手扶栏杆，一步一级							
Ⅴ．不用扶持，两步一级							
Ⅵ．不用扶持，一步一级							

5.2 下楼梯（四级）

Ⅰ．双手扶栏杆，两步一级							
Ⅱ．双手扶栏杆，一步一级							
Ⅲ．一手扶栏杆，两步一级							
Ⅳ．一手扶栏杆，一步一级							
Ⅴ．不用扶持，两步一级							
Ⅵ．不用扶持，一步一级							
5.3 徒手向前步行 10 步，停，转身，步行回原处							
5.4 向后行走 10 步							
5.5 双手抱着一件体积大如足球的物品，向前步行 10 步							
5.6 单腿站立（左站/右站） 　　4 分：3 秒以内 　　5 分：3～10 秒 　　6 分：10 秒以上	/	/	/	/	/	/	/
5.7 跨过 5 厘米高的障碍物（左跨/右跨）	/	/	/	/	/	/	/
5.8 跨过及膝高的障碍物（左跨/右跨）							
5.9 跑 4.5 米，停，跑回原处							
5.10 踢一个直径 15 厘米不动的球，仍能保持平衡（左踢/右踢）	/	/	/	/	/	/	/

5.11 跳高 　　4分：5厘米以内 　　5分：5～30厘米 　　6分：30厘米以上							
5.12 跳远 　　4分：5厘米以内 　　5分：5～30厘米 　　6分：30厘米以上							
5.13 单腿跳（左/右） 　　4分：3次以内 　　5分：3～10次 　　6分：10次以上	/	/	/	/	/	/	/

6. 基本动作模式☆	A1	A2	A3	A4	A5	A6	A7
6.1 伸直手肘（左/右）	/	/	/	/	/	/	/
6.2 抓握（左/右）	/	/	/	/	/	/	/
6.3 放手（左/右）	/	/	/	/	/	/	/
6.4 左手固定，右手活动							
6.5 右手固定，左手活动							
6.6 脚踏实地（坐、站）（左/右）	/	/	/	/	/	/	/
6.7 髋关节活动							
Ⅰ．坐：屈曲 90°							
Ⅱ．站：伸直							
Ⅲ．行：分开							
6.8 朝向中线							

☆备注：0 表示未能做到，2 表示有时做到，4 表示经常做到

7. 认知、意向 ☆

	A1	A2	A3	A4	A5	A6	A7
7.1 身体概念							
7.2 动作概念							
7.3 空间概念							
7.4 正确姿势及动作的概念							
7.5 计划动作的能力							
7.6 解难能力							
7.7 参与活动的意愿							
7.8 解难的意愿							

☆备注：0 表示未能做到，2 表示有时做到，4 表示经常做到

精细活动

1. 肌能性活动

1.1 独立坐在凳上（可以在不同姿势测试：仰卧 / 侧卧 / 坐 / 站）

	A1	A2	A3	A4	A5	A6	A7
Ⅰ. 伸手至不同方向							
ⅰ. 前（左 / 右）	/	/	/	/	/	/	/
ⅱ. 上（左 / 右）	/	/	/	/	/	/	/
ⅲ. 下（左 / 右）	/	/	/	/	/	/	/
ⅳ. 左侧（左 / 右）	/	/	/	/	/	/	/
ⅴ. 右侧（左 / 右）	/	/	/	/	/	/	/
ⅵ. 后（左 / 右）	/	/	/	/	/	/	/
ⅶ. 越过中线（左 / 右）	/	/	/	/	/	/	/
Ⅱ. 伸手至身体不同位置（可以在不同姿势测试：仰卧 / 侧卧 / 坐 / 站）							

	A1	A2	A3	A4	A5	A6	A7
ⅰ．头及五官（左/右）	/	/	/	/	/	/	/
ⅱ．肩部（左/右）	/	/	/	/	/	/	/
ⅲ．膝（左/右）	/	/	/	/	/	/	/
ⅳ．脚（左/右）	/	/	/	/	/	/	/
ⅴ．背（左/右）	/	/	/	/	/	/	/
ⅵ．臀（左/右）	/	/	/	/	/	/	/
Ⅲ．抬起手腕（左/右）	/	/	/	/	/	/	/
备注：请说明肩部、手肘、前臂及手腕活动幅度（左/右）							

2．**功能性活动**

2.1　独立坐在凳上　　　　　　　A1　A2　A3　A4　A5　A6　A7

	A1	A2	A3	A4	A5	A6	A7
Ⅰ．双手在中线互握							
Ⅱ．拾起地上的木棍（左/右）	/	/	/	/	/	/	/
Ⅲ．双手抓握木棍，向前伸出							
Ⅳ．双手抓握木棍，向前伸出及屈曲手肘再伸出							
Ⅴ．双手举高木棍越过头部							
Ⅵ．双手持木棍，放在颈后							
Ⅶ．一手抓木棍，在背后传给另一只手（左/右）	/	/	/	/	/	/	/
Ⅷ．向一侧伸手取木棍，交换手传至另一侧（左/右）	/	/	/	/	/	/	/

2.2　坐在凳上，面对着桌子

	A1	A2	A3	A4	A5	A6	A7
Ⅰ．手平放在桌子上，手掌向下（左/右）	/	/	/	/	/	/	/
Ⅱ．手平放在桌子上，手掌向上（左/右）	/	/	/	/	/	/	/
Ⅲ．握拳，竖起大拇指（左/右）							
Ⅳ．在要求下，抓握物品（左/右）							
Ⅴ．在要求下，放开物品（左/右）							
备注：请说明抓放的姿势（手腕的姿势、抓握的方法）（左/右）							
Ⅵ．将物品放于容器内（左/右）	/	/	/	/	/	/	/

Ⅶ. 用示指边及拇指拾物（左/右）	/	/	/	/	/	/	/
Ⅷ. 将小珠放于杯内（左/右）（请注明容器口径大小）	/	/	/	/	/	/	/
Ⅸ. 把物品由一只手交至另一只手							
Ⅹ. 用示指指物（左/右）	/	/	/	/	/	/	/
Ⅺ. 搭高积木（长约2.5厘米）（左/右）							
Ⅻ. 不用协助，搭高积木（左/右） 　　4分：3块以内 　　5分：3～10块 　　6分：10块以上	/	/	/	/	/	/	/
XIII. 拧开瓶盖（直径约2.5厘米）（左/右）	/	/	/	/	/	/	/
XIV. 拧紧瓶盖（直径约2.5厘米）（左/右）	/	/	/	/	/	/	/
XV. 串大珠（直径约2.5厘米）（按能力调整珠/绳）（左串/右串）	/	/	/	/	/	/	/
XVI. 串小珠（请注明珠的直径）（按能力调整珠/绳）（左串/右串）	/	/	/	/	/	/	/
XVII. 前二指从桌面拾起1厘米的方珠传至掌心（请注明可传多少粒，通常为1～5粒）（左/右）	/	/	/	/	/	/	/
XVIII. 从掌心将1厘米的方珠传回前二指（请注明可传多少粒，通常为1～5粒）（左/右）	/	/	/	/	/	/	/
备注（XVII/XVIII评分标准）： 　0分：握珠子于前二指或掌心，但没有传递的动作 　1分：手指有挪动珠子的动作，但珠子不动 　2分：手指能把珠子从指尖传至指旁或从掌心传至掌旁 　3分：手指能把珠子从指尖传至掌心或从掌心传至指尖，但有困难 　4分：手指能轻易把珠子从指尖传至掌心或从掌心传至指尖							
XIX. 用手指将铅笔往上（拇指方向）移动（左/右）	/	/	/	/	/	/	/
XX. 用手指将铅笔往下（小指方向）移动（左/右）	/	/	/	/	/	/	/

备注（XIX / XX评分标准）：

　　0分：不能用手指将铅笔往上 / 往下移动

　　1分：手指有挪动铅笔的动作，但铅笔不动

　　2分：横着拿铅笔，能将铅笔往上 / 往下移动

　　3分：竖着拿铅笔，能将铅笔往上 / 往下移动，但有困难

　　4分：竖着拿铅笔，能将铅笔轻易往上 / 往下移动

XXI. 将插于插板上的小木条拔出，然后将木条翻转插回插板上（左 / 右）	/	/	/	/	/	/	/

备注（XXI评分标准）：

　　0分：不能翻转小木条

　　1分：把小木条放在桌上，然后翻转拿起

　　2分：靠前臂旋前 / 旋后翻转小木条

　　3分：以大幅度手指与手掌的活动翻转小木条

　　4分：灵活运用前三指翻转小木条

XXII. 剪纸（3岁或以上）

请注明：□用左手　□用右手

XXIII. 书写（3岁或以上）

请注明：□用左手　□用右手

执笔方法：□掌握　□静态前三指

　　　　　□动态前三指

请列明以下项目：（可选多项）

　　a. 用笔画：｜　一

　　b. 用笔画：〇

　　c. 用笔画：＋　∟　⌐　□

　　d. 用笔画：＼　／　∨　△

　　e. 在宽2厘米（长约20厘米）的空间内画线

　　f. 在宽1厘米（长约20厘米）的空间内画线

　　g. 在格子内（5厘米 ×5厘米）写简单的汉字

　　h. 在格子内（5厘米 ×5厘米）写数字1～10

手部精细活动由房角石协会特殊儿童项目（湖北）王俊杰主任修订

3. 认知、意向 ☆

	A1	A2	A3	A4	A5	A6	A7
3.1 对手部的意识及注意力							
3.2 手部对触觉刺激的反应							
3.3 使用双手的意愿							

☆备注：0 表示未能做到，2 表示有时做到，4 表示经常做到

自理活动

1. **进餐行为**（注明：□用左手　□用右手）

1.1 进食

	A1	A2	A3	A4	A5	A6	A7
Ⅰ. 用勺子进食 ★							
ⅰ. 保持头部抬起，并在中线							
ⅱ. 保持躯干挺直							
ⅲ. 一手固定在桌上							
ⅳ. 另一手握着勺子，握法：							
a. 正握（前臂内旋）							
b. 反握（前臂外旋）							
c. 三指握							
ⅴ. 用勺子舀食物							
ⅵ. 把勺子放进口中							
ⅶ. 用唇含下勺子内的食物							
ⅷ. 咀嚼							
ⅸ. 吞咽							
ⅹ. 把勺子放回碗里							
Ⅱ. 用筷子进食							

1.2 进饮

	A1	A2	A3	A4	A5	A6	A7
Ⅰ. 用杯进饮 ★							
ⅰ. 保持头部抬起，并在中线							

ⅱ．保持躯干挺直							
ⅲ．伸单／双手持杯							
ⅳ．把杯送到嘴边							
ⅴ．啜饮							
ⅵ．控制流量							
ⅶ．把杯放回桌上							

1.3　认知、意向☆

Ⅰ．使用餐具的方法							
Ⅱ．认识餐具的名称							
Ⅲ．认识餐具的用途							
Ⅳ．参与进食的意愿							
Ⅴ．参与进饮的意愿							

2．如厕

2.1　上下便盆／马桶

	A1	A2	A3	A4	A5	A6	A7
Ⅰ．使用辅助器具上下便盆／马桶★							
ⅰ．扶着辅助器具，把裤子脱下							
ⅱ．扶着辅助器具，在便盆上坐下							
ⅲ．扶着辅助器具，稳坐在便盆上							
ⅳ．扶着辅助器具，从便盆上站起身							
ⅴ．扶着辅助器具，把裤子拉上来							
Ⅱ．不需扶持，上下便盆／马桶							
Ⅲ．如厕后，自行清洁							

2.2　认知、意向☆

Ⅰ．懂得表示大便的需要							
Ⅱ．懂得表示小便的需要							
Ⅲ．日间保持干爽							
Ⅳ．午睡时能保持干爽							

☆备注：0表示未能做到，2表示有时做到，4表示经常做到

	A1	A2	A3	A4	A5	A6	A7
Ⅴ．日夜都能保持干爽							
Ⅵ．参与如厕的意愿							

3．梳洗

3.1 洗手

	A1	A2	A3	A4	A5	A6	A7
Ⅰ．双手互擦							
Ⅱ．用肥皂/洗手液洗手							
Ⅲ．用毛巾擦手							

3.2 洗脸

Ⅰ．挤干毛巾							
Ⅱ．拧毛巾							
Ⅲ．用毛巾洗脸							

3.3 刷牙

Ⅰ．拧开牙膏盖							
Ⅱ．把牙膏挤出，涂在牙刷上							
Ⅲ．刷牙							
Ⅳ．漱口							

3.4 梳头

3.5 认知、意向☆

Ⅰ．洗手的步骤							
Ⅱ．洗脸的步骤							
Ⅲ．刷牙的步骤							
Ⅳ．梳头的步骤							
Ⅴ．参与梳洗活动的意愿							

☆备注：0 表示未能做到，2 表示有时做到，4 表示经常做到

4. 穿衣

4.1 技巧

	A1	A2	A3	A4	A5	A6	A7
Ⅰ．脱下套头衣服							
ⅰ．将颈前衣领上拉至嘴巴							
ⅱ．双手握着颈后衣领							
ⅲ．将衣领拉过头直至衣服被拉出							
ⅳ．伸直一只手按着桌子，另一只手把衣袖推出							
ⅴ．重复步骤ⅳ推出另一边衣袖							
Ⅱ．穿上套头衣服							
ⅰ．将衣服平放桌子上，后幅向上，衣脚向自己							
ⅱ．右手打开衣脚口，左手穿进衣袖							
ⅲ．左手伸直，右手拉衣袖过手肘							
ⅳ．重复步骤ⅰ～ⅲ将右手穿上衣袖							
ⅴ．双手由衣脚卷起衣服至衣领							
ⅵ．低下头，双手把衣服拉过头							
ⅶ．把衣服拉整齐							
Ⅲ．脱下裤子							
ⅰ．扶着辅助器具站立，用拇指插进一边裤头并推下至膝盖							
ⅱ．重复步骤ⅰ推下另一边裤头							
ⅲ．坐在凳上／维持站立，把裤子完全推出（脱下）							
Ⅳ．穿上裤子							
ⅰ．坐位，抬高一条腿把一边裤管穿上							
ⅱ．重复步骤ⅰ穿上另一边裤管							
ⅲ．扶着辅助器具站立，把裤子提上							
Ⅴ．脱下袜子							

ⅰ．抬高一只脚放在另一条腿的膝盖上							
ⅱ．把拇指插进袜管内							
ⅲ．把袜子退至脚跟							
ⅳ．把袜子拉出							
ⅴ．重复步骤ⅰ～ⅳ脱去另一只袜子							
Ⅵ．穿上袜子							
ⅰ．抬高一只脚放在另一条腿的膝盖上							
ⅱ．双手打开袜管套在脚趾上							
ⅲ．把袜子拉过脚跟							
ⅳ．把袜子上拉至小腿							
ⅴ．重复步骤ⅰ～ⅳ穿上另一只袜子							
Ⅶ．脱下鞋子							
ⅰ．抬高一只脚放在另一条腿的膝盖上							
ⅱ．解开鞋带或鞋扣							
ⅲ．握着鞋跟推出鞋子							
ⅳ．握着鞋头脱去鞋子							
ⅴ．重复步骤ⅰ～ⅳ脱去另一只鞋子							
Ⅷ．穿上鞋子							
ⅰ．抬高一只脚放在另一条腿的膝盖上							
ⅱ．握着鞋舌把鞋套在脚趾上							
ⅲ．握着鞋跟把鞋套在脚跟上							
ⅳ．系上鞋带或扣上鞋扣							
ⅴ．重复步骤ⅰ～ⅳ穿上另一只鞋子							
Ⅸ．脱去脚托							
Ⅹ．穿上脚托							
Ⅺ．解开钮扣							
Ⅻ．扣上钮扣							

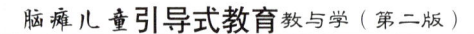

4.2 认知、意向☆

Ⅰ. 分辨衣物的部位及方向						
Ⅱ. 正确穿衣的步骤						
Ⅲ. 参与穿衣活动的意愿						

沟通能力

备注：此项用《语文－表达能力记录表》代替，此项的标题可作为制订长期目标的参考

1. 语前能力

1.1 认知☆（备注：先填写《认知能力记录表》，再做整体评价）

	A1	A2	A3	A4	A5	A6	A7
Ⅰ. 明白物品的概念							
Ⅱ. 明白人物的概念							
Ⅲ. 明白物品恒存的概念							

1.2 技巧☆

Ⅰ. 目光接触							
Ⅱ. 专注于人物							
Ⅲ. 专注于物品							
Ⅳ. 对声调语气有反应							
Ⅴ. 模仿动作							
Ⅵ. 模仿口语							
Ⅶ. 固定头部躯干的能力							
Ⅷ. 转动头部的能力							

1.3 意向☆

Ⅰ. 对环境及人物有兴趣							
Ⅱ. 沟通的意愿							

☆备注：0 表示未能做到，2 表示有时做到，4 表示经常做到

2. 语言理解能力

2.1 认知☆（备注：先填写《认知能力记录表》，再做整体评价）

	A1	A2	A3	A4	A5	A6	A7
Ⅰ．明白自己的名字							
Ⅱ．明白"要不要"的问题							
Ⅲ．明白"是不是"的问题							
Ⅳ．明白物品的名称							
Ⅴ．明白物品的用途							
Ⅵ．明白环境性指令							
Ⅶ．明白一个/多个步骤的指令							
Ⅷ．明白"谁/什么"的问题							
Ⅸ．明白因果关系的概念							

3. 语言表达能力

3.1 技巧☆

Ⅰ．发声							
Ⅱ．手势							
Ⅲ．表情							
Ⅳ．单字							
Ⅴ．短句							
Ⅵ．固定头部、躯干的能力							
Ⅶ．上肢控制的能力							

3.2 意向☆

Ⅰ．沟通的意愿							

☆备注：0 表示未能做到，2 表示有时做到，4 表示经常做到

社交能力

备注：此项用《社交能力记录表》代替，此项的标题可作为制订长期目标的参考

1. 环境适应 ☆

1.1 认知（备注：先填写《认知能力记录表》，再做整体评价）

	A1	A2	A3	A4	A5	A6	A7
Ⅰ．注意环境的变化／刺激							

1.2 技巧

Ⅰ．在环境提示下参与活动							

1.3 意向

Ⅰ．对环境的变化做出预备（接受／拒绝）							

2. 与照顾者的关系 ☆

2.1 认知

Ⅰ．注视、分辨照顾者							

2.2 技巧

Ⅰ．有目标地注视照顾者／接受照顾者的协助进行活动							

2.3 意向

Ⅰ．取悦照顾者／向照顾者表达需要							

3. 与朋辈的关系 ☆

3.1 认知

Ⅰ．注视、分辨朋辈							

3.2 技巧

Ⅰ．模仿朋辈进行的活动／一起参与活动							

3.3 意向

Ⅰ．建立选择朋辈／共同玩耍的意愿							

☆备注：0 表示未能做到，2 表示有时做到，4 表示经常做到

认知学习

备注：此项用《认知能力记录表》代替，此项的标题可作为制订长期目标的参考

1. 感官认知 ☆

1.1 视觉

	A1	A2	A3	A4	A5	A6	A7
Ⅰ．注意							
ⅰ．光源							
ⅱ．色彩强烈对比							
ⅲ．闪动							
ⅳ．快速移动							
ⅴ．缓慢移动							
Ⅱ．追踪							
ⅰ．左 90°							
ⅱ．右 90°							
ⅲ．上							
ⅳ．下							
Ⅲ．接受刺激							

1.2 听觉

Ⅰ．注意							
ⅰ．大声							
ⅱ．小声							
ⅲ．高频							
ⅳ．低频							
Ⅱ．探索							
ⅰ．寻找声源							
ⅱ．尝试探索发声物及使其发声							
Ⅲ．接受刺激							

☆备注：0 表示未能做到，2 表示有时做到，4 表示经常做到

1.3 触觉

Ⅰ. 注意							
ⅰ. 冷							
ⅱ. 热							
ⅲ. 粗							
ⅳ. 滑							
ⅴ. 软							
ⅵ. 硬							
Ⅱ. 探索							
ⅰ. 触摸及探索物品							
Ⅲ. 接受刺激							

2. 自我概念☆

2.1 认知

Ⅰ. 辨别自己的名字							
Ⅱ. 辨别自己的性别							
Ⅲ. 理解身体部位的名称							
Ⅳ. 辨别属于自己的物品							

2.2 技巧

Ⅰ. 对自己的名字做出反应							
Ⅱ. 运用身体参与日常活动							
Ⅲ. 对自己的物品做出反应							

2.3 意向

Ⅰ. 意图回应别人对自己的呼唤							
Ⅱ. 通过活动身体表达参与的意愿							
Ⅲ. 意图示意属于自己的物品							

☆备注：0表示未能做到，2表示有时做到，4表示经常做到

3. 物品概念 ☆

	A1	A2	A3	A4	A5	A6	A7
3.1 认知：注视/理解日常接触的物品的名称（常用物品、食物、玩具等）							
3.2 技巧：正确使用不同的物品							
3.3 意向：通过拿取物品满足需要							

4. 玩耍技巧 ☆

	A1	A2	A3	A4	A5	A6	A7
4.1 认知：注视/明白玩具带出的因果关系							
4.2 技巧：尝试操控玩具以出现应有的效果							
4.3 意向：通过选择玩具表达玩耍的意愿							

5. 抽象概念 ☆

5.1 大小概念

	A1	A2	A3	A4	A5	A6	A7
Ⅰ. 配对							
Ⅱ. 分类							
Ⅲ. 辨认							
Ⅳ. 应用							

5.2 颜色概念

	A1	A2	A3	A4	A5	A6	A7
Ⅰ. 配对							
Ⅱ. 分类							
Ⅲ. 辨认							
Ⅳ. 应用							

☆备注：0表示未能做到，2表示有时做到，4表示经常做到

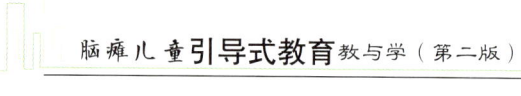

5.3 形状概念

Ⅰ．配对							
Ⅱ．分类							
Ⅲ．辨认							
Ⅳ．应用							

5.4 对比概念

Ⅰ．长短							
Ⅱ．多少							
Ⅲ．轻重							
Ⅳ．快慢							

5.5 空间概念

Ⅰ．上下							
Ⅱ．前后							
Ⅲ．左右							
Ⅳ．里外							

5.6 数量概念

Ⅰ．背诵							
Ⅱ．指物数数							
Ⅲ．字与量配对							
Ⅳ．独立数数							

5.7 语文概念

Ⅰ．认读单字							
Ⅱ．认读词语							
Ⅲ．认读短句							

认知能力记录表

儿童姓名：_____　　　　性　　别：_____

出生日期：_____

组　　别：_____　　　　入园日期：_____

评估人员：_____

引言：

1. 此记录表并非一份标准化评估表，只作为了解儿童能力的参考。在评估《脑瘫儿童实用技能记录表》的认知部分时，以此表的细项代替。

2. 此记录表的作用是协助老师找出儿童的学习阶段，进而设定学习内容。

记录原则：

1. 此记录表旨在记录儿童的能力表现，因此不论儿童是否正确，也无需给予评价。

2. 为了能一致地追踪儿童的发展，建议各单位按各项目内容预备评估工具。

3. 进行评估时，要说清楚评估的原则，以免影响评估的质量。例如，"老师会给你两张照片，你要看清楚再拿给老师"。

4. 一般评估内容应大部分时间做到稳定，大部分项目可以做四次：有三次做到为成功，可以给"4"；一半做到给"2"；只做到一次或未能做到为"0"。

5. 部分项目以观察形式进行，老师需客观记录儿童的稳定表现。

6. 进行评估时，部分儿童会受功能限制，因此老师要敏锐地进行各种调适。

　　AⅠ：儿童利用声音，目光指示，手势或其他特别器具来表示。

　　AⅡ：在提供选择的情况下，儿童可以声音，目光指示，手势或其他特别器具表示（以拼图为例，可选择一块零片），然后由工作人员协助其完成。

7. 首次记录可由儿童的实际年龄开始，直至儿童未能完成该年龄段的大部分项目。如儿童的表现未能完成该年龄段表现的一半项目，则向上做直至该年龄范围内的大部分项目能完成。

8. 以后的评估，可以由上次评估首次出现"2"的项目开始，直至儿童未能完成某个年龄段的大部分项目。

9. 记录表要妥善保管，连同其他评估记录一并存放，以便统计整理。

认知能力记录表

	A1	A2	A3	A4	A5	A6	A7
记录日期							
0～1岁							
1. 注意周围环境							
2. 注意走动的人							
3. 注视物品从身体的一边移过中线到另一边							
4. 注视放在近距离的细小物品							
5. 注视移动的光线，头部随着一起移动							
6. 把两件物品交替审视							
7. 保持视线接触最少3秒钟							
8. 刻意转动头部以探索环境							
9. 伸手企图拿取物品							
10. 伸手拿取摇铃仔细研究，并尝试使其发出声音							
11. 对镜中的人像做出反应，如微笑或用手触摸							
12. 将盖着头及阻碍视线的布拿开 AⅠ当视线受阻时有所反应，如发出声音或以操作表示							
13. 找寻在视线下消失的物品 AI 见备注							
14. 尝试将手伸入无盖的瓶子拿出物品							
15. 模仿他人将物品放入瓶内							
16. 摇动吊在绳下的有声玩具							
17. 用绳子拉动玩具车							
18. 将2件物品/玩具合并玩耍							
19. 将3件物品放入瓶子内，然后倒出							
20. 将物品从一只手转交到另一只手，以能拾起另一件物品							

21．扔掉及拾起玩具							
22．能找出收藏在瓶下的物品 AⅠ见备注							
23．推动3块排成火车状的积木							
24．将圆形从形状板中取出							
25．在要求下将圆的木枝插在板上							
26．在要求下做简单的动作，如举手、摇头等							
1～2岁							
27．分别将6件物品从瓶中取出							
28．正确指出身体的一个部分 　　AⅠ提供答案以做选择，儿童可以声响或操作表示答案 　　AⅡ要求儿童用所指的身体部位做动作，如眨眼、踢脚、张口等							
29．在要求下叠起3块积木							
30．将相同的物品配对 　　AⅠ见备注							
31．用笔随意涂写							
32．辨别及模仿不同的声音							
33．当别人问"（小孩名字）在哪里？"时，能指着自己 　　AⅠ能用动作或姿势表示或以声响作为回应							
34．在要求下将5个圆木枝插在板上							
35．将实物与适当的图片配对 　　AⅠ见备注							
36．依照名称指出不同的图片 　　AⅠ见备注							
37．能翻阅书本寻找指定的图片 　　AⅡ当工作人员将书本翻到指定的图片时，儿童可以声响、视线、动作或其他辅助器具表示							

2～3岁							
38. 在要求下找出指定的书本 　　AⅡ 当工作人员拿出指定的书本时，儿童可以声响、视线、动作或其他辅助器具表示							
39. 将圆形、四方形及三角形放入形状板内正确的位置 　　AⅡ 见备注							
40. 说出图片里4件常见物品的名称							
41. 仿画直线 　　AⅡ 将画有直线的图片配对							
42. 仿画横线 　　AⅡ 将画有横线的图片配对							
43. 仿画圆形 　　AⅡ 将画有圆形的图片配对							
44. 辨别不同的触觉刺激，如软/硬、冷/热等							
45. 在2件物品中能辨别大小							
46. 仿画十字 　　AⅡ 将画有十字的图片配对							
47. 正确指出身体的5个部位 　　AⅠ 如28.AⅠ 　　AⅡ 如28.AⅡ							
48. 将3种颜色配对 AⅠ 见备注							
49. 在要求下将物品放在"里面""上面""下面" 　　AⅡ 辨别"里面""上面""下面"各位置，可以声响、视线、动作或其他辅助器具表示							
50. 能辨别声音是由什么东西发出的；在必要时，可提供答案以做配对，如电话铃声与电话或用图片配对等							
51. 辨别"大"声与"细"声							
52. 把4个盒子按体积大小叠在一起 　　AⅡ 见备注							

53. 用"我"来代表自己						
54. 能说出图片里进行的活动 　　AⅠ 能以操作表示明白图片里进行的活动 　　AⅡ 必要时，可提供答案以做选择						
55. 在倒转的形状板上正确砌好三个形状 　　AⅡ 见备注						
56. 将不同的形状与适当的图片配对 　　AⅠ 见备注						
57. 将5个环依大小次序串在棍上 　　AⅡ 见备注						
58. 重复几句简单的童谣曲词						
3～4岁						
59. 说出"大"与"小"的物品 　　AⅠ/Ⅱ 能辨别"大"与"小"的物品，可以声响、视线、动作或其他辅助器具表示						
60. 重复两个数字，如3、7，6、2						
61. 在要求下能指出身体的10个部位 　　AⅠ 如28.AⅠ 　　AⅡ 如28.AⅡ						
62. 在要求下指出"男孩"与"女孩" 　　AⅠ 见备注						
63. 辨别"轻"与"重"的物品						
64. 完成2块的拼图 　　AⅡ 见备注						
65. 叙述熟悉的故事或电视节目中的人物或事件						
66. 重复配合动作和句子的游戏，如"点虫虫""小明小明"等						
67. 以触觉辨别不同的形状、大小、质地等						
68. 以一件物品配上另一件物品（共3件），如有3只杯子与3粒珠子，将每一只杯子中放入一粒珠子						

69. 指出"长"与"短"的物品 　　A Ⅰ 见备注						
70. 能指出什么东西应配在一起，如鞋、袜、杯、羹等 　　A Ⅰ 见备注						
71. 能背出 1～10，但只能数出 2～3 件物品 　　A Ⅰ 能配对不同的数量（2～3 件物品） 　　A Ⅱ 能配对图片中不同的数量（2～3 件物品）						
72. 将物品分类，如穿的、吃的 　　A Ⅰ 见备注						
73. 仿画 V 字 　　A Ⅰ 用辅助器具仿画 V 字 　　A Ⅱ 配对画有 V 字的图片						
74. 在一张 10 厘米 ×10 厘米的纸上将对角连接 　　A Ⅰ 用辅助器具将对角连接 　　A Ⅱ 配对连上对角的图片						
75. 模仿他人数出 10 件物品 　　A Ⅰ 配对不同的数量（1～10 件物品） 　　A Ⅱ 配对图片中不同的数量						
76. 模仿他人用 3 块积木砌桥 　　A Ⅰ 模仿他人在平面上用 3 块积木砌桥 　　A Ⅱ 提供答案以做选择，儿童可以声响或操作表示						
77. 以积木或珠子配成图片						
78. 仿画一连串的 V 字（VVV） 　　A Ⅰ 用辅助器具仿画一连串的 V 字 　　A Ⅱ 配对画上一连串 V 字的图片						
79. 在不完整的人像上填画脚和手						
80. 从多个答案中选择人像缺少的部分						

81. 完成6块的拼图 　　AⅡ见备注							
82. 说出物品是"相同"或是"不同"的 　　AⅠ辨别物品是"相同"或是"不同"的，可以声响或操作表示							
83. 仿画四方形 　　AⅠ用辅助器具仿画四方形 　　AⅡ将画上四方形的图片配对							
84. 在要求下说出3种颜色 　　AⅠ在要求下辨别3种颜色，可以声响或操作表示							
85. 认识身体各部位的用途，如用眼看东西，用脚走路等 　　AⅠ辨别身体各部位的用途，可以声响或操作表示							
86. 说出3种不同的形状（如圆形、三角形、正方形） 　　AⅠ/Ⅱ辨别3种不同的形状，可以声响或操作表示							
87. 在3幅或以上的图片中，找出一幅与其他不同的图片							
4～5岁							
88. 在要求下正确数出1～5件物品							
89. 辨别画上1～5件物品的图片							
90. 说出5种不同的触觉刺激，如软/硬、冷/热 　　AⅠ/Ⅱ辨别5种不同的触觉刺激，可以声响或操作表示							
91. 仿画三角形 　　AⅠ用辅助器具仿画三角形 　　AⅡ将画上三角形的图片配对							
92. 忆述或指出4件刚刚在图片中见过的物品							

93. 指出画有4件刚刚见过的物品的图片						
94. 指出各种日常活动进行的时间，如晚上睡觉，早上吃早餐等 　　AⅠ以声响或操作表示各种日常活动进行的时间 　　AⅡ将画上日常活动进行时间的图片配对						
95. 重复熟悉的歌曲						
96. 遵守三重的命令，如"将盒拿到台上，放在台面，然后回来坐下"，或是"不同"的 　　AⅠ了解三重的命令，可以声响或操作表示						
97. 能辨别几件物品是"轻"还是"重"						
98. 明白"好多"与"多过"的概念 　　AⅠ以声响或动作表示明白"好多"与"多过"的概念						
99. 当3件物品中的1件被拿走时，能记得被拿走的物品 　　AⅠ/Ⅱ在提供选择下，能指出被拿走的物品						
100. 说出8种颜色 　　AⅠ/Ⅱ辨别8种不同的颜色，可以声响或动作来表示						
101. 说出各种硬币的名称 　　AⅠ/Ⅱ辨别各种硬币，可以声响或动作来表示						
102. 配对单字或数字或符号						
103. 说出物品的颜色 　　AⅠ/Ⅱ在提供选择下，能辨认物品的颜色						
104. 听过同一故事3次后，能复述其中发生的5件事						
105. 画出完整的人像（包括头、身、四肢） 　　AⅡ用辅助器具画出完整的人像						
106. 唱出5句歌词						

107. 模仿他人用 10 块积木砌成小塔 　　AⅠ模仿他人在平面上用 10 块积木砌成小塔 　　AⅡ提供答案以做选择，儿童可以声响或动作来表示						
108. 说出"长"与"短" 　　AⅠ/Ⅱ辨别"长"与"短"，儿童可以声响或动作来表示						
109. 将物品放在"后面""侧面"及"旁边" 　　AⅠ/Ⅱ 辨别"后面""侧面"及"旁边"，可以声响或动作来表示						
110. 明白"快"与"慢"的概念 　　AⅠ/Ⅱ辨别"快"与"慢"，儿童可以声响或动作来表示						
111. 配对不同的数量（1～10 件物品）						
112. 说出图片里缺少的部分 　　AⅠ/Ⅱ指出或在提供选择下表示出图片中缺少的部分，可以声响或动作来表示						
113. 能背出数字 1～20						
114. 说出"最先""中间"与"最后"的位置或次序 　　AⅠ/Ⅱ 辨别"最先""中间"与"最后"，可以声响或动作来表示						
5～6 岁						
115. 能最少数出 20 件物品 　　AⅠ/Ⅱ能数出 20 件物品或在提供选择下以声响或动作表示正确答案						
116. 能说出 10 个数字的字体 　　AⅠ/Ⅱ辨别 10 个数字的字体						
117. 辨别自己的"左"及"右" 　　AⅠ/Ⅱ辨别自己的"左"及"右"面，可以声响或动作来表示						

118. 写出自己的名字 　　ＡⅠ用辅助器具写出自己的名字 　　ＡⅡ辨认自己的名字							
119. 以正确次序排列长度或大小不同的物品 　　ＡⅡ见备注							
120. 以正确次序排列数字 1～10 　　 ＡⅡ见备注							
121. 指出物品的次序或位置（第一、第二、第三）							
122. 辨认数字 1～25							
123. 仿画◇ 　　ＡⅠ用辅助器具仿画◇ 　　ＡⅡ将画上◇的图片配对							
124. 完成简单的迷宫 　　ＡⅠ用辅助器具完成简单的迷宫							
125. 以正确次序说出一星期内的日子							
126. 以 3 件物品做简单的加减数							
127. 说出自己的出生日期 　　ＡⅠ／Ⅱ辨认自己的出生日期，可以声响或动作来表示							
128. 预测下一步将会发生的事情 　　ＡⅠ／Ⅱ排好 3～5 幅有次序的图片							
129. 明白"半个"及"一个"的概念 　　ＡⅠ／Ⅱ辨别"半个"及"一个"的概念，可以声响或动作来表示							
130. 能背出数字 1～100							
6～7 岁							
131. 明白时间概念（如昨天、今天、明天）							
132. 明白一些节日与季节的关系（如新年和春天）							

133. 能以速度作比较（如汽车比脚踏车快……）						
134. 能分辨熟悉的钱币						
135. 喜欢参加与数字或文字有关的游戏（如配字、填字、迷宫……）						
7～8岁						
136. 能理解时间的长度（如1年是长的）						
137. 能理解距离的意义（如1千米是远的）						
138. 明白体积的恒定性（如把水从一个窄高的瓶子倒入一个宽矮的瓶子，水的量并未改变）						
139. 能准确说出时钟上的时间						
140. 能说出月历上的年、月、日						
141. 能说出季节						
142. 能自行选择图书并自行诵读部分文字						
143. 能够点数金钱的数量						
144. 能熟悉加数及减数的概念						
8～9岁						
145. 开始喜欢收藏东西并按特征分类（如集邮）						
146. 懂得存钱以购买想要的物品						
147. 懂得阅读有兴趣的杂志						
148. 能够用语言表达自己的意见						
149. 喜欢接受挑战及承担责任						
150. 喜欢独立工作						
151. 画图时能有比例						
152. 有计划地解决问题（如能回忆曾走过的地方寻找遗失了的东西）						
153. 能掌握乘数及除数的概念						
154. 喜欢学校的学习生活						

9～10岁							
155. 能够以直觉解释事情							
156. 喜欢参加数学游戏但不一定了解其中的关系							
157. 喜欢参与试验							
158. 喜欢以文字做游戏（如作词、写菜单……）							
159. 能以倒序的方式思考							

社交能力记录表

儿童姓名：_____　　　性　　别：_____

出生日期：_____

组　　别：_____　　　入园日期：_____

评估人员：_____

引言：

1. 此记录表并非一份标准化评估表，只作为了解儿童能力的参考。在评估《脑瘫儿童实用技能记录表》的社交能力部分时，以此表的细项代替。

2. 此记录表的作用是协助老师找出儿童的学习阶段，进而设定学习内容。

3. 大部分项目以自然情境观察为主，评分标准：

甲、未能做到：0

乙、有时做到：2

丙、经常做到：4

	A1	A2	A3	A4	A5	A6	A7
记录日期							
0～1岁							
1. 注意在视觉范围内移动的人物							
2. 以笑来回应成人的注意							
3. 以声音或动作回应成人的注意							
4. 看着自己的手会发声或笑							
5. 当与家人一起时，会以笑声或停止哭啼来回应							
6. 以笑来回应别人的面部表情							
7. 对母亲不同语调的声音有不同的反应							
8. 对镜子中的像笑或发声							
9. 轻拍或拉扯他人头上各部位或饰品，如头发、鼻子、眼镜							
10. 会尝试拿取被提供的物品							

11. 会尝试接近熟悉的人						
12. 会尝试接近和拍镜子中自己或另一个孩子的像						
13. 能把玩及观察被提供的物品至少 1 分钟						
14. 摇动或挤压手中的物品,从而无意中产生声响						
15. 独自玩耍 10 分钟						
16. 在他人陪伴的 2~3 分钟内,时常与对方有视觉接触						
17. 在靠近成人的环境下独自玩耍 15~20 分钟						
18. 以发声或表情来引起别人的注意						
19. 模仿躲猫猫游戏(手盖着眼睛)						
20. 模仿成人拍手 　　A. 对成人拍手做出反应						
21. 模仿成人挥手作别 　　A. 对成人挥手作别做出反应						
22. 模仿成人高举双手来表示"很大"						
23. 向成人送上玩具、物品或食物,但不一定放手						
24. 对熟悉的人做出拥抱或亲热的动作						
25. 对自己的名字做出反应,如相视或做出待人拥抱的姿势						
26. 模仿别人以摇动或挤压玩具来产生声响						
27. 仔细玩或操作玩具						
28. 向成人递上玩具或其他物品且愿意放手						
29. 在游戏时模仿另一个孩子的动作						
1~2 岁						
30. 模仿成人简单的工作,如拉床单、收衣服等						
31. 与另一个孩子玩耍,而分别做不同的动作						

32．与另一个孩子共同玩耍达到 2～5 分钟，如推车、扭腰等						
33．在参与活动时能接受与父母分离，只是中间显出不安						
34．活跃地观察或探索周围环境						
35．与他人合作进行一些操作类的游戏，如拉绳、扭掣等						
36．不再把玩具送入口中						
37．亲昵及抱洋娃娃或布娃娃						
38．重复一些引人发笑或注意的动作						
39．给成人送上书本并一同阅读						
40．拉着别人以展示某些动作或物品						
41．在提示下，当接近一些不可接触的物品时，会退后并叫自己"不要"						
42．在高的椅子上会耐心等待别人照顾自己的需要						
43．与 2～3 位伙伴一同玩耍						
44．在另一个孩子要求下愿意分享玩具或食物						
45．在提示下与熟悉的成人及伙伴打招呼						
2～3 岁						
46．50% 的时间能服从成人的要求或命令						
47．在指示下拿走或带回物品，或把他人从另一个地方呼唤过来						
48．能聆听长达 5～10 分钟的音乐或故事						
49．在提示下会说出或表示"谢谢"						
50．尝试替父母做部分简单家务						
51．穿着成人的衣物进行角色扮演或其他假想游戏						
52．在要求下可做选择						
53．在无提示下做出道别的手势或说"再见"						

54. 表现出自己了解各种感受，如用欢喜、开心、愤怒、悲哀等字眼						
55. 开始领悟现在与过去的分别，并觉得需要将部分意愿延伸至未来						
3～4岁						
56. 对音乐做出歌唱或跳舞的表现						
57. 模仿其他孩子遵守纪律						
58. 在不需提示下称呼熟悉的人						
59. 在成人带领的小组游戏中能遵守纪律						
60. 会先请示他人才去分享其他孩子正在玩的玩具						
61. 超过半数时间不需提示而说出或表示"谢谢"						
62. 接电话时，能呼唤别人及与熟悉的人谈话						
63. 可以接受"轮流"的要求						
64. 在年纪比较大的孩子带领的游戏中能遵守纪律						
65. 大部分时间能与成人合作						
66. 留在自己的活动范围内						
67. 当正在进行自己的活动时能与其他孩子交谈						
4～5岁						
68. 当遇到困难时会要求帮助						
69. 能参与成人的谈话						
70. 为别人重复表演，如唱歌、跳舞等						
71. 能玩竞争性的游戏						
72. 能独自投入一项活动20～30分钟						
73. 大多数时候能不需提示而向人道歉						
74. 能与8～9位小孩一起轮流玩						

75. 与2～3位小孩一起参与合作性的活动或游戏20分钟						
76. 在公众场合可做出适当的社交行为						
77. 大部分时间能先问准他人才用其物品						
5～6岁						
78. 能描述自己的感受，如愤怒、开心、喜爱等						
79. 能在不需看管下与4～5位小孩共同参与合作性的活动或游戏						
80. 能向他人解释游戏规则						
81. 模仿成人的角色						
82. 在进餐时能加入对话						
83. 能玩需要推理的游戏						
84. 会安慰不开心的伙伴						
85. 选择自己的朋友						
86. 用简单的工具进行建造或策划						
87. 能说出自己的目的并付诸行动						
88. 能演出一个故事的一部分，如用木偶或自己扮演角色						
6～7岁						
89. 受父母的影响减少						
90. 尝试建立不稳定的友谊						
91. 遇到争执时坚持自己的观点						
92. 较难平复波动的情绪						
93. 对周边事物跃跃欲试						
94. 明白被形容"好"与"不好"反应别人对自己的期望						
95. 会有说谎、欺骗及偷窃的行为						
7～8岁						
96. 较能与成人合作						

97. 表现出明白幽默						
98. 喜欢扮演助教的角色						
99. 表示喜欢与别人建立友谊						
100. 以是否公平作为投诉的标准（例如：哥哥有较长的时间玩玩具，自己却没有）						
101. 以别人的行为掩饰自己的过失						
102. 选择同性别的玩伴						
103. 开始介意自己在别人心中的印象						
104. 重视自己曾做出的承诺						
8～9岁						
105. 开始有道德的标准（对事情的评价只有是与不是）						
106. 已有固定的2～3位朋友						
107. 介意自己的表现						
108. 看重在小圈子中的角色（朋友的认同）						
109. 喜欢通过电话与朋友交谈						
110. 明白各有长处（欣赏别人的能力）						
111. 喜欢以表现获得成人的关注						
9～10岁						
112. 能以相同喜好作为选择朋友的标准						
113. 会以语言排斥异性朋友						
114. 有一些"好朋友"及一些"敌人"						
115. 看重游戏的规则						
116. 会以笑骂回应别人的挑衅						

语文－表达能力记录表

儿童姓名：_____　　　性　　别：_____

出生日期：_____

组　　别：_____　　　入园日期：_____

评估人员：_____

引言：

1. 此能力记录表并非一份标准化评估表，只作为了解儿童能力的参考。在评估《脑瘫儿童实用技能记录表》的沟通能力部分时，可参考此表的细项。

2. 此记录表的作用是协助老师找出儿童的学习阶段，进而设定学习内容。

3. 大部分项目以自然情境观察为主（除表明"直接测试"的项目外），评分标准：

甲、未能做到：0

乙、有时做到：2

丙、经常做到：4

	A1	A2	A3	A4	A5	A6	A7
记录日期							
0～1岁							
1. 随意发出不规则的声音（没有沟通的目的）							
2. 能以笑声回应							
3. 当别人与儿童说话时，其发声相继增加							
4. 用不同的语调来表达自己，如当玩具被取走时，发声以示不满							
5. 重复别人发出的声音，如 Ba-Ba-Ba							
6. 多次重复同一音节，如妈妈、爸爸							
7. 能模仿别人发出无意义的声音，如咳嗽或以舌头发出声响（嗒嗒声）							
8. 以操作表达需要							
9. 能模仿别人的词语							

10. 能自动发出高低不同的音调来表达不同的情绪						
11. 能使用双音节，如妈妈、爸爸、打打						
12. 能运用语音命名物品或图画						
13. 当别人说"拜拜"时，能以同样的方式回应						
14. 最少能使用3个单字						
1～2岁						
15. 能用5个不同的字，同一字可能代表多种不同的物品						
16. 能说"没有"						
17. 在要求下能说出自己的"名字"或"乳名"						
18. 当别人问"这个是什么？"时，能说出2种物品的名称，如杯、盘						
19. 用手势和语言表达需要						
20. 说出3件玩具的名称，如球、车、娃娃						
21. 能学两种动物的叫声，并能以动物的叫声代替动物的名称，如咪咪代替猫、汪汪代替狗						
22. 能说出4种食物的名称，如奶、水、饼、糖						
23. 能说出身体3个部位的名称，如眼、耳、口						
24. 能以"是"回答问题						
25. 能以"不要"或"不是"回答问题						
2～3岁						
26. 能使用"名词+名词"，如爸车，或"形容词+名词"，如大球，或"动词+名词"，如吃饭						
27. 发音清楚至熟悉的人能理解的程度						
28. 能运用3个字的句子						

29. 有如厕的需要时，能以说话或其他方式表示						
30. 能用动词或名词连结"这里""那里"，如爸爸这里，去那里						
31. 能用两个字的句子表示所属物，如"爸车"						
32. 说话时能运用"不要"或"不是"等字眼						
33. 能主动说出所需物品						
34. 当被问及"爸爸/妈妈/老师在做什么？"时，能做出适当的问答						
35. 当被问"他是谁？"时，能答出熟人的名称（最少3个）						
36. 当被问及"这个是什么？"时，能说出照片的名称，如汽车、电话、牙刷（直接测试）						
37. 能回答"在哪里"的问题，如"妈妈在哪里？"						
38. 能说出熟悉的声音名称，如电话、敲门、犬吠						
39. 说话时常用自己的名字来代表自己						
40. 可以说出自己的年龄						
41. 能说出性别						
42. 经常问"这是什么？"						
43. 90%以上的时间能控制自己的音量						
44. 能在句子里用"这个""那个"						
45. 当别人用"谁"发问时，能适当地回答，如"谁帮你穿衣服？"						
46. 能运用一些表示分类的名词，如食物、玩具，出示"食物类""玩具类"图各一幅（直接测试）						
3～4岁						
47. 能从较复杂的图中辨认和说出3项物品的名称，出示"吃饭"图一幅（直接测试）						

48. 在要求下说出自己的姓名						
49. 当被问及"怎样?"的问题时能做简单的回答。如"你怎样回家?"						
50. 可以说出实时发生的事						
51. 可以描述怎样运用常见的物品,如梳子、杯子、笔、牙刷、毛巾						
52. 能使用一些表达"将来"的词句,如待会儿、今晚、明天						
53. 说出2件有次序性发生的事,如"洗澡后穿衣服"						
54. 发音清楚至他人能明白其所讲的单字、词组和短句						
55. 懂得运用位置词,例如,车在盒子上面/下面/里面/旁边						
56. 能回答"当你……时,你会怎样"的问题,如"当你口渴时,你会怎样?"						
57. 能以动词来回答"他(们)在做什么?"的问题(最少3项)。出示"在公园里"图一幅(直接测试)						
58. 能朗诵或唱一段儿歌(最少4句)						
59. 能依3幅有次序的图片说出一个程序(由工作员先示范)(直接测试)						
60. 在没有示范下,能依3幅有次序的图片说出一个程序(直接测试)						
4~5岁						
61. 发音清楚,除了一些较难发的音						
62. 能用复句,如"我去吃饭和去公园"						
63. 不需图画或任何提示,能复述熟悉的故事						
64. 能按指示用大声、细声说话						
65. 能读自己的名字						

66. 能依4幅有次序的图片说出一个短故事（直接测试）						
67. 能数1~10						
68. 聆听故事后，在问题指引下，能复述故事内容（直接测试）						
5~6岁						
69. 说话流利且符合语法						
70. 能忆述4件刚从图中看到的物品。出示"吃饭"图一幅（直接测试）						
71. 能使用"有些"及"很多"						
72. 能说出自己的地址						
73. 能说出自己的电话号码						
74. 能复述简单的日常经验						
75. 能有次序地排列及讲述5幅图片组成的故事（直接测试）						
76. 能简单解释字的含意，如"肚子饿是什么意思？""学校是什么？"						
77. 能说出一些字的反义词，如粗细、肥瘦、高矮						
78. 当被问及"假如……，会……"形式的问题，能做适当的推测，如"假如家里起火，你会怎么办？"						
79. 能有意识地运用"昨天""明天"等词语						
80. 会主动地问陌生字句的含义						

备注：

1. 直接测试的项目，提供3次回答的机会，如第1次就做对，给4分；2次做对，给2分；只有1次或以下做对，给0分。

2. 此记录表只记录至6岁是因为儿童的语言表达若能发展至6岁阶段，表示已达到一个颇为成熟的阶段，以后的发展则要结合认知及社交能力的发展。例如，说话是否有逻辑，或是否懂得运用幽默。

评估用具

活动范畴	评估用具
大肌能活动	
·坐位的活动	木箱凳、胶圈
·木条台/席上活动	木条台/席、枕头、软垫、可抓握的玩具
·站立活动	梯背架
·步行活动	步行辅助器具
·进阶体能活动	四级楼梯、体积大如足球的物品、障碍物（5厘米高、及膝高度）、球（直径15厘米）、尺
精细活动	大容器（直径15厘米）、小容器（杯子）、可抓握的物体、小珠（直径约1厘米）、大珠（直径约2.5厘米）、积木（边长2.5厘米）10块以上、有盖子的瓶子（盖子直径约2.5厘米）、剪刀、纸、腊笔/铅笔
认知学习	
·视觉	发光的物品、色彩对比强烈的物品、闪动的物品
·听觉	发声的物品（高频、低频）
·触觉	冷、热、粗、滑、软、硬的物品
·玩耍技巧	有因果关系的玩具
辅助器具	手扎、脚扎、缚带、扶手等

备注：评估认知学习、社交能力及语文－表达能力的教具，按照记录表所列的活动额外预备。

附录 2.2.2b

正常儿童发展阶段参考资料（范畴：大肌能活动、精细动作、生活自理）

（备注：只列出有正常儿童发展对照的资料，脑瘫儿童肌能观察项目的编码保留了《脑瘫儿童实用技能记录表》中的编码，所以，在此附录的表格中，项目编码不是按顺序排列的。）

大肌能活动

1. 坐凳活动

脑瘫儿童肌能观察项目	正常儿童发展阶段参考
抓握辅助器具，坐在凳上	
Ⅰ．双手抓握辅助器具时，能保持坐姿★	
ⅰ．手肘伸直（左/右）	6个月，能自己用手向前支撑着坐，脊柱略弯曲，为拱背坐阶段
ⅲ．躯干挺直及对称	7个月，独坐，脊柱伸展与床面成直角，为直腰坐阶段 8～9个月，脊柱伸展，坐位挺直且非常稳定，为扭转坐阶段
1.1 完全独立地坐在凳上	
Ⅰ．保持坐姿 　4分：3秒以内 　5分：3～20秒 　6分：20秒以上	5个月，不扶持下可坐数秒 6个月，不扶持下可坐30秒～1分钟 7个月，独自坐得很直 8个月，坐着双手玩玩具，仍可维持平衡 9个月，独自坐10分钟
1.4 坐在凳上→站立	8个月，坐时可攀物站起来
1.5 站立→坐在凳上	10个月，会扶着固定家具，让自己由站立到坐下 1岁7个月，由站立到坐在小凳上

2. 木条台/席上活动

2.3 完全独立地在席上匍匐爬行 　4分：60厘米以内 　5分：60～150厘米 　6分：150厘米以上	6个月，俯卧时，可将手、脚及头抬起离地，仅腹部着地 7个月，匍匐爬行，先往后退再往前进 8个月，双手双膝式爬行 9个月，腹部离地，四点跪爬

2.4 俯卧：前臂支撑

Ⅰ．保持姿势	
ⅰ．头部于中线抬起，下颌离开地面少许	2个月，头可呈正中位或向一侧，头有上抬动作，但不持久，为瞬间抬头，下肢半伸展状态，臀头等高位
	3个月，肘支撑，头抬45度左右，下肢伸展，臀高头低位
	4个月，肘支撑，头及四肢抬离地3秒，趴着抬头45度～90度，下肢伸展，头高于臀部
ⅱ．头部于中线抬起，垂直于地面	5个月，能伸展肘关节，双手支撑体重，使上部躯干大部分离床，头可抬90度，下肢自由伸展
Ⅱ．向前伸出一只手（左/右）	7个月，可用双手或一只手支撑体重，将重心从一只手转移到另一只手，可腾出一只手去拿玩具，可支撑向后成坐位

2.5 俯卧：直臂支撑

Ⅰ．保持姿势	5个月，伸展肘，支撑身体
2.6 俯卧→仰卧（向左/向右）	4个月，从俯卧翻身成仰卧
	6个月，前臂伸直，手指伸展，用手支撑体重，头抬90度以上，四肢自由伸展，可自俯卧位翻成仰卧位

2.7 仰卧姿势

Ⅰ．保持头部在中线	新生儿，头向一侧或呈正中位
	2个月，头可向一侧或左右回旋
	3个月，头多呈正中位，可随意转动
	4个月，头正中位，躯干稳定
	5个月，头完全正中位，四肢呈对称性屈曲
Ⅲ．保持双手在躯干两侧（左/右）	6个月，四肢呈自由伸展状态
Ⅳ．保持双脚伸直及分开（左/右）	6个月，四肢呈自由伸展状态

2.8 仰卧：头部的控制

Ⅰ．转头（向左/向右）	1个月，眼睛横向幅度90度追视
	2个月，眼睛横向幅度180度追视
	3个月，头眼协调好
	2个月，头可向一侧或左右回旋
	3个月，头多呈正中位，可随意转动

Ⅱ．当被拉至坐位时，保持头部在中线慢慢抬起	1个月，用双手握住婴儿手腕，将其从仰卧位拉成坐位，其后头部不会贴着背部，可稍微仰起，甚至达45度

2.9 仰卧：上肢的控制

Ⅰ．伸手向前（左/右）	4～5个月，双手可凑在一起玩，手指张开，缓慢地将手伸向物体，能主动握物
Ⅱ．伸手越过中线（左/右）	6个月，仰卧位，前方有玩具吸引其去拿时，会用一手臂撑上半身体重，另一手伸向玩具 6个月，仰卧位时，由正前方摇铃，其会伸出一手去拿，手肘可伸直，另一手不动 6～7个月，见物可伸手去拿
Ⅲ．伸手向外（左/右）	6～7个月，可以将积木从一只手倒换到另一只手中
Ⅴ．双手在中线互握	4个月，仰卧时，双手互玩3～5秒
2.12 仰卧：坐起来	6个月，拉其手能从仰卧位坐起，能自己用手支撑，呈拱背坐位 8个月，从仰卧翻身成坐姿 10个月，从仰卧坐起来

2.13 盘腿坐

Ⅰ．双手按木条台/地★	
ⅰ．双手伸直，支撑躯干（左/右）	5个月，能伸展肘关节，双手支撑体重，使上部躯干大部分离床，头可抬90度，下肢自由伸展 6个月，由其后背骨盆处向前或向旁边使其倾斜45度，其会伸手，张开手掌2秒，以保持平衡
ⅱ．保持头部抬起	5个月，头部十分稳定，不再摇摆不定
ⅲ．保持躯干挺直	7个月，独坐，脊柱伸展与床面成直角，为直腰坐阶段
Ⅳ．不用手按木条台/地，完全独立地坐 4分：3秒以内 5分：3～20秒 6分：20秒以上	7个月，独坐，脊柱伸展与床面成直角，为直腰坐阶段

2.14 保护性支撑反应 ☆	
Ⅰ．前面（左/右）	出生后6个月左右出现。拱背坐出现时，就是前方平衡反射完成的时期
Ⅱ．侧面（左/右）	7个月左右出现
Ⅲ．后面（左/右）	10个月左右出现，是坐位中最后出现的平衡反射，标志着坐姿已经发育成熟
2.16 仰卧→俯卧（向左/向右）	5个月，从仰卧位翻成俯卧位

3. 站立活动

3.1 用辅助器具站立

Ⅰ．当握着辅助器具时，能保持站姿★	7个月，喜欢扶站，脚有力地站直 8个月，坐位时可攀物站起来 9个月，可拉家具起身而站或抓住检查者的手自行站起，站立时脊柱可充分伸展，此阶段为抓站阶段 10个月，可扶墙或固定的家具站立，甚至可出现独自站立。开始站立时间较短，以后逐渐延长
Ⅳ．当握着辅助器具时，可抬高一只脚（左/右）	11个月，可扶栏杆单脚站立

3.2 完全独立地站立

Ⅰ．不用扶持，站立 　　4分：3秒以内 　　5分：3～20秒 　　6分：20秒以上	站立位前方平衡，12个月左右出现 站立位侧方平衡，18个月左右出现 10个月，四周无物，可独站3秒；旁边有桌子但不去扶，可站立5秒 10～11个月，能独站10秒左右 11个月，能独站1分钟
Ⅲ．不用扶持，蹲→站立	1岁7个月，能由蹲到站

4. 步行活动

4.3 完全独立地扶家具横行◇ 　（向左/向右）（双脚横行为一步）	9个月，扶家具侧向走动移位
4.4 完全独立地徒手步行◇	11个月，独立走数步

5. 进阶体能活动

5.1 上楼梯（四级）

Ⅰ．双手扶栏杆，两步一级	1岁3个月，一手扶栏杆一手被牵，两步一台阶地上楼梯 1岁3~6个月，能扶着栏杆连续两步一台阶地上楼梯
Ⅳ．一手扶栏杆，一步一级	2岁2~3个月，利手扶，一步一台阶，上4阶
Ⅴ．不用扶持，两步一级	1岁6个月，自己上楼梯，两步一台阶
Ⅵ．不用扶持，一步一级	2岁11个月，不用扶持，一步一台阶，上4阶

5.2 下楼梯（四级）

Ⅰ．双手扶栏杆，两步一级	1岁10~11个月，一手扶栏杆一手被牵，下楼梯
Ⅲ．一手扶栏杆，两步一级	1岁6~9个月，能自己扶栏杆上下楼梯
Ⅴ．不用扶持，两步一级	2岁，不用扶手，下楼梯 3岁，下楼梯时还需两步一台阶（另一资料来源）
Ⅵ．不用扶持，一步一级	3岁7~9个月，不扶，一步一台阶，下4阶

5.3 徒手向前步行10步，停，转身，步行回原处

5.4 向后行走10步	1岁3个月，倒退着走 2岁1个月，倒退走约3米
5.6 单腿站立（左站/右站） 　　4分：3秒以内 　　5分：3~10秒 　　6分：10秒以上	2岁1个月，单脚立平衡至少1秒 2岁4个月，单脚站2秒 2岁7个月，单脚站3秒
5.7 跨过5厘米高的障碍物（左跨/右跨）	1岁6~9个月，能越过8~10厘米高的横杆
5.8 跨过及膝高的障碍物（左跨/右跨）	2岁6个月~3岁，跳过10~15厘米高的纸盒
5.9 跑4.5米，停，跑回原处	1岁5个月，跑步 2岁5个月，6秒内跑9米 3岁1~3个月，6秒跑完13.5米 4岁7~9个月，在前方3米处放一凳子，用5秒跑去绕过，再跑回起点

5.10	踢一个直径 15 厘米不动的球，仍能保持平衡（左踢/右踢）	1 岁 7 个月，大球置于脚前 15 厘米处，可将球往前踢 90 厘米，偏离不超过 45 度 2 岁 5 个月，踢球，用一只脚将球踢 180 厘米远 2 岁 7 个月～3 岁，已会踢球，并能控制球的方向
5.11	跳高 4 分：5 厘米以内 5 分：5～30 厘米 6 分：30 厘米以上	2 岁 1 个月，约跳 5 厘米高 2 岁 9～10 个月，距离地面 5 厘米高，可跳过 4 岁 7～9 个月，跳 25 厘米高，双脚同时着地
5.12	跳远 4 分：5 厘米以内 5 分：5～30 厘米 6 分：30 厘米以上	1 岁 9 个月，原地双脚（同时离地）跳跃 2 岁 5 个月，自一台阶或 40 厘米高的凳子上跃下 3 岁 3 个月，跳远约 65 厘米 4 岁，跳远约 75 厘米 4 岁 5 个月，跳远约 90 厘米
5.13	单腿跳（左/右） 4 分：3 次以内 5 分：3～10 次 6 分：10 次以上	2 岁 5 个月，单脚跳 2 下 3 岁 11 个月，单脚原地跳 5 下 4 岁 9 个月，一脚单脚跳 2 下，换另一脚单脚跳 2 下，交替跳 8 步 5 岁 2 个月，一脚单脚跳 2 下，换另一脚单脚跳 2 下，有节奏、轻快地交替，手自然摆动，跳 3 米 4 岁 5 个月，单脚跳 90 厘米的距离，返回时换另一只脚单脚跳到起点 5 岁 2 个月，用 6 秒单脚跳完 6 米

第二章　评估与制订目标 实践篇

精细活动

2. 功能性活动

2.2 坐在凳上，面对着桌子

脑瘫儿童肌能观察项目	正常儿童发展阶段参考
Ⅳ. 在要求下，抓握物品（左/右）	5个月，抱坐时，要求其去拿积木，会拿在手中握约15秒 1岁1个月，示范以单手同时拿起2块积木，维持3秒，其可照做 1岁9个月，遵从指示"去拿……"
Ⅴ. 在要求下，放开物品（左/右）	10个月，应要求把积木放入对方手中 11~12个月，向其要东西，可以松手 1岁，可不需任何辅助而放下物品，当对方要求时或做出友善的表现时，其能递给对方玩具
Ⅵ. 将物品放于容器内（左/右）	11~12个月，1分钟内投入瓶中6个小丸子 12个月，将积木放入杯子内 1岁5个月，将硬币投入存钱罐的水平式币孔内 1岁7个月，将圆形、正方形、三角形积木放入所属积木盒内
Ⅶ. 用示指边及拇指拾物（左/右）	8个月，以拇指和示指（内侧面）取物，可将插板中的一根小棍取出 8个月，用拇指与示指指腹夹葡萄干、拿饼干吃
Ⅷ. 将小珠放于杯内（左/右）	12个月，将积木放入杯子内
Ⅸ. 把物品由一只手交至另一只手	5个月，手里拿着东西，能从中一只手传到另一只手 7个月，一只手握有积木，旁边又有一积木，会将原积木交给另一只手，再去拿旁边的积木
Ⅹ. 用示指指物（左/右）	9个月，会用手指方向 10个月，示指伸直，其余手指弯曲，以手指指示、按键、按开关，用手指出图画书中的喜爱之物 11个月，按要求指出喜欢的东西 1岁，用手指想要的东西的方向
Ⅺ. 搭高积木（长约2.5厘米）（左/右）	1岁3个月，能把2块或3块长2.5厘米的正方体搭高成塔

127

XII. 不用协助，搭高积木（左/右）

4分：3块以内	1岁2个月，将2块积木搭成塔
	1岁3个月，将3块积木叠高
5分：3~10块	1岁5个月，搭4块积木
	1岁9个月，搭6块积木
	1岁10~11个月，叠起7块积木
	2岁1个月，叠起8块积木
	2岁2~3个月，叠起9块积木
	2岁5个月，叠起10块积木
6分：10块以上	2岁7个月~3岁，叠起15块积木
XIII. 拧开瓶盖（直径约2.5厘米）（左/右）	10~11个月，可以打开瓶盖
	2岁1个月，拧开瓶盖
XIV. 拧紧瓶盖（直径约2.5厘米）（左/右）	1岁10个月~2岁，会将瓶子盖上瓶盖，并且能将瓶盖拧紧
XV. 串大珠（直径约2.5厘米）（按能力调整珠/绳）（左串/右串）	1岁5个月，用鞋带串1粒方形珠子
	2岁2~3个月，用鞋带串2粒方形珠子
	2岁5个月，用鞋带串4粒方形珠子
XVI. 串小珠（请注明珠的直径）	
前二指从桌面捡起1厘米的方珠传至掌心	2岁，由手指传小物至掌心
从掌心将1厘米的方珠传回前二指	2岁，由掌心传一件细物件至手指
	2岁，由掌心传2~3件细物件至手指
	3~5岁，由掌心传钱币至手指
用手指将铅笔往上移动（左/右）	4岁，用前三指沿笔杆爬上爬下
用手指将铅笔往下移动（左/右）	4岁，用前三指沿笔杆爬上爬下
	5岁，用单手倒转笔杆
XXII. 剪纸（3岁或以上）请注明：☐用左手 ☐用右手	2岁1个月，剪断15厘米长的纸条
	3岁1~3个月，在纸上剪一个开口
	3岁4~6个月，沿直线剪纸
	4岁1~3个月，剪圆形
	4岁4~6个月，剪方形

XXIII．书写（3岁或以上） 请注明：□用左手　□用右手 执笔方法：□掌握　□静态前三指 　　　　　□动态前三指 请列明以下项目：（可选多项）	握笔姿势： 1～2岁，主要是肩膀动作，手与手臂一起动 2～3岁，主要是手肘活动，手与前臂一起动 3～4岁，四指握法，手腕离开桌面 4～6岁，成熟的三指握法
a. 用腊笔或铅笔涂鸦	11个月，在示范下，模仿拿笔胡乱涂鸦 1岁1个月，随性涂鸦 1岁7个月，拇指与其他四指相对，握住笔涂鸦
b. 用笔画：∣ —	1岁2～3个月，在示范下画至少2条不怎么直的线 1岁7个月，在示范下画直线 1岁9个月，照样板画直线 1岁10个月～2岁，能画出竖线 1岁10～11个月，照样板画横线
c. 用笔画：○	1岁7个月，连续画圆圈形的涂鸦 1岁9个月，在示范下画圆圈 2岁9～10个月，画○，缺口在1.2厘米以内 3岁，依记忆画○
d. 用笔画：＋ ∟ ⌐ □	3岁4～6个月，模仿画＋ 4岁1～3个月，模仿画□ 4岁4～6个月，自己画□
e. 用笔画：＼ ／ ∨ △	3岁10个月，模仿画× 4岁7～9个月，模仿画△ 4岁10个月～5岁，自己画△

自理活动

1. 进餐行为（注明：□用左手　□用右手）

1.1　进食

Ⅰ. 用勺子进食 ★

脑瘫儿童肌能观察项目	正常儿童发展阶段参考
ⅴ. 用勺子舀食物	1岁2个月，拿勺子进食，但食物会滴下来
ⅶ. 用唇含下勺子内的食物	7个月，可主动用唇抿食物入口 7个月，可用勺子吃辅食，自己拿饼干吃
ⅷ. 咀嚼	1岁1个月，可咀嚼煮烂的肉 2岁1个月，可咀嚼大部分的肉及蔬菜，吃饭时双唇闭紧食物不露出来
Ⅱ. 用筷子进食	2岁9个月~3岁，可以用筷子 3岁7个月，拿筷子扒饭入口 5岁1~3个月，用筷子夹食物

1.2　进饮

Ⅰ. 用杯进饮 ★

ⅲ. 伸单/双手持杯	5个月，可以双手握住奶瓶自己吸奶；将学习杯放在手中，会握住把手将杯子举起来
ⅳ. 把杯送到嘴边	7个月，双唇可以闭紧，下巴逐渐稳定，可以用附有吸管的学习杯喝水 10.4~11.8个月，可自己拿杯喝水（另一资料来源） 1岁2个月，拿杯子喝水 1岁4~6个月，能熟练地捧起杯子喝水，喝完后放下杯子，洒出的水很少
ⅴ. 啜饮	1岁5个月，吸吮、吞咽与呼吸协调好，很少会呛到
ⅵ. 控制流量	2岁1个月，能顺利地用杯子喝水

2. 如厕

2.1　上下便盆/马桶

Ⅲ. 如厕后，自行清洁	2岁9个月~3岁，会自己擦屁股 3岁10个月，会按马桶的冲水把手 4岁4~6个月，会便后擦屁股

2.2 认知、意向 ☆

Ⅰ．懂得表示大便的需要	1岁9个月，要大小便时会表达
Ⅱ．懂得表示小便的需要	1岁6个月，白天能控制大小便，想小便了会告诉父母
Ⅲ．日间保持干爽	1岁4~6个月，会控制大小便，只要父母按时提醒其大小便，基本上白天不再尿湿裤子
Ⅴ．日夜都能保持干爽	3岁，夜间不尿床

3. 梳洗

3.1 洗手

Ⅰ．双手互擦	1岁10个月~2岁，会洗手并擦干
Ⅱ．用肥皂/洗手液洗手	2岁6~9个月，用肥皂洗手（独立完成：5岁7个月）
Ⅲ．用毛巾擦手	1岁10个月~2岁，会洗手并用毛巾擦干

3.2 洗脸

Ⅲ．用毛巾洗脸	3岁1~3个月，用毛巾擦脸

3.3 刷牙

Ⅱ．把牙膏挤出，涂在牙刷上	5岁1~3个月，在牙刷上挤牙膏刷牙
Ⅲ．刷牙	3岁10个月，刷牙

4. 穿衣

4.1 技巧

Ⅰ．脱下套头衣服	1岁9个月，脱下没有扣子的外套 2岁9~10个月，解开外套的大扣子 3岁，脱衣服（含套头衣衫） 3岁4~6个月，脱套头衣衫 3岁7~9个月，脱下衬衫 4岁4~6个月，解开小纽扣
Ⅱ．穿上套头衣服	3岁，穿衬衫 4岁1~3个月，穿套头衫 5岁1~3个月，会穿衣服
Ⅲ．脱下裤子	1岁10个月，脱下裤子 2岁1个月，脱下内裤

Ⅳ. 穿上裤子	2岁11个月，穿内裤
	3岁1~3个月，穿短裤
	3岁4~6个月，穿长裤
ⅲ. 扶着辅助器具站立，把裤子提上	2岁1~6个月，不需要父母的帮助能自己把裤子提上去
Ⅴ. 脱下袜子	11个月，指尖可持续用力将袜子拉下来
	1岁3个月，有意识地脱下手套、袜子
Ⅵ. 穿上袜子	2岁7个月，穿袜子
Ⅶ. 脱下鞋子	1岁5个月，脱下没有鞋带的鞋子
Ⅷ. 穿上鞋子	2岁5个月，穿上没有鞋带的鞋子
ⅳ. 系上鞋带或扣上鞋扣	5岁5~9个月，系鞋带
Ⅺ. 解开钮扣	2岁9个月，解开外套的大扣子
	4岁4个月，解开小扣子
Ⅻ. 扣上钮扣	2岁11个月，扣上外套的大扣子
	3岁7个月，扣暗扣
	4岁10个月，扣上小扣子

参考资料

［1］高丽芷. 信宜儿童发展感觉统合上篇：发现大脑. 信宜基金出版社，2013.

［2］香港协康会. 儿童训练指南. 1988.

［3］台北市立联合医院. 儿童综合发展评量表.

［4］鲍秀兰. 0–3岁儿童最佳的人生开端［M］. 北京：中国妇女出版社，2013.

附录 2.2.3

S-S 法量表：儿童语言发展迟缓评定

一、适应证

适合 1 岁～6 岁半的言语发展迟缓儿童。有些儿童的年龄已超过此年龄段，但其言语发展的现状如未超过此年龄段水平，也可应用。

二、评定内容

阶段	标准
阶段 1：事物状况理解阶段	此阶段尚未获得语言，事物、事物状况的概念尚未形成，对外界的认识尚处于分化阶段。此阶段对物品的抓握、舔咬、摇动、敲打一般为无目的性
阶段 2：认识事物的基本概念	此阶段虽然也是语言未获得阶段，但与阶段 1 不同的是能够根据常用物品的用途大致进行操作，对事物状况也能够理解，对事物开始概念化
（1）阶段 2—1：事物功能操作	此阶段能够对儿童进行行动操作，例如：让儿童拿起电话，将听筒放到耳朵上或令其拨电话号码等基本操作
（2）阶段 2—2：配对	在日常生活中不难判断是否有"配对行为"，如果能将 2 个以上物品放到合适的位置上，可以说"配对行为"成立。例如：将书放到书架上，将积木放到玩具箱里，等等
（3）阶段 2—3：选择	当他人出示某种物品或示范时，能将有关的物品选择出来
阶段 3：理解事物的符号阶段	此阶段为符号形式与指示内容的关系开始分化
（1）阶段 3—1：手势符号	用手势符号来理解与表现事物
（2）阶段 3—2：言语符号	将言语符号与事物相关联的阶段
阶段 4：理解词句、主要句子成分阶段	本阶段能将某事物、事态用 2、3 个词组连成句子
（1）阶段 4—1：两词句	开始学习用 2 个词组合起来表示事物、事态的阶段，有四种形式：〔属性（大、小）+事物〕、〔属性（颜色）+事物〕、〔主语+宾语〕、〔谓语+宾语〕
（2）阶段 4—2：三词句	此阶段与 4—1 相同，但考虑到句子的多样化，在此仅限定两种形式：〔属性（大、小）+属性（颜色）+事物〕、〔主语+谓语+宾语〕

续表

阶段	标准
阶段5：理解词句、语法规则阶段	能够理解三词句表现的事态，但与阶段4—2不同的是所表现的情况为可逆
（1）阶段5—1：主动语态	如"乌龟追小鸡"
（2）阶段5—2：被动语态	此阶段要求能理解事情与语法规则的关系，如"小鸡被乌龟追"等

三、检查顺序

情况较差者应从头开始检查，为了节省时间，对年龄较大或水平较高者没有必要进行全面检查，可按以下顺序：

1. 不可用图片检查的，可用实物进行阶段1～阶段2的检查。

2. 可用图片检查的，在阶段3—2以上，用图片检查单词～词句。

3. 发育年龄在3岁以上，能进行日常会话者，进行阶段4～阶段5的检查，以词句检查为主。

附录 2.2.4

脑瘫儿童粗大运动功能分级系统
Gross Motor Function Classification System，GMFCS

翻译：复旦大学附属儿科医院康复中心史惟医生

介绍和使用说明：

脑瘫儿童粗大运动功能分级系统是以自发运动为依据，尤其注重坐（躯干控制）和行走。当我们定义五级分类系统时，主要标准就是各个等级之间运动功能的区分要具有临床意义。

各级运动功能水平之间的区别是根据以下 3 个方面来判断的：①功能受到的限制；②是否需要辅助技术，包括移动辅助器具，如助行器*、拐杖**、手杖和轮椅等；③活动质量降低程度。

Ⅰ级包括神经—运动损伤的儿童，他们的功能受限较脑瘫引起的典型功能受限要少，在传统意义上这些儿童会被诊断为"轻度脑功能障碍"或者"轻微脑瘫"。Ⅰ级和Ⅱ级的区别不像其他级别间那么明显，尤其是对 2 岁以下的儿童。

焦点在于判断哪个级别能够更好地描述儿童目前的活动能力及其运动功能受到的限制。重点要放在其在家里、学校及社区设施中的日常表现，所以重要的是对日常表现（不是最好的能力）进行分类，不包括对预后的判断。必须记住我们的目的是对儿童当前的粗大运动功能进行分级，而不是评判活动的质量或者进步的潜力。

对 5 个级别的描述是概括性的，并不打算描述某个儿童所有方面的运动功能。例如，一个偏瘫的儿童虽然不能手膝爬行，但如果其他方面都符合Ⅰ级的描述，就可以被归到Ⅰ级。这个量表是顺序量表，并不说明各个等级之间的差距是相同的，也不说明脑瘫儿童是平均分布在这 5 个等级中的。我们还提供了对相邻两级之间区别的概括性说明，以帮助判断儿童目前的粗大运动功能最接近哪个级别。

各个级别的标题都代表了 6 ~ 12 岁之间的儿童应该能达到的最高活动水平。我们认识到对运动功能的分级是需要依据年龄的，尤其在婴儿期和患儿的早期。因此，在各个级别中都对不同年龄段的儿童分别进行了描述。对每个年龄段功能水平及局限性的描述可以作为指南，但不够全面，不能作为标准。2 岁以下的儿童如果是早产儿，就要使用他们的纠正年龄进行判断。

我们努力使观察重点放在儿童的运动功能上而不是他们的局限上。有一个基本原则：如果某个儿童能够完成某个特定级别中的功能活动，其粗大运动功能就应归到这一级或者高一级中。相反，如果未完成某个特定级别中的功能活动，那么其粗大运动功能就要被归到低一级中。

小于 2 岁

Ⅰ级：可以坐位转换，还能坐在地板上用双手玩东西。能用手和膝盖爬行，能拉着物体站起来并且扶着家具走几步。18 个月 ~ 2 岁的儿童，可以不用借助任何辅助器具独立行走。

编注：*此处主要指四脚拐。
　　**此处主要指腋杖。

Ⅱ级：可以坐在地板上，但是需要用手支撑来维持身体的平衡，能贴着地面匍匐爬行或者用双手和膝盖爬行，有可能拉着物体站起来并且扶着家具走几步。

Ⅲ级：需要在下背部有支撑的情况下维持坐姿，还能够翻身及用腹部贴着地面爬行。

Ⅳ级：可以控制头部，但坐在地板上时躯干需要支撑，可以从俯卧位翻成仰卧位，也能从仰卧位翻成俯卧位。

Ⅴ级：生理上的损伤限制了其对自主运动的控制能力，俯卧位和坐位时不能维持头部和躯干的抗重力姿势。只能在大人的帮助下翻身。

2~4岁

Ⅰ级：可以坐在地板上双手玩东西。可以在没有大人帮助的情况下完成地板上坐位和站立位的姿势转换，把行走作为首选移动方式，并不需要任何助行器的帮助。

Ⅱ级：可以坐在地板上，但当双手拿物体的时候可能控制不了平衡，可以在没有大人帮助的情况下自如地进行坐位转换。可以拉着物体站在稳定的地方。可以用手和膝交替爬行，可以扶着家具慢慢移动，首选的移动方式是使用助行器行走。

Ⅲ级：可以用"W"状的姿势独自维持坐姿（坐在屈曲内旋的臀部和膝之间），并可能需要在大人帮助下维持其他坐姿。腹爬或者手膝并用爬行是首选的自身移动的方式（但是常常不会双腿协调交替运动），能拉着物体爬起来站在稳定的地方并做短距离移动，如果有助行器或者大人帮助掌握方向和转弯，可能可以在房间里短距离行走。

Ⅳ级：能坐在椅子上，但需要依靠特制的椅子来控制躯干，从而解放双手。可以在大人的帮助下或者在有稳定的平面供他们用手推或拉的时候坐进或离开椅子，顶多能在大人的监督下用助行器走一段很短的距离，但很难转身也很难在不平的平面上维持身体平衡。在公众场所不能独自行走。能在动力轮椅的帮助下自己活动。

Ⅴ级：生理上的损伤限制了其对随意运动的控制以及维持身体和头部抗重力姿势的能力，各方面的运动功能都受到限制，特殊器械和辅助技术并不能完全补偿其在坐和站功能上受到的限制，没有办法独立行动，需要转运。部分儿童能使用进一步改造后的电动轮椅进行活动。

4~6岁

Ⅰ级：可以在没有双手帮助的情况下坐上、离开或者坐在椅子上。可以在没有任何物体支撑的情况下，从地板上或者从椅子上站起来。可以在室内外走动，还能爬楼梯，正在发展跑和跳的能力。

Ⅱ级：可以在双手玩东西的时候在椅子上坐稳，可以从地板或者椅子上站起来，但是经常需要一个稳定的平面供他们的双手拉着或者推着。可以在室内没有任何助行器的帮助下行走，在室外的水平地面上也可以走上一小段距离，可以扶着扶手爬楼梯，但是不能跑和跳。

Ⅲ级：可以坐在一般的椅子上，但是需要骨盆或躯干部位的支撑才能解放双手，在坐上和离开椅子的时候需要一个稳定的平面供他们双手拉着或者推着。能够在助行器的帮助下在水平地面上行走，在成人的帮助下可以上楼梯。遇到长距离或者室外不平的地面则无法独自行走。

Ⅳ级：可以坐在椅子上，但是需要特别的椅子来控制躯干平衡从而尽量解放双手。坐上或者离开椅子的时候，必须有大人的帮助，或在双手拉着或推着一个稳定平面的情况下才能完成，顶多能够在助行器的帮助和成人的监护下走上一小段距离，但是很难转身，也很难在不平的地面上维持平衡，不能在公共场所自己行走，应用电动轮椅可以自己活动。

Ⅴ级：生理上的损伤限制了其对自主运动的控制，也限制了其维持头部和躯干抗重力姿势的能力，各方面的运动功能都受到了限制，即便使用了特殊器械和辅助技术，也不能完全补偿其在坐和站的功能上受到的限制，完全不能独立活动。部分儿童通过使用进一步改造过的电动轮椅可能进行自主活动。

6～12岁

Ⅰ级：可以没有任何限制地在室内和室外行走并且可以爬楼梯。能表现出跑和跳等粗大运动能力，但是速度、平衡和协调能力都有所不足。

Ⅱ级：可以在室内和户外行走，能够抓着扶手爬楼梯，但是在不平的地面或者斜坡上行走就会受到限制，在人群中或者狭窄的地方行走也会受到限制，最多能勉强达到跑和跳的水平。

Ⅲ级：可以使用助行器在室内和室外的水平地面上行走，可能可以扶着扶手爬楼梯。根据上肢功能的不同，在距离较长或者户外地面不平时，有的儿童可以自己推着轮椅走，有的则需要被运送。

Ⅳ级：可能继续维持在6岁以前获得的运动能力水平，也有的儿童在家、学校和公共场所可能更加依赖轮椅，使用电动轮椅可以自己活动。

Ⅴ级：生理上的损伤限制了其对自主运动的控制，也限制了其维持头部和躯干的抗重力姿势能力，各方面的运动功能都受到了限制，即便使用了特殊器械和辅助技术，也不能完全补偿其在坐和站的功能上受到的限制，完全不能独自活动，部分儿童通过使用进一步改造过的电动轮椅可能进行自主活动。

附录 2.2.5

4～18 岁脑瘫儿童手功能分级系统
Manual Ability Classification System for Children with Cerebral Palsy 4～18 years，MACS

翻译：复旦大学附属儿科医院康复中心史惟医生

脑瘫儿童手功能分级系统是针对脑瘫儿童在日常生活中操作物品的能力进行分级的系统。MACS 旨在描述哪一个级别能够很好地反映儿童在家庭、学校和社区中的日常表现，评定日常活动中的双手参与能力，并非单独评定每一只手。

Ⅰ级：能轻易成功地操作物品

最多只在手的操作速度和准确性（操作轻易性）上表现出能力受限，然而这些受限不会影响日常活动的独立性。

Ⅱ级：能操作大多数物品，但在完成质量和/或速度方面受到一定影响

在避免某些活动或完成某些活动时可能有一定难度，会采用另外的操作方式，但是手部能力通常不会限制日常生活的独立性。

Ⅲ级：操作物品困难；需要帮助准备和/或调整活动

操作速度慢，在质量或数量上能有限程度地完成；如果帮助其对活动进行准备或调整，仍能进行独立操作。

Ⅳ级：在调整的情况下，可以操作有限的简单物品

通过努力可以完成部分活动，但是完成的成功度有限，部分活动需要持续的支持和帮助和/或调整设备。

Ⅴ级：不能操作物品，进行简单活动的能力严重受限

完全需要辅助。

Ⅰ级和Ⅱ级之间的区别：

Ⅰ级儿童在操作非常小、非常重或易碎物品时可能受限，这些操作需要仔细的精细运动控制或双手间的有效协调。在新的不熟悉的情况下也可能出现操作受限。Ⅱ级儿童能完成的操作几乎与Ⅰ级儿童一样，但是在操作时质量下降或速度较慢。双手之间的功能差异会影响操作的有效性。Ⅱ级儿童通常会尽量简单地操作物品，比如采用平面支持手部的操作方法取代通过双手进行物品操作。

Ⅱ级和Ⅲ级之间的区别：

Ⅱ级儿童虽然在操作速度和质量上有所下降，但能操作大多数物品。Ⅲ级儿童由于伸手或操作物品能力受限，所以通常需要帮助他们做好活动准备和/或调整环境；他们不能进行某些活动，其独立程度与周围环境的支持程度相关。

Ⅲ级和Ⅳ级之间的区别：

Ⅲ级儿童在预先做好环境安排，得到监护和充足时间的前提下，能完成一些选择性的活动。Ⅳ级儿童在活动中需要持续的帮助，最多能够有意义地参与某些活动的部分内容。

Ⅳ级和Ⅴ级之间的区别：

Ⅳ级儿童能完成某些活动的一部分，但是需要持续的帮助。Ⅴ级儿童最多在特殊的情况下能参与某些简单动作，如只能按简单的按钮。

附录 2.2.6

评估分析及目标制订（范例1：浙江康复医疗中心）

姓名：棱××   性别：<u>女</u>   出生年月：<u>2009-1</u>   小组：<u>母婴组</u>

目前程度：学习程度：<u>3～6个月</u>   体能程度：<u>GMFCS：Ⅳ   MACS：Ⅳ</u>

入院日期：<u>2010-3-7</u>   制订日期：<u>2010-3-23</u>   离院时间：<u>2010-6-25</u>

小组组长：<u>××</u>

功能项目/范畴	现有的能力/困难	学习目标		
^	^	长期目标	短期目标（一） 2010年3月23日	短期目标（二） 年 月 日
席上活动	能力：要在成人完全协助下才能完成俯卧→侧卧→仰卧→侧卧的体位转换 困难：不能较好地应用基本模式的动作，身体不能保持中线位，双肘不能支撑在地席上	1. 巩固在地席上做侧卧→仰卧→俯卧活动的能力	1. 巩固在地席上做侧卧→仰卧→俯卧的体位转换 1.1 在成人协助下，能经常进行侧卧→仰卧→俯卧的体位转换	
坐	能力：要成人完全协助才能保持正确的坐姿 困难：手肘不能伸直撑地	2. 巩固坐位能力	2. 巩固在地席上保持坐姿的能力 2.1 在成人大量触体协助下，能经常保持正确的坐姿 2.2 双手肘戴上手扎并在成人少量触体协助下，能经常用双手支撑保持坐姿半分钟	
站	能力：在成人完全协助下，双手抓住梯背架才能站立 困难：腿的承重能力较差，手不能抓握梯背架	3. 建立站立的能力	3. 建立扶辅助器具站立的能力 3.1 在成人触体协助下，偶尔可抓住梯背架独站1分钟	
行/位置转移	能力：在成人完全协助下能推梯背架步行1米 困难：身体不能保持中线转移，双手不能抓握梯背架，不能向前推梯背架，无向前迈步的意识	4. 建立步行能力	4. 建立扶辅助器具步行的能力 4.1 双手肘戴上手扎并在成人大量触体协助下，能经常推梯背架平地步行2～3米	

续表

功能项目/范畴	现有的能力/困难	学习目标		
		长期目标	短期目标（一） 2010年3月23日	短期目标（二） 年 月 日
上下台阶	完全不能			
上肢及手部活动	能力：在成人少量协助下，左手能抓握及放松物品 困难：双手不能在中线互握，不能自如地打开及抓握	5. 增强双手在中线的互握能力 6. 增强左手伸手抓握、放松物品的能力 7. 建立捏取物品的能力	5. 增强双手在中线的互握能力 5.1 在成人少量触体协助下，能经常用双手在中线抓握物品 6. 增强左手伸手抓握、放松物品的能力 6.1 于触体提示下，能经常用左手抓握与放松眼前的物品 7. 建立捏取物品的能力 7.1 在成人大量触体协助下，能有时用左手前三指捏取2.5厘米大小的物品	
进食	能力：在成人完全帮助下，双手抓住双耳奶瓶进饮 困难：双手不能在中线互握，没有抓握物品的能力	8. 建立进饮能力	8. 建立进饮能力 8.1 在成人大量的协助下，能经常双手在中线抓住双耳奶瓶 8.2 在成人少量协助下，能有时把奶瓶放入嘴里	
如厕	能力：在家长全面协助下完成如厕活动 困难：双手不能抓握梯背架	9. 建立如厕能力	9. 建立如厕能力 9.1 双手肘戴上手扎及在成人大量协助下，能经常坐在便盆上完成如厕活动 9.2 仰卧位时，在成人完全协助下穿尿布，能偶尔独立抬高屁股	

141

续表

功能项目/范畴	现有的能力/困难	学习目标		
^	^	长期目标	短期目标（一） 2010年3月23日	短期目标（二） 年 月 日
梳洗	不适用			
穿脱鞋袜	不适用			
穿脱衣服	不适用			
认知	能力：对"我"的概念模糊 困难：不会追视在面前移动的物体	10.建立追视不同角度内移动物体的能力 11.建立身体的概念	10.建立追视不同角度内移动物体的能力 10.1 能够注视移动物体，偶尔能够从一边移到另外一边 11.建立身体的概念 11.1 在成人触体提示及环境提示下，偶尔能正确地指出自己的五官	
沟通	能力：只会无意识地发出咿咿呀呀的声音 困难：不会回应他人的呼唤	12.建立以笑声回应的能力 13.建立模仿他人发出的声音的能力 14.建立模仿动作的能力	12.建立能以笑声回应的能力 12.1 在成人呼唤幼儿姓名时，偶尔能够以笑声回应并能用目光注视 13.建立模仿他人发出的声音（如妈妈）的能力 13.1 当成人与其轮流进行模仿发声时，能偶尔重复成人发出的声音 14.建立模仿动作的能力 14.1 在成人触体提示下，能偶尔模仿他人示范的动作	

续表

功能项目/范畴	现有的能力/困难	学习目标		
^	^	长期目标	短期目标（一） 2010年3月23日	短期目标（二） 年 月 日
社交	能力：只会偶尔用眼神注视成人 困难：不会与他人玩耍、交流，不会辨认熟悉的成人	15.建立与人交往的能力 16.建立辨认熟悉的成人的能力	15.建立与人交往的能力 15.1 当家人逗弄时，有时能以笑声或停止哭声来回应 16.建立辨认熟悉的成人的能力 16.1 在家人陪伴下，偶尔会尝试接近熟悉的人	
家长工作重点	1.建立家长上课辅助儿童的方法 2.建立家长与孩子的自然及互应的亲子关系			

评估分析及目标制订（范例2：浙江康复医疗中心）

姓名：波××   性别：男   出生日期：2006-3-29   小组：幼儿组

目前程度：学习程度：正常   体能程度：GMFCS：V   MACS：V

入院日期：2010-5-7   制订日期：2010-5-22   离院时间：2010-10-29

小组组长：×××

功能项目/范畴	现有的能力/困难	学习目标		
^	^	长期目标	短期目标（一） 2010年5月22日	短期目标（二） 2010年8月24日
席上活动	能力：能在少量协助下翻身 困难：不能自如地运用基本动作模式，如中线位伸直手肘等	1.增强翻身能力	1.增强翻身能力 1.1 在少量触体协助下（举高一只手越过头，头居中），经常从俯卧位翻到仰卧位 1.2 经常独立地从仰卧位翻到俯卧位	

续表

功能项目/范畴	现有的能力/困难	学习目标		
^	^	长期目标	短期目标（一） 2010年5月22日	短期目标（二） 2010年8月24日
坐	能力：在完全协助下坐于台前，保持正确坐姿1~2分钟 困难：双手不能抓握，双脚不能踩实地，头及躯干不在中线；身体不能保持不动	2.巩固坐凳平衡的能力	2.巩固坐凳平衡的能力 2.1 在大量协助下双手肘戴上手扎抓住扶手，用绑带固定双腿，能经常保持头居中并于木凳上稳坐1~2分钟不摔倒 2.2 在大量协助下右手肘戴上手扎，双手抓住扶手，保持左手肘伸直，用绑带固定大腿，双脚踩实地，有时保持头居中，于木凳上稳坐1~2分钟不摔倒 2.3 在大量协助下双手抓住木凳，用绑带固定大腿，双脚踩实地，偶尔保持头居中，于木凳上稳坐3~5秒不摔倒	2.巩固坐凳平衡的能力 2.1 双手肘戴手扎，用绑带固定大腿，有时于口头提示下双手抓住凳子，双脚踩实地板，独立于木凳上坐稳不摔倒 2.2 双手肘戴上手扎，绑带固定大腿，于口头提示下双手抓住凳子，双脚踩实地板，保持头及躯干居中，有时独立于凳上稳坐5秒以上 2.3 在坐凳位双手肘戴上手扎抓住凳子，成人协助固定膝关节使其脚踩实地板的情况下，有时能独立做团团转 2.4 在坐凳位成人协助固定膝关节，双手肘戴上手扎撑地的情况下，有时能拾起地面边长5cm大小的物体后独立坐起
站	能力：在完全协助下扶辅助器具保持站立姿势 困难：头及躯干不能保持在中线，手肘不能伸直，双手不能抓握，双脚不能踩实地面；身体不能保持不动	3.建立扶梯背架站立的能力	3.建立扶梯背架站立的能力 3.1 在双手肘戴上手扎抓住梯背架，家长大量协助固定骨盆，双脚踩实地面的情况下，经常能保持头居中站立10秒以上 3.2 在双手肘戴上手扎抓住梯背架，家长少量协助固定双脚，双脚踩实地面的情况下，经常能保持头居中，站立20秒以上 3.3 在双手肘戴上手扎抓住梯背架的情况下，能保持头居中，独立站立5~10秒以上	

第二章 评估与制订目标 实践篇

续表

功能项目/范畴	现有的能力/困难	学习目标		
		长期目标	短期目标（一） 2010年5月22日	短期目标（二） 2010年8月24日
行/位置转移	能力：在两位成人完全协助下，推梯背架步行和位置转移 困难：不能保持正确的站姿，不能推梯背架，不能屈伸髋关节，躯干不能转动，不能迈步；身体不能保持不动	4.巩固推梯背架步行的能力 5.巩固各体位的转移能力	4.巩固推梯背架步行的能力 4.1 扶梯背架保持站立姿势，经常能在两位成人的大量协助下推扶梯背架步行1~2米 4.2 双手肘戴手扎扶梯背架保持站立姿势，有时在一位成人固定骨盆的协助下能推扶梯背架步行10步以上 4.3 扶梯背架保持站立姿势，偶尔在一位成人少量协助推梯背架下，独立向前步行3~5步以上 5.巩固各体位的转移能力 5.1 在成人大量协助下双手肘戴上手扎抓握梯背架，于凳上保持正确坐姿，经常能从坐位到站位 5.2 在成人大量协助下双手肘戴上手扎抓握梯背架，保持正确站姿，经常能从站位到坐位	4.巩固推梯背架步行的能力 4.1 双手肘戴手扎，穿固定式脚托，在少量协助下，双手抓住梯背架，头及躯干居中，经常能推梯背架步行10米以上 4.2 双手肘戴手扎，穿固定式脚托，在少量协助下，双手抓住梯背架，头及躯干居中，有时在口头提示下能独立推梯背架步行5步以上不摔倒 5.巩固各体位的转移能力 5.1 双手抓握梯背架，于凳上保持正确坐姿，偶尔能独立从坐位到站位 5.2 在成人大量协助下，双手抓握梯背架保持正确站姿，偶尔能独立从站位到坐位 5.3 在成人大量协助下，双手抓握梯背架保持正确站姿，经常能从站位到蹲位 5.4 在成人大量协助下，双手抓握梯背架，经常能从蹲位到站位
上下台阶	完全不能			
上肢及手部活动	能力：在大量协助下打开手抓握物件	6.巩固双手的抓握、放开能力	6.巩固双手的抓握、放开能力 6.1 在大量协助下保持坐位姿势，双手肘戴手扎，经常能右手抓扶手时，打开左手抓物体	6.巩固双手的抓握、放开能力 6.1 双手肘戴手扎，有时独立张开手抓握长约5cm大小不动的物体

145

续表

功能项目/范畴	现有的能力/困难	学习目标		
^	^	长期目标	短期目标（一） 2010年5月22日	短期目标（二） 2010年8月24日
	困难：双手肘不能伸直；双手握拳、拇指内收，不能打开	7. 巩固涂鸦能力	6.2 在大量协助下保持坐位姿势，双手肘戴手扎，经常能一手抓扶手，另一手松开将物体放到一大的容器内 7. 巩固涂鸦能力 7.1 在大量协助下保持坐位姿势，左肘戴手扎抓扶手，固定右手肘于台面，能偶尔用右手掌握小号水彩笔，在固定的纸上涂鸦	6.2 双手肘戴手扎，有时能独立把抓握的物体放在固定不动的容器内 7. 巩固涂鸦能力 7.1 左肘戴手扎，独立地以左手抓扶手正确地坐于台前，在大量协助下固定右手肘于台面，能偶尔用右手掌握小号水彩笔，在固定的纸上涂鸦
进食	能力：需要家长全面协助 困难：不能保持正确的坐姿，不能抓勺子舀食物	8. 巩固进餐、进饮的能力	8. 巩固进餐、进饮的能力 8.1 双手肘戴手扎，独立地用双手抓扶手正确坐于台前，经常能吃在中线的食物 8.2 左肘戴手扎抓扶手，大量协助固定右手肘于台面，能有时正抓勺子舀食物 8.3 右肘戴手扎抓扶手，大量协助固定左手肘于台面，正抓勺子，将勺子保持在中线，经常能自己将食物放到嘴里 8.4 能经常独立咽下食物	8. 巩固进餐、进饮的能力 8.1 左肘戴手扎，独立地左手抓扶手正确坐于台前；用胶圈固定右肘关节，在家长协助下反握加粗的勺柄，有时能用勺舀饭 8.2 于8.1姿势，保持头居中，有时能在大量协助下把饭送到嘴里

第二章 评估与制订目标 实践篇

续表

功能项目/范畴	现有的能力/困难	学习目标		
^^	^^	长期目标	短期目标（一） 2010年5月22日	短期目标（二） 2010年8月24日
如厕	能力：需要家长全面协助 困难：不能运用基本动作模式，如伸直手肘、抓握、中线位、髋关节屈曲、躯干转动等	9. 巩固如厕能力	9. 巩固如厕能力 9.1 双手肘戴手扎抓握梯背架，在成人的大量协助下，能经常维持站立让成人协助脱裤子 9.2 双手肘戴手扎抓握梯背架，在成人的大量协助下，能有时维持坐于马桶上的姿势	9. 巩固如厕能力 9.1 双手肘戴手扎抓握梯背架，在成人的少量协助下，能有时维持坐于马桶上的姿势 9.2 双手肘戴手扎抓握梯背架，在成人的大量协助下，能坐在马桶上
梳洗	能力：需要家长全面协助 困难：不能打开手抓毛巾	10. 建立擦手能力	10. 建立擦手能力 10.1 双手肘戴手扎，在家长大量协助下张开手，能经常一手按住毛巾，一手擦	
穿脱鞋袜	能力：需要家长全面协助脱鞋袜 困难：不能保持正确的坐姿，不能打开手抓袜子	11. 巩固脱鞋袜的能力	11. 巩固脱鞋袜的能力 11.1 在大量协助下保持坐位姿势，经常能呈4字脚坐位，在成人协助下抓住鞋跟脱去鞋子 11.2 在大量协助下保持坐位姿势，经常能呈4字脚坐位，在成人协助下拉袜头脱去袜子	11. 巩固脱鞋袜的能力 11.1 靠墙保持长坐位，一位成人协助儿童呈4字脚坐位，经常能独立地拉袜头脱去袜子 11.2 靠墙保持长坐位，一位成人协助儿童呈4字脚坐位，偶尔能独立握住脚跟脱去鞋子
穿脱衣服	能力：需要家长全面协助 困难：不能打开手抓衣服，不能伸手肘			

147

续表

功能项目/范畴	现有的能力/困难	学习目标		
		长期目标	短期目标（一） 2010年5月22日	短期目标（二） 2010年8月24日
认知	能力：能理解复杂的指令，能够独立数数 困难：对空间、颜色等概念模糊，不认识简单的汉字等	12.增强数的概念 13.增强颜色、形状及空间概念 14.建立语文的概念	12.增强数的概念 12.1 经常能独立数1～50 12.2 经常能在口头提示下认识数字1～10 12.3 有时能在口头提示下完成1～10的数字与量的匹配 13.增强颜色、形状及空间概念 13.1 经常在口头提示下说出常见物件的颜色（黄、黑、白、红、绿、蓝、紫等） 13.2 经常在口头提示下说出常见的形状（圆形、三角形、正方形等） 13.3 在指令下，有时能正确分辨自己的左/右	12.增强数的概念 12.1 经常独立辨别数字1～30 12.2 经常独立对30以内的数字正确排序 12.3 经常独立心算10以内的加法 14.建立语文的概念 14.1 经常在口头提示下认读与主题有关的简单的汉字 14.2 经常在口头提示下进行图片与简单字的配对
沟通	能力：理解能力正常，能够进行词语和短句表达 困难：表达时不连贯、不清晰	15.扩展对语言的理解能力 16.增强语言的清晰度	15.扩展对语言的理解能力 15.1 经常能明白含4～5个元素的口头指令 15.2 经常能依正确的次序排列3～4幅有连续性关系的图片 16.增强语言的清晰度 16.1 在口头提示下，经常能较清晰地说两个字的词 16.2 在口头提示下，有时能较清晰并连贯地说主谓结构的短句	15.扩展对语言的理解能力 15.1 经常能遵守含3～5个指令的命令 15.2 听同一个故事2次后，经常能独立说出故事里的人物，并能够复述故事里的事件 15.3 经常能在口头提示下排列3～4幅程序图 16.增强语言的清晰度 16.1 在口头提示下，偶尔能清晰并连贯地说主谓宾结构的短句

第二章 评估与制订目标 实践篇

续表

功能项目/范畴	现有的能力/困难	学习目标		
		长期目标	短期目标（一） 2010年5月22日	短期目标（二） 2010年8月24日
社交	能力：会说"谢谢"等礼貌用语 困难：不会在相应的场合使用礼貌用语	17. 扩展与同伴的玩耍技巧 18. 扩展社交活动时礼貌用语的使用能力	17. 扩展与同伴的玩耍技巧 17.1 在与其他儿童一起玩耍时，经常能在口头提示下与他人分享玩具 17.2 在口头提示下，经常能主动要求同伴一起玩耍 17.3 在口头提示下，能有时进行假想活动，如购物时讨价还价 18. 扩展社交活动时礼貌用语的使用能力 18.1 在口头提示下，经常在得到帮助的时候说"谢谢" 18.2 在口头提示下，经常在请求帮助时说"请"	17. 扩展与同伴的玩耍技巧 17.1 在看管下，有可能与2~3位儿童共同参与合作性的游戏10~20分钟 17.2 在需要借取他人物件时，经常能先得到他人的允许才用其物件 18. 扩展社交活动时礼貌用语的使用能力 18.1 在需要别人帮忙的情况下，经常能用"请" 18.2 在不同的社交情境下，经常能使用恰当的礼貌用语表示邀请、感谢、歉意等
家长工作重点	1. 增强与家长的沟通（理念、儿童的发展目标、教学计划及相关的规章制度） 2. 增强家长引导儿童的能力			

评估分析及目标制订（范例3：浙江康复医疗中心）

姓名：易××   性别：女   出生日期：2004-9-21   小组：学前组

目前程度：学习程度：正常   体能程度：GMFCS：Ⅱ   MACS：Ⅱ

入院日期：2010-07-26   制订日期：2010-08-10   离院时间：2011-02-11

小组组长：×××

功能项目/范畴	现有的能力/困难	学习目标		
		长期目标	短期目标（一） 2010年08月10日	短期目标（二） 2010年11月11日
席上活动	能力：独立在地席上完成各种体位转换，但姿势异常 困难：长坐位时呈圆背状，不能将膝关节伸直	1. 增强徒手跪走及平衡能力	1. 增强徒手跪走及平衡能力 1.1 在口头提示下，有时能双手互握，身体挺直，维持身体平衡，向后跪走5~6步	

续表

功能项目/范畴	现有的能力/困难	学习目标		
^	^	长期目标	短期目标（一） 2010年08月10日	短期目标（二） 2010年11月11日
坐	能力：可独坐			
站	能力：可独自站立，但姿势异常 困难：头及躯干不能保持在中线，手肘不能伸直	2.扩展站立及平衡能力	2.扩展站立及平衡能力 2.1 头及躯干保持在中线，双手互握，手肘伸直，能经常双脚踩实地，膝伸直，徒手维持站立3~4分钟 2.2 头及躯干保持在中线，双手互握，手肘伸直，经常能自行将左/右脚踏上木凳，并单脚维持站立平衡3~5秒	2.扩展站立及平衡能力 2.1 头及躯干保持在中线，双手互握，手肘伸直，双脚踩实地，膝伸直，徒手维持站立位，能经常在受较小外力时不摔倒 2.2 头及躯干保持在中线，双手互握，手肘伸直，能双脚踩实地，膝伸直，徒手维持站立位，能经常在受较大外力时一只脚向前迈一步以免摔倒
行/位置转移	能力：独自步行5步以上 困难：姿势异常，平衡能力较差，位置转移时借助辅助器具，躯干转动不完全，重心转移能力差，髋关节屈曲、内旋	3.扩展徒手步行及平衡能力 4.扩展体位转换的能力	3.扩展徒手步行及平衡能力 3.1 在家长看护下，能经常双手互握，脚跟踩实在凹凸不平的软垫上向前步行20步而不摔倒 3.2 在家长少量协助下，有时能双手互握，脚跟踩实向前步行5米左右 4.扩展体位转换的能力 4.1 在口头提示下，偶尔能完成站到蹲、蹲到站的转换	3.扩展徒手步行及平衡能力 3.1 在家长看护下，双手互握，脚跟踩实在平地上走，家长叫"停"时，能经常向前迈两步停下，保持站立不摔倒 4.扩展体位转换的能力 4.1 在家长看护下，能有时徒手完成站到蹲、蹲到站的转换
上下台阶	能力：双手扶栏杆两步一级上下台阶 困难：姿势异常，躯干转动不完全，重心转移能力差，髋关节分离运动不完全	5.增强上下台阶的能力	5.增强上下台阶的能力 5.1 在口头提示下，有时能一手扶栏杆两步一级上/下10厘米高的台阶走2层楼	5.增强上下台阶的能力 5.1 在家长看护下，能经常一手扶栏杆两步一级上/下10厘米高的台阶走4~5层楼 5.2 在保护下，能偶尔徒手两步一级上5厘米高的2~3级台阶

第二章　评估与制订目标 实践篇

续表

功能项目/范畴	现有的能力/困难	学习目标		
^	^	长期目标	短期目标（一） 2010年08月10日	短期目标（二） 2010年11月11日
上肢活动	能力：可独自写汉字、使用剪刀 困难：腕关节不灵活	6. 扩展书写能力	6. 扩展书写能力 6.1 在口头提示下，能经常维持腰背挺直的坐姿以正确执笔方法书写 6.2 在口头提示下，能经常以正确的书写顺序写结构简单的汉字	6. 扩展书写能力 6.1 在口头提示下，能经常以正确的书写顺序写上下/左右结构的汉字
进食	能力：独自使用勺子进食 困难：有狼藉，不能一手扶碗同时另一手使用勺子进食	7. 扩展进餐能力	7. 扩展进餐能力 7.1 在环境提示下，能经常保持整洁，不掉饭菜 7.2 能经常独自一手扶碗，另一手使用筷子进食整餐	
如厕	能力：需成人少量协助 困难：坐落马桶时需用双手扶持代偿髋关节的屈伸和躯干的旋转	8. 扩展如厕能力	8. 扩展如厕能力 8.1 能经常不用手扶持而独自上下马桶 8.2 在口头提示下，能完成大部分便后的清洁活动	8. 扩展如厕能力 8.1 在成人看护下，能经常完成便后的清洁活动
梳洗	能力：独自刷牙，洗脸 困难：腕关节不灵活			
穿脱鞋袜	能力：独自穿脱鞋袜 困难：坐位时搭4字脚，着力脚不能踩实			
穿脱衣服	能力：独自穿脱衣裤			

续表

功能项目/范畴	现有的能力/困难	学习目标		
^	^	长期目标	短期目标（一） 2010年08月10日	短期目标（二） 2010年11月11日
认知	能力：能指物算10以内的加减法，能认读学过的汉字 困难：不能拼读汉字	9.巩固拼读汉字的能力 10.扩展认读汉字的词汇量	9.巩固拼读汉字的能力 9.1 在口头提示下，能认读声母和韵母 9.2 能有时拼出单音节的汉字，如"si" 10.扩展认读汉字的词汇量 10.1 能经常正确认读常见的简单汉字	9.巩固拼读汉字的能力 9.1 在口头提示下，有时能正确按音调读拼音，如"mā má mǎ mà" 10.扩展认读汉字的词汇量 10.1 在口头提示下，有时能根据拼音学习汉字
沟通	能力：能完整叙述含有主谓宾成分的较复杂句子	11.扩展语言表达能力	11.扩展语言表达能力 11.1 能经常连贯地讲述/复述简短的故事 11.2 能背诵较复杂的儿歌	11.扩展语言表达能力 11.1 能有时主动地问陌生字句的含义 11.2 当被问"假如……，会……"形式的问题时，有时能做适当的推测，如"假如家里失火，你会怎么办？"
社交	能力：能表达自己的内心感受，能主动与人交流 困难：融入普通儿童的学习环境	12.扩展与同伴玩耍的能力 13.扩展社交礼貌用语的使用能力 14.增强与成人的交往能力	12.扩展与同伴玩耍的能力 12.1 与其他儿童玩耍时，能经常主动邀请或与之进行互动游戏 12.2 能在少量口头提示下，带领小组游戏 13.扩展社交礼貌用语 13.1 在需要别人帮忙时，能经常主动用"请" 13.2 在不同的社交情境，能经常用恰当的礼貌用语表示邀请、感谢、歉意等 14.增强与成人的交往能力 14.1 在见到熟悉的成人时，能经常主动打招呼	12.扩展与同伴玩耍的能力 12.1 在与同伴玩耍时，能说出同伴的长处（欣赏别人的能力） 12.2 在与同伴游戏时，经常能带领同伴遵从游戏规则 14.增强与成人的交往能力 14.1 在遇到陌生人来房间时，有时能主动询问"您是谁？""您找谁？"
家长工作重点	1.增强与其他家长的沟通 2.增强家长与儿童正面沟通的技巧，提升儿童的自我形象			

附录 2.2.7

幼儿学期训练短期目标进度记录表

儿童姓名：		组别：	学习程度：			体能程度：	
GMFCS：			MACS：			组长：	
短期目标 \ 日期		进度					
1. 大肌能							
2. 精细活动							
3. 自理活动							
4. 沟通							
5. 认知学习							
6. 社交							

进度评分："＋"完全达成，"－"未能达成，"＋/－"部分达成，注明达成的部分

附录 2.2.8
小组目标及关键目标（范例：浙江省残联康复指导中心）

目标	母婴组		
	日期：2010 年	推行半年	负责人：× 老师
小组目标	一、体能 1. 增强头部控制能力 2. 建立平衡坐位能力 3. 建立扶梯背架站立的能力 4. 建立在地席上的体位转换能力 二、精细活动 1. 扩展儿童伸手取物的能力 2. 扩展通过伸手抓握、放松将物体放到指定容器内的能力 3. 扩展双手在中线的互握能力 三、生活自理 1. 建立进饮能力 2. 建立如厕能力 四、语言/沟通 1. 建立单音回应他人呼唤的能力 2. 建立重复他人发出的声音的能力 五、认知 1. 建立探索新鲜事物的兴趣 2. 建立身体的概念 3. 建立共同专注的能力 六、社交 1. 建立与人交往时做出不同回应的能力 2. 建立与照顾者分离后能独自玩耍的能力		
关键目标	1. 建立家长上课辅助儿童的方法 2. 协助家长与儿童建立自然互应的关系		

目标	幼儿组		
	日期：2010年	推行半年	负责人：×老师
小组目标	一、体能 1. 巩固基本动作模式（主要是中线位置的发展、固定） 2. 改善各关节的活动度 3. 增强各组肌群的肌力 4. 建立/巩固坐位活动能力 5. 建立/巩固独立推梯背架步行活动的能力 6. 建立各体位的转换能力 二、手部运动 1. 巩固双手的抓握、放松的能力 2. 建立/巩固操控玩具的能力 3. 建立涂画能力 三、生活自理能力 1. 建立脱鞋袜的能力 2. 建立如厕能力 3. 建立/巩固进餐、进饮能力 四、语言 1. 巩固/增强对复杂指令的理解能力 2. 增强口肌的控制能力 3. 巩固运用发音/动作表达的能力 4. 增强语言的清晰度 五、认知 1. 建立语文概念 2. 建立数学概念 六、社交 1. 巩固/增强在社交活动中运用礼貌语的能力 2. 建立/巩固在相应的社交活动中运用相应礼貌语的能力		
关键目标	1. 建立解难的技巧和能力 2. 巩固/增强参与活动的主动性		

目标	学前组		
	日期：2010年	推行半年	负责人：×老师
小组目标	一、体能 1. 增强扶梯背架或家具站立的能力 2. 增强在家具间的位置转移能力 3. 建立/增强在不同路面步行的平衡能力及位置转移能力 4. 增强上下楼梯的能力 5. 增强身体的协调能力和伸展能力 6. 增强关节的活动范围 二、手部运动 1. 增强手部的控制能力和协调能力 2. 增强双手操作物体的能力及手指的分化能力 3. 建立/加强写前和写画的技巧 4. 增强使用剪刀的能力 5. 增强涂画的能力 三、生活自理能力 1. 建立/增强穿脱鞋袜和衣裤的能力 2. 增强正确拿勺吃完整餐饭的能力 3. 增强餐后保持清洁的能力 4. 增强洗手和洗脸的能力 5. 建立刷牙的能力 6. 建立/增强整理个人衣物的能力 7. 增强便后清洁的能力 四、语言/沟通能力 1. 增强参与假想游戏活动的能力 2. 建立/增强复述故事和看图讲故事的能力 五、概念 1. 建立/增强数量的概念（指物数数、物与量的配对） 2. 增强对物体属性的认知和分辨能力（如进行大小、高矮的辨认和应用等） 3. 增强对空间位置（以自我为中心和以他人为中心的空间位置）的理解能力 4. 建立/增强语文概念（认读汉语拼音字母，认识基础的汉字笔画） 六、社交 1. 增强社交技巧 2. 增强模仿和带领小组游戏的能力			
关键目标	1. 建立/增强探索能力，包括观察、模仿、比较及分析 2. 建立/增强处理事物的独立性，包括参与常规活动、遵守课堂规则、选择活动等			

第三章　主题的运用

第一节　主题教学介绍

一、什么是主题教学

主题教学是整合课程中按儿童的身心发展需要，使儿童获得完整的学习经验、引发学习兴趣的一种教学模式，被广泛应用于学前教育。

主题教学整合课程是以符合儿童生活经验和兴趣的事物为题材的教学活动；学习的主要意念及概念，会由浅入深，在学习的不同阶段，配合适当的情境，整个过程由浅入深，让儿童反复学习；主题教学是整合各领域学习训练的策略。

二、主题教学在引导式教育中的应用

主题教学在引导式教育中的应用有着重大的意义：能促进儿童全面而均衡地学习，调整个别差异；以具体生活经验为学习基础，拓宽儿童的生活常识，循序渐进地帮助儿童深入了解该主题；应用和配合各范畴的学习，以主题贯穿所有的学习活动。所以，我们在选定主题及设计活动时，要关注儿童的主动发现与参与。

（一）按观察及理解程度选定主题

1.从评估中获悉各组儿童的认知能力及水平。

2.认知能力较高的组别选择常识性、社会性的主题，例如：各种职业、食物、小花草大世界。

3.认知能力较低的组别选择感知性较强的主题，例如：瓶罐乐、盒子乐趣多、可爱的小动物。

（二）配合课堂内容设计主题活动

以主题《盒子乐趣多》为例：

（1）常识课：认识各种各样的盒子，了解盒子的组成和不同功能，认识回收标志，知道盒子可以回收再利用。

（2）坐立课、位置转移课：以盒子堆堆高、盒子搭火车的游戏为重点。

（3）手部课：以装饰盒子、创作不同图案为重点。

（4）体能课：用大盒子制作大山洞，以儿童爬行穿过为重点。

第二节 主题教学的开展与应用

一、如何开展主题教学

（一）规划全年的主题教学活动

活动从孩子的生活经验起步，从孩子最关心的花花草草开始，使孩子在经验的不断积累和深化过程中生成主题。表2.3.1以2010年的全年主题规划为例进行介绍。

表2.3.1　全年主题规划（东莞市残疾人康复中心脑瘫部）

日期	学前组	幼儿组	母婴组
2010.03.01—2010.03.26	美味的食物	美味的食物	宝宝来啦
2010.03.29—2010.04.27	小花草大世界	小花草大世界	能干的宝宝
2010.03.30—2010.04.30	瓶罐乐趣多	瓶罐乐趣多	色彩宝宝
2010.05.03—2010.05.30	各种职业	各行各业	酸酸的甜甜的
2010.06.01—2010.06.25	夏日乐趣多	夏日乐趣多	玩具变变变
2010.09.01—2010.09.30	长大多好	我长大啦	我长大啦
	快乐的中秋节、庆祝国庆节		
2010.10.08—2010.10.29	有电真好	彩色世界	日常用品
2010.11.1—2010.11.26	纸的用处大	盒子真好玩	方方的圆圆的
2010.11.29—2010.12.31	想对你说	蚂蚁王国	暖洋洋
2011.01.3—2011.01.13	过新年啦	过新年啦	过新年啦

（二）按每个主题设计主题课程网络图

以学前教育五个学习领域（语言、科学、社会、健康及艺术）为纲领，综合六大学习范畴（体能、手部、自理、认知、社交、沟通），以下以《盒子乐趣多》《小花草大世界》为例，阐明设计层次（图2.3.1~2）。

第三章 主题的运用 实践篇

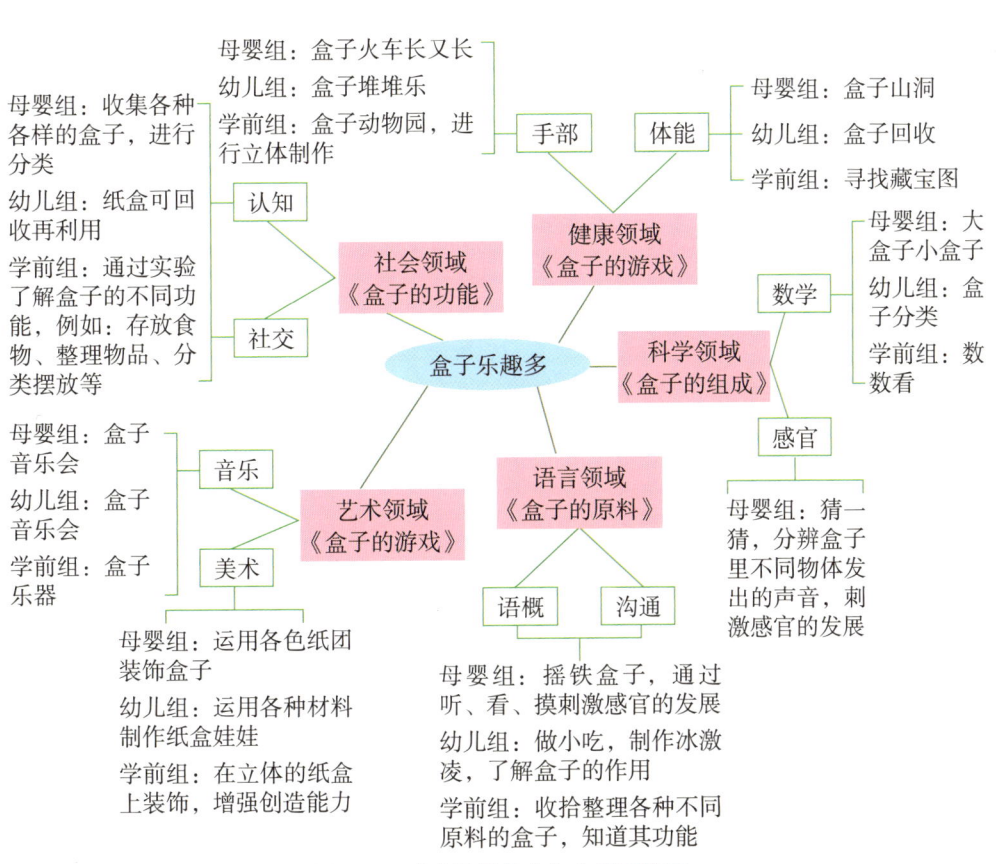

图 2.3.1 《盒子乐趣多》主题网络图

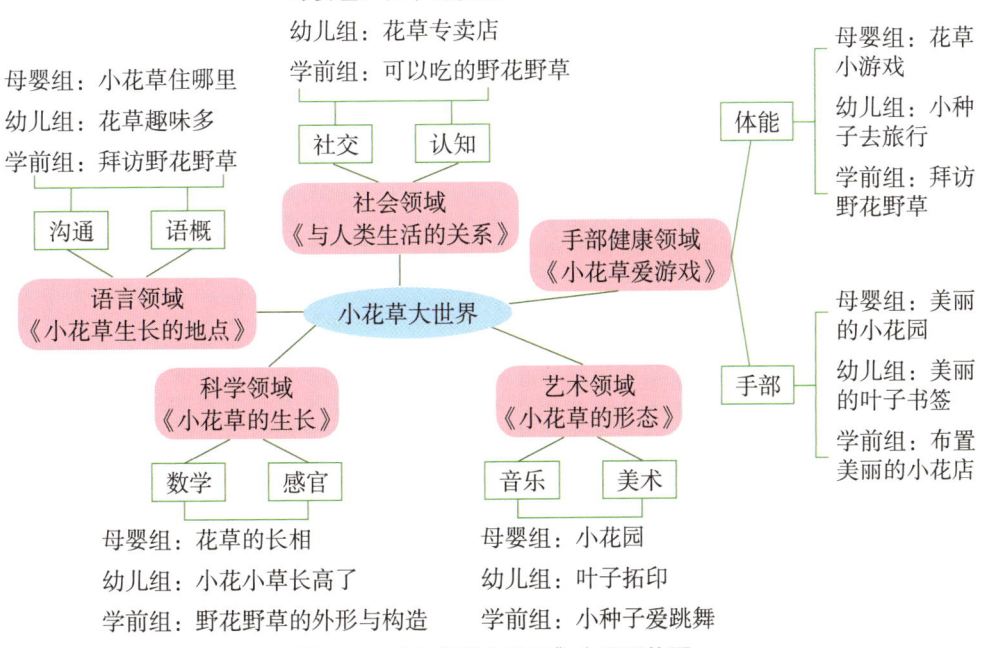

图 2.3.2 《小花草大世界》主题网络图

159

二、主题教学的应用

（一）主题在小组教学中的应用

引导式教育的小组课堂有多种：体能（长台、位置转移、地席、坐立、步行）、手部、社交、沟通、认知、音乐课等，课堂以主题贯穿所有学习活动，使课堂更有学习气氛，儿童在课堂里更有意愿学习，不知不觉地把课堂中的学习内容掌握得更透。

配合各种课堂学习，设计主题活动教案，每个活动教案的设计都包括知、行、意的内容，以《小花草大世界》主题为例，如：社交课——花草专卖店，先订出知、行、意的内容（表2.3.2），再设计活动教案（参考附录2.3.1～2.3.6的主题活动教案和习作程序教案及附录2.3.7和2.3.8课堂设计活动建议）。整个主题在不同课堂推行，课堂主题的内容相呼应，并按一至数周演进（附录2.3.9主题推行计划表）。能力较高的组别（如学前组）约两周更换一个主题，初级能力的组别（如母婴组及严重弱能组）3～4周更换一个主题。

表2.3.2　活动的知、行、意分析

知	认识常见的野花、野草的名字
	认识买与卖的关系，认识被邀请人的名字
	认识花草专卖店
行	知道如何走路去专卖店
	懂得如何邀请别人去专卖店
	知道在专卖店里如何挑选花草
意	有参与布置花草专卖店的意愿
	会感受花草专卖店环境的美感
	能感受参与课堂活动乐趣、挑选花草的趣味

（二）主题教学与教具相结合

引导式教育的主题教学除了课堂程序的设计外，所使用的教具也要多样化，为让课堂变得生动有趣，让儿童主动参与课堂的积极性更高。在寻找或者制作教具的过程中，是以儿童的心智与兴趣、可操作性、安全性为考虑的重点。在整理教具的过程中，先将每月的主题进行分类，再按主题以教具的特性分类整理。

（1）按主题分类，例如：快乐的一家、五官世界、瓶罐乐、盒子乐趣多、小花草大世界、夏日乐趣多等。

（2）按教具的特性分类，例如：手眼协调玩具、基本概念（形状、数量、长度）、身体概念（人形图、布偶、洋娃娃）、假想游戏、感官玩具（质感布料、香料、发光玩具）等。

（3）引导式教育用具：木棒、手扎、脚扎、拳套、胶圈、扶手等。

结语

在引导式教育的主题教学中，可以将教育的理念理解为"用学习的心开启智慧，用艺术的手发现生活"，在每节课的活动中，主题教学活动是开放的，为儿童展现一个广阔的世界，也给从事引导式教育的工作者一个展示自己想象和发挥自己力量的开放空间。

再版资料补充

在第一期的脑瘫儿童引导式教育项目中，各中心录取的脑瘫儿童年龄越来越小。东莞市残疾人康复中心也建立了两个母婴组，积累了课堂设计的经验，此次再版的附录2.3.5及2.3.6收录了王聆芝老师为母婴组设计的主题教学。王老师按照幼儿的发展特质，以多感官渠道设计课堂活动，可供同行参考。

参考文献

[1] 许卓娅，卢美贵. 主题课程·教师用书·前言·大班下. 南京：江苏教育出版社，2006.

附录 2.3.1

主题活动教案范例 1（东莞市残疾人康复中心）

主题名称：小花草大世界　　**课堂名称：**社交课《花草专卖店》　　**小组名称：**幼儿组

幼儿体能程度：GMFCS Ⅰ~Ⅱ　　MACS Ⅰ~Ⅱ　　**课室/地点：**中班教室

组长：×老师　　　　　　　　**时间：**2011年3月　　**幼儿学习程度：**4~5岁

课堂目标	活动室编排
一、肌能目标（M） 1. 增强头部固定的意识（头在中线位、双手伸直抓握、双脚放平踏实）。 2. 增强一手固定、一手操作的能力。 3. 增强步行的能力。 4. 增强手眼协调及双手协调运用的能力。	熙　雯　维　　　引导员 袁　魏　华　蔡
二、活动目标（F） 1. 引导儿童在模拟情境中体验游戏的乐趣。 2. 引导儿童练习扮演不同的角色。 3. 引导儿童学会与他人一起分享。	**教具/家具**
三、其他目标（O） 在家长或阿姨的辅助下，按老师的要求完成课堂活动。	**教具：**剪刀、彩带、邀请卡、布置好的教室一角《花草专卖店情境》。 **家具：**木箱凳7张。

课堂程序
1. 老师在课前先布置好花草专卖店，可让部分儿童一起参与。 2. 老师摇铃示意上课，和儿童一起唱《上课歌》：现在上课，现在上课，双手抓住，脚踏实，屁股移后，腰要伸直，眼睛看着×老师。 3. 坐位常规练习及点名，介绍课堂名称。 老师说：请坐好。 儿童说：我手直腰直脚踏实，屁股向后移一移，眼睛看着×老师。 （老师点儿童的名字，点到名的儿童交叉双手举高，并答"到"） 4. 老师利用情境导入，并请儿童派发邀请卡。 ①老师：今天我的花草专卖店开张了，小朋友想不想来参观？你们知不知道我的花草专卖店里卖些什么东西？ （老师请儿童一起说一说花草专卖店里的东西）

续表

课堂程序
②老师：你们想不想请其他老师也来参观我的专卖店啊？我这里有一些邀请卡，你们把它发给你们想邀请的人，请他们也来参观我的店，好不好？ ③儿童把邀请卡发给想邀请的人，并把他们带到专卖店来，一起参加专卖店的开幕式（图2.3.3、2.3.4） 5. 花草专卖店的开幕式。 ①老师宣布：花草专卖店开幕式正式开始！下面我们请几个老师和小朋友来帮我的专卖店剪彩。（老师给剪彩的人派发剪刀，并在剪彩时合影留念）。 ②老师请剪彩的人说一说剪彩时的感受。 6. 老师请儿童带着自己邀请的人一起参观花草专卖店，并向他们介绍专卖店里的东西（花草书签、花草卡片、小盆栽、插花、花草画、菊花茶、茉莉花茶等）。 7. 老师请一个儿童来当店老板，向买东西的人收钱。 8. 老师请当收银员和买了东西的儿童说说感受和买了什么东西。 9. 课堂结束，下课流程：小朋友排队步行跟自己邀请的人去洗手间如厕、洗手，回课室分角色一起玩花草专卖店游戏。

图 2.3.3　花草专卖店场景

图 2.3.4　花草专卖店活动

附录 2.3.2

习作程序教案范例 1（东莞市残疾人康复中心）

习作名称：手部课《美丽的小花园》　　小组名称：母婴组（小小班）

全组体能程度：GMFCS Ⅰ～Ⅱ　MACS Ⅰ～Ⅱ　全组学习程度：1～2岁

课室/地点：母婴组教室　　推行时段：2010年5月

组长：×老师　　时间：逢周二、五 15：50～16：30

课堂目标	课堂程序（预备、核心及结束阶段）	活动室编排
一、肌能目标（M） 1. 增强基本动作模式的意识，如头在中线位、双手伸手抓握、双脚放平踏实。 2. 增强一手固定、一手操作的能力。 3. 增强伸手至不同位置的能力，如前面、上面、侧面。 4. 增强抓握与放开、伸开手指的控制能力。 5. 建立手眼协调及双手协调运用的能力。	预备阶段： 1. 老师摇铃示意上课。 2. 坐位常规训练：坐好及点名。 3. 上肢及手部热身操：手心手背、心肝宝贝。 4. 手部的感官刺激：拍小巴氏球。 核心阶段： 1. 上肢大动作活动：开小汽车（抓胶圈）。 2. 手部操作。 3. 手眼协调、双手协调。	（活动室编排示意图：家长座位围绕引导员）
二、功能目标（F） 1. 加强扶条台坐好的能力。 2. 建立简单的自理活动能力，如擦手。 3. 建立运用简单辅助器具进行活动的能力。	结束阶段： 1. 由坐位转移至站位。 2. 推梯背架步行至如厕地点。 3. 如厕：一手抓住梯背架，一手穿脱裤子，慢慢坐于便盆，再起来。	**家具及教具** 家具：木箱凳6个，条台2张，扶手3个。 教具：装着沙子的月饼盒6个。
三、其他目标（O） 1. 增强对手部的认识，知道双手可做很多事情，能注视双手操控物品。 2. 能配合主题完成课堂活动。		

第三章　主题的运用 实践篇

课堂程序 （习作/节律性意向、儿歌）	目标	主题运用 《小花草大世界》	个别差异及要求
一、老师敲铃鼓三下，摇铃示意要上课，一起唱《上课歌》	M①		一、唱《上课歌》时，提示儿童一边唱歌一边做好动作
二、坐位常规及点名 律：我伸直双手抓住凳， 　　抓住、抓住。 　我双脚踏实地，踏实、踏实。 　我屁屁移后，1、2、3、4、5。 　我伸直腰，伸直、伸直。 　我眼睛望向老师，望向、望向。 唱《坐好歌》老师点名：×××在哪里？ 儿童举高手答：到，我在这里！ 老师让儿童敲/拍一下铃鼓。	M② F①	儿童保持坐位时，老师出示小红花吸引儿童，告诉儿童表现好就有红花奖。	二、老师点名时，提醒儿童举高患手敲/拍铃鼓，谦、楚、栩、倩、鹏、保等都要发出声音说"到"
三、手部游戏：手心手背拍拍球 律：我伸直手手，伸直、伸直。 　我用力按住条台，按住、按住。 　手心手背，心肝宝贝。 　（重复三次） 　我伸直手手抓住球球，抓住、抓住。 　我用力拍球球，我拍拍拍。 唱歌：左左右右拍球球， 　　左左右右拍球球，拍球球。 　我左手按住球球，按住、按住。 　我右手拍球球，我拍拍拍。 重复动作：右手按球，左手拍球。	M③⑤ O①	老师用摘红花的动作引导儿童进行手部训练游戏（手心手背拍拍球），并表扬儿童做得棒。	三、做游戏时，提示楚、倩、栩的家长给予少量辅助，让儿童尽可能主动完成主题内容，谦、鹏、保的家长给予适当的体能上的帮助。儿童双手拍球时，家长固定住球让其拍球

续表

课堂程序 （习作/节律性意向、儿歌）	目标	主题运用 《小花草大世界》	个别差异及要求
四、上肢运动：开小汽车 律：我伸直手手抓住胶圈， 　　　抓住、抓住。 　我眼睛看着胶圈，看着、看着。 　我举高胶圈过头顶，举高、举高。 　我放平胶圈，放平、放平。 　我放低胶圈，放低、放低。 唱《开小汽车》歌，小朋友一边唱歌一边做开车动作。 五、手部活动：美丽的小花园 师：小手小手在哪里？ 童：小手小手在这里！ 　小手小手拍拍，我把小手举起来， 　1、2、3、4、5。 　小手小手拍拍，我把小手握起来， 　1、2、3、4、5。 　小手小手拍拍，我把小手张开来， 　1、2、3、4、5。 律：我伸直手手按住沙沙， 　　　按住、按住。 　我摸摸摸，我摸摸摸。 　我擦擦手，擦擦手、擦擦手， 　小朋友呀擦擦手。 家长、儿童一起活动： 律：我伸出手指，伸出、伸出。 　我捏住小花小草，捏住、捏住。 　我种花花，我种花花。 　我的小花园种好啦！	M④⑤ F① M①④⑤ F② O① M⑤ F③ O①②	老师用"开小汽车"的游戏，告诉儿童开车去郊外摘小红花。 老师出示已做好的小花园吸引儿童做好动作，老师摘朵小红花给坐得好的儿童，鼓励其他儿童。 老师出示装着沙子的盒子，让儿童看看是什么东西，再让儿童伸出手摸一摸沙子是什么样的感觉。 老师引导家长跟儿童一起做个美丽的小花园，老师示范做小花园的过程，儿童用前三指捏住小花梗，将其不规则地种在沙子里。	四、提醒家长在辅助过程中，一定要儿童拿胶圈时手肘伸直，开汽车时头要抬起，眼睛看着前方，家长尽量少给予辅助。鹏的家长扶着其肘关节辅助完成开车动作。 五、儿童进行操作活动时，楚、栩、保、倩在少量的辅助下可以完成，鹏、谦在多的辅助下可以完成。 老师要求家长在帮儿童用双手摸沙子时，重复摸几遍后再擦干净双手，养成好的卫生习惯。 老师要求家长不能给儿童太多的触体辅助，要教会儿童学习一手固定一手操作。 鹏的小花梗、小草梗要加粗，先学习用五个手指抓住种小花、小草。

第三章　主题的运用 实践篇

续表

课堂程序 （习作/节律性意向、儿歌）	目标	主题运用 《小花草大世界》	个别差异及要求
六、下课流程 推梯背架步行、如厕、吃茶点，老师把儿童做好的小花园展示给大家看，表扬所有的儿童很用心地打扮小花园，也表扬家长们的积极配合。老师请儿童由坐位站起来，推梯背架去厕所如厕。 律：我伸直手手抓住梯背架， 　　抓住、抓住。 　　我屁屁移前，移前、移前。 　　我弯下腰，弯下、弯下。 　　我提高屁屁慢慢站起来， 　　1、2、3，起来啦。 　　我伸直手，我推推推。 　　我踏一步，我踏二步。 　　我站好啦！ 唱《站好歌》 　　我分开脚脚，分开、分开。 　　我左手抓住梯背架，抓住、抓住。 　　我右手抓住裤，抓住、抓住。 　　我用力向下推，我推推推。 　　我右手抓住梯背架，抓住、抓住。 　　我左手抓住裤，抓住、抓住。 　　我用力向下推，我推推推。 　　我屈曲膝头慢慢坐下，坐下、坐下。 唱《向下爬歌》，儿童坐在便盆上。 唱《如厕歌》，儿童如厕。 家长辅助下，儿童如厕完毕，推梯背架步行回到条台座位前坐好，进行茶点活动。	M①②④ F② O①	老师让家长们把儿童做好的小花园展示出来，大家一起欣赏。	六、儿童下课流程，老师要求家长们不要给予大量辅助，楚在家长的看护下自己独立步行到洗手间，并完成如厕。 栩、鹏、保、倩、谦推梯背架步行至洗手间，在家长的提示与辅助下完成如厕。 老师要求家长不要按儿童的意愿去做，有的儿童不愿意坐便盆，也要让其慢慢地适应，养成好的如厕习惯。 如厕完毕，要求家长让儿童步行至条台进行茶点活动。

167

附录 2.3.3

习作程序教案范例 2（东莞市残疾人康复中心）

习作名称：<u>坐立课《盒子真好玩——堆堆高》</u>　　小组名称：<u>幼儿组</u>

全组体能程度：<u>GMFCS Ⅰ～Ⅱ　MACS Ⅰ～Ⅱ</u>　　全组学习程度：<u>3～4 岁</u>

课室/地点：<u>大体能室</u>　　推行时段：<u>2009 年 10～11 月</u>

组长：<u>× 老师</u>　　时间：<u>逢周二、四 10:00～10:40</u>

课堂目标	课堂程序 （预备、核心及结束阶段）	活动室编排
一、肌能目标（M） 1. 加强基本动作模式的意识，如头在中线位，双手伸手抓握，双足踏实放平，躯干伸直坐好。 2. 加强上下肢控制能力。 上肢：如抓握、伸直（屈曲）手肘。 下肢：如伸直（屈曲）膝盖，分开（合拢、抬高、伸直）脚，双脚踏实固定。 3. 加强自我检视良好姿势的意识。	预备阶段： 1. 儿童推凳进入大体能室坐好。 2. 老师摇铃示意上课。 3. 坐位常规训练及点名。 4. 坐位上肢运动：手部游戏。 核心阶段： 1. 凳上团团转。 2. 坐位 4 字脚。 3. 位置转移：坐位→站位。 4. 站位：蹲下起来。 5. 站位：单脚站。 6. 位置转移：站位→坐位。	大体能室： 　　　　家长家长家长 　　家长　　　　家长 老师　□ □ □ □ □ 家长 　　□　　　　　□ 保育员 　　　（引导员）
二、功能目标（F） 1. 加强凳上坐稳的能力。 2. 加强独站与扶家具站立的能力及稳定性。 3. 加强凳上位置转移能力，如凳上团团转、坐位⇌站位。 4. 加强扶梯背架步行的能力。	结束阶段： 1. 老师表扬及鼓励课堂中表现好的儿童。 2. 儿童在辅助者的协助下穿好鞋袜。 3. 儿童分两组（一组扶梯背架，另一组独立步行）排队上洗手间。	
三、其他目标（O） 1. 配合主题教学，提高儿童课堂学习的兴趣。 2. 提高儿童课堂的专注力。		家具及教具 家具：方凳 8 个、胶圈 8 个、梯背架 2 个。 教具：各种不同大小、不同类型的空纸盒子。

第三章 主题的运用 实践篇

课堂程序 （习作／节律性意向）	目标	主题运用 《盒子真好玩——堆堆高》	个别差异及要求
预备阶段： 一、老师摇铃示意上课，儿童数1、2、3一起说：我们上课啦……	M① O②	老师出示各种各样的盒子（有的装吃的、有的装用的、有大的、有小的），吸引儿童玩游戏的兴趣。	
二、坐位常规及点名 律：我伸直双手抓住凳， 　　　抓住、抓住。 　我双脚踏实地，踏实、踏实。 　我屁屁移后，1、2、3、4、5。 　我伸直腰，伸直、伸直。 　我眼睛看着老师，看着、看着。 唱《坐好歌》维持坐姿，老师配字卡点名，要求儿童合起手举高应"到"。	M③ F①	儿童保持坐位平衡时，老师先把一个盒子放在最底部，引导儿童观察盒子怎样放得稳、放得高。	二、坐位时，口头提示儿童坐好，提醒谦、仙保、嘉豪要抬高头，眼睛看着老师；提示灏、仙保双手互握好，维、豪举高手时脚要放平、踏实。
三、坐位上肢运动：手部游戏 游戏1. 上拍拍、下拍拍、左拍拍、右拍拍、前拍拍、后拍拍……两只小手伸出来…… 律：我伸直手，1、2、3、4、5。 　　我举高手过头顶， 　　　1、2、3、4、5。 游戏2. 一边唱 do re mi fa so la xi do，一边做动作：双手按地、按膝盖、按肚皮、按屁股、按躯干、按肩、按头，双手举起来。 律：我分开脚、我按住地， 　　　1、2、3、4、5。 唱歌：《小花狗》维持动作。	F① O①	手部游戏时，老师一个一个地把盒子接着堆上去，引导儿童继续观察，并告诉儿童等一会儿要做一个小司机，开车去同伴家。	三、上肢运动中，拍手时，儿童要一边唱一边做动作，不断提醒儿童做到手肘伸直，跟老师唱节律性意向的歌；触体提示灏双手按住地时，右手的手指要分开按住地；口头提示其他儿童也要把手指分开。

169

续表

课堂程序 （习作/节律性意向）	目标	主题运用 《盒子真好玩——堆堆高》	个别差异及要求
核心阶段 一、凳上团团转：做小司机 律：右脚右脚在哪里？ 　　我分开右脚，抬高分开、分开。 　　我合埋左脚，抬高合埋、合埋。 　　我伸直双手抓住胶圈，抓住、抓住。 唱《小司机歌》。重复动作，分开左脚，合埋右脚。	F③ M②	引导儿童开车到同伴家去找大盒子玩游戏。	四、团团转时，保、谦需要家长告诉其右脚在哪里，维、泽、灏告诉老师右脚在哪里，豪、君需口头提示。
二、坐位4字脚 律：我右脚踏上左腿背， 　　1、2、3。 　　我把右脚爬上左脚膝头。 唱歌：向上爬、向上爬…… 　　（坐好） 　　单击，伸直腰。 　　按二下，脚踏实。 　　按三下，不要动。	M②	保持4字脚动作时，老师引导儿童数一数老师堆了几个盒子（1、2、3、4、5、6、7……）。	五、4字脚时，口头提示家长给予儿童帮助固定好另一只脚，屁股不前移，保持坐位平衡。
三、位置转移：坐位→站位 律：我交叉手，1、2、3、4、5。 　　我屁股移前，1、2、1、2。 　　我弯下腰，弯下、弯下。 　　我抬高屁股慢慢站起来， 　　1、2、3、4、5。 唱《站好歌》，维持站位。	M① F②	老师引导儿童做好动作的同时，要注意盒子堆得高会不会摔跟头；也要注意自己站直，不要摔倒。	六、位置从坐位转移至站位时，口头提示儿童跟着节律性意向做动作。
四、站位：蹲下起来 律：我交叉手，交叉、交叉。 　　我重心移前， 　　1、2、3、4、5。 　　我屈曲膝盖慢慢蹲下， 　　1、2、3、4、5。 唱《小矮人大巨人歌》，动作重复三次。	M② O②	老师引导儿童慢慢欣赏已经堆高的盒子，让儿童一起学习数数盒子堆得有几层高，1、2、3、4、5、6、7、8、9、10……	七、做蹲下动作时，保、谦扶着梯背架做蹲下起来，其余儿童在家长的协助下做这个动作。

第三章　主题的运用 实践篇

续表

课堂程序 （习作/节律性意向）	目标	主题运用 《盒子真好玩——堆堆高》	个别差异及要求
五、站位：单脚站 律：我抬高左脚踏上凳，1、2、3、4、5。 　　我伸直双手按住膝头，按住、按住。 　　我放低左脚，1、2、3、4、5。 　　（重复动作：右脚）	M①	老师总结刚才堆盒子的情况，告诉儿童下课后可以用盒子玩游戏。	八、单脚站时，谦、保扶梯背架单脚站，其余儿童用方凳，口头提示大人帮助将方凳拿到儿童面前。
六、位置转移：站位→坐位 律：我伸直双手按住凳，按住、按住。 　　我伸直膝头做个大山洞，1、2、3、4、5。 念《大山洞、小山洞》儿歌维持姿势。 　　我屈埋膝头慢慢坐低，1、2、3、4、5。 **结束阶段** 老师点评课堂，表扬及鼓励课堂表现好的儿童。儿童在辅助者的协助下穿好鞋袜排队上洗手间，课堂结束。 律：我合埋手，我伸直手， 　　我一步一步向前走， 　　1、2、3、4、5，停。 　　我不看左，不看右， 　　一步一步向前走。	F③ O② F④	老师鼓励儿童上完洗手间后一起用盒子玩堆高比赛，看谁把盒子堆得最高（图2.3.5）。 图 2.3.5	九、站位至坐位时，触体提示保、谦要做到伸直膝盖、手肘。 口头提示其余儿童，做大山洞姿势时保持身体不动。

附录 2.3.4

主题活动教案范例 2（东莞市残疾人康复中心）

主题名称：盒子乐趣多《纸盒回收》　　课堂名称：认知课
小组名称：学前组　　　　　　　　　　幼儿体能程度：GMFCS Ⅰ~Ⅱ　MACS Ⅰ~Ⅱ
幼儿学习程度：5~6 岁　　　　　　　　课室/地点：学前组教室
组长：×老师　　　　　　　　　　　　时间：2010 年 11 月

课堂目标	教具/家具	活动室编排
一、肌能目标（M） 1. 加强头部固定的意识，如头在中线位、双手伸直抓握、双脚放平踏实。 2. 增强一手固定另一手操作的能力。 3. 增强步行能力。 4. 增强手眼协调及双手协调运用的能力。	**教具**：收集大量的饮料纸盒，玩具纸盒，垃圾桶等；回收标志 1 个、布娃娃公仔 1 个、"志愿者"标志 8 个	学前组教室： 家长伊　磊　家长海　家长玲　老师婷　家长堃　豪　家长敏 引导员
二、功能目标（F） 1. 初步认识回收标志，建立盒子是可以回收再利用的意识。 2. 养成爱惜物品的好习惯，形成初步的社会责任意识。 3. 学习将纸盒压扁，加强双手操作的灵活性。	**家具**：木箱凳 8 个，梯背架 2 张 **情境布置**：小公园的一角	
三、其他目标（O） 在家长辅助下，按老师要求完成课堂活动。		

课堂程序

1. 老师摇铃示意上课，和儿童一起唱《上课歌》：现在上课，现在上课，双手抓住（抓住）脚踏实（踏实），屁股移后（移后），腰要伸直（伸直），眼睛看着 × 老师（看着 × 老师）。
2. 坐位常规练习及点名，介绍课堂名称。

老师说：请坐好。

小朋友说：我手直腰直脚踏实，屁股向后移一移，眼睛看着 × 老师。

老师唱《点名歌》：×××、××× 在哪里？坐好了吗？小朋友举高一只手应"到"：我呀在这里，我呀在这里，坐好了，坐好了。

3. 老师讲故事——《淘气的乐乐》，引导儿童思考问题。

老师出示布娃娃，有表情地讲故事《淘气的乐乐》，带出几个问题：a.乐乐扔了满地垃圾，他这种行为对不对？ b.我们应该怎么办？ c.捡回来的垃圾应该怎样处理？

4. 老师带领儿童去公园捡垃圾，回来再讨论纸盒回收问题。

老师让每个儿童带上一个篮子，引导儿童将垃圾捡起来放进一个垃圾桶内，并让儿童观察。当垃圾桶满了后，讨论：还有垃圾，怎么办才节省垃圾桶的空间？

5. 老师介绍回收标志，告诉儿童为什么要将纸盒回收，如何回收？

老师介绍回收标志，问儿童平时在马路上有没有见过垃圾桶上面有个回收标志？

老师让儿童观察已装满垃圾的垃圾桶，老师示范将纸盒压扁后再放进垃圾桶里，看看是否节省垃圾桶的空间？

6. 老师引导儿童把乐乐扔的纸盒捡回来，压扁后放在垃圾桶里。学习压扁纸盒（图 2.3.6）。

图 2.3.6　学习压扁纸盒

7. 老师总结：乐乐的行为是不对的，纸盒可回收再利用，可跟爸妈一起进行资源回收。提醒儿童回收的东西要进行清洁与干燥，以免滋生细菌。
8. 课堂结束，儿童步行去洗手间如厕、洗手。

附录 2.3.5

主题活动教案范例（东莞市残疾人康复中心）

习作名称：手部感知课《掌印处处》　　　小组名称：母婴组（BB 班）

全组体能程度：GMFCS Ⅰ～Ⅴ　CFCS Ⅰ～Ⅴ　　全组智能程度：1 个月～12 个月

课室 / 地点：母婴组教室　　　　　　　　　推行时段：2015 年 10 月

引导员：王聆芝　　　　　　　　　　　　　周二：早上 9:15～9:45

课堂目标	课堂程序 （预备、核心及结束阶段）	活动室编排
一、肌能目标（M） 1. 建立伸直手肘能力。 2. 建立上肢固定能力。 3. 建立 / 巩固打开手掌能力。	预备阶段： 1. 教师摇铃示意上课。 2. 点名。 核心阶段： 1. 手部按摩。 2. 伸手练习。 3. 抓玩米糊。 4. 印手掌。 5. 感知冷热水。	梁宸　梓俊　睿心　矫正椅 俊霖　　　　　　　家豪 站立架　　引导员
二、功能目标（F） 1. 建立用手抓物的能力。 2. 建立放开手的能力。		家具及教具
三、其他目标（O） 1. 建立留意手部及注意手部活动的能力。 2. 用双手接触不同的物料，建立双手的感知触觉能力。 3. 建立听觉和视觉的追踪及专注力。 4. 愿意参与活动，并感受活动带来的乐趣。	结束阶段： 1. 擦手。 2. 唱下课歌，组织如厕流程。	家具：一张条台、一个站立架、一张坐位矫正椅 教具：火龙果汁、湿毛巾、图画纸、护肤露、水盆、小托盘、米糊

第三章　主题的运用 实践篇

课堂程序： 习作/节律性意向	目标	主题运用	个别差异及要求
一、开始阶段 1. 老师准备好上课环境，协助家长辅助儿童在各自的坐位上坐好。 2. 摇铃示意上课，家长引导儿童一起唱《上课歌》： 　现在上课，现在上课， 　伸出双手抓住台，抓住、抓住， 　头头摆正，摆正、摆正， 　腰要伸直，眼睛看着王老师。	O③	关灯，制造黑暗的环境。老师用手电筒照着摇铃，在每个儿童面前摇一摇，让他们听一听、看一看。	梓俊、睿心、梁宸用木箱凳，家豪用坐位矫正椅，俊霖用站立架。 要求家长引导孩子注视及追着光看。
3. 点名 老师用不同玩具进行点名，引导儿童伸直手去拍、拿、摸。	M①②③ F① O①	老师点每个儿童的名字，并给予一种玩具，引导儿童伸手去拍、拿、摸。	要求每个孩子都伸直手来拍、拿、摸。梓俊拍铃鼓，睿心拍琴，梁宸拿布球，家豪摸花，俊霖抓摇铃。
4. 玩玩具，收玩具 老师引导家长辅助儿童玩玩具，并学会放手把玩具送给老师。	M③ F①②	老师辅助家长引导儿童玩玩具，并引导儿童把玩具送回给老师。	梓俊、梁宸玩球，睿心玩琴，家豪玩闪灯，俊霖摇铃。
二、核心阶段 1. 手部按摩 家长用润肤油给儿童按摩手臂和手掌。 2. 玩干玉米粉 老师出示干玉米粉，引导儿童注意后，给每位儿童一份，让家长引导儿童伸出手去抓玩干玉米粉。	O①② M①②③ F①② O①②④	老师出示润肤油，引导儿童伸出手臂，把润肤油滴在儿童手臂上，一边唱歌一边对其进行按摩放松。 老师拿出白花花的干玉米粉，引导儿童来玩，让家长辅助儿童伸直手来玩米粉。	梓俊主动伸出手臂，睿心、俊霖由家长引导伸出手臂，梁宸、家豪由家长辅助伸出手臂。 梓俊、睿心主动玩，俊霖由家长辅助固定手玩，家豪和梁宸由家长抓住手肘去玩。

续表

课堂程序： 习作／节律性意向	目标	主题运用	个别差异及要求
3. 玩玉米粉糊 （1）老师回收干玉米粉后，出示玉米粉糊，引导家长辅助儿童抓玩。 （2）向玉米粉糊中加入红色火龙果汁，家长协助儿童用手将米糊及红色果汁随意地混合在一起，引导儿童注视手部。	M①②③ F①② O①②④	老师引导儿童拍净手上的干粉后，拿出米糊，给每位儿童一份，请家长辅助儿童去抓玩。加入红色的果汁后，引导儿童把果汁和米糊混和在一起抓玩。	梓俊、睿心主动玩，俊霖由家长辅助固定手玩，家豪和梁宸由家长抓住手肘玩。
4. 印手印 每人一张白纸，家长辅助儿童打开手掌将手印印在白纸上。	M②③ O①④	老师拿出印着手形的画，引导儿童把手印印在画纸上。	梓俊主动印、睿心在家长引导下印，俊霖由家长辅助固定手来印，家豪和梁宸由家长抓住手肘印。
三、结束部分 1. 擦手 给每位儿童一条较湿的毛巾，家长帮助其把手擦干净。 2. 唱《下课歌》，如厕 拿出手印简单让儿童看看，唱《下课歌》，进行如厕流程。	O① O④	老师引导家长把儿童的手擦干净，在这过程中引导儿童注意手。	辅助家长引导儿童注意擦手的过程，注视自己的手。

附录 2.3.6

主题活动教案范例（东莞市残疾人康复中心脑瘫）

主题名称：瓶罐乐　　课堂名称：感知《做花洒和沙漏》　　班别名称：母婴组（BB 班）

幼儿体能程度：GMFCS Ⅰ ~ Ⅴ　　幼儿智能程度：1 个月 ~ 1 岁

课室 / 地点：母婴组课室　　负责老师：王聆芝　　时间：2016 年 4 月

活动目标	活动准备	活动过程
A 组：睿心、俊霖、淑娴、芷瑄 1. 通过取和放的方法感受瓶子的重量。 2. 为其提供机会探索瓶子内的物料。 B 组：家豪、梁宸 在成人协助下参与课堂活动。	有孔的瓶子 冰水 热水 常温水 盆 装满沙的瓶子 已染色的沙 托盘	一、上课常规 1. 老师摇铃示意上课："我们上课了！"老师儿童一起唱《上课歌》：我们一起来上课，啦啦啦啦，我们一起来上课，大家请~坐~好！ 2. 坐位常规练习及点名，介绍课堂名称 教师："现在我们准备上课啦，上课前我们先点名。"（老师点名，要求点到的儿童在拍铃鼓的同时要用眼睛看着老师的铃鼓。） 二、基本部分 1. 在有多个孔的空瓶子里先后倒入冷水和热水，让儿童用手触碰水柱  图 2.3.7 2. 让儿童拿起及放下装满沙的瓶子和空瓶子后，家长再将瓶子展过儿童的手部，感受不同的重量。 3. 家长轻摇另一个装入已染色的沙的瓶子（瓶子底部有孔），请儿童用手接着漏出来的沙（瓶子及手放在托盘上），并用双手互相搓干沙。 4. 协助儿童洗手和擦手。 三、唱《下课歌》 现在下课，现在下课，谢谢各位小朋友，谢谢老师，谢谢爸爸，谢谢妈妈，谢谢各位的帮助~ 四、如厕流程
课堂分析		由于找不到干的沙子，课堂中老师只用了不同温度的水做了花洒。儿童在玩花洒的过程中感觉到水的刺激，表现出喜欢，特别是睿心，能完全注视和动手操作，其他儿童也能参与活动。

附录 2.3.7

主题《盒子乐趣多》各班配合各种课堂设计活动建议

一、学前组：常识课《哪里有盒子》

主题目标：知道生活中有各式各样的盒子，能说出它们的名字，了解它们的不同功用。

主题教具：请家长协助儿童收集各式各样的盒子。

活动程序：

1. 老师摇铃示意上课，坐位常规及点名，介绍课堂名称。

2. 老师展示儿童收集到的各式各样的盒子，引导儿童观察各种不同的盒子。

3. 请儿童互相触摸盒子并交流：盒子是什么样的（圆的、方的）？盒子有多大？用什么材料做的（铁的、木的、纸的、塑料的等）？

4. 老师请儿童在集体面前表达自己在收集盒子的过程中，观察各式各样盒子的感受。

5. 老师总结儿童所说所看到的盒子。

6. 最后，请儿童把收集来的盒子放在一个大箱子里。

7. 课堂结束。

二、学前组：手部课《盒子变魔术》

主题目标：

1. 用纸盒和其他材料制作纸盒娃娃、纸盒动物，发展创作想象力。

2. 发展手部操作的灵活性，手眼协调能力。

主题教具：大量大小和形状不同的纸盒，如牙膏盒、饼干盒、饮料盒等；图画纸；彩色笔；颜料；印章；各色卡纸；小圆球；瓶盖；毛线等。

活动程序：

1. 老师摇铃示意上课，坐位常规及点名，介绍课堂名称。

2. 老师出示大量的纸盒并告诉儿童这些纸盒可以变魔术，它们既可以变成一个可爱的娃娃，又能变成一只可爱的小白兔。

3. 老师出示做好的范例纸盒娃娃，拟人化地向儿童问好，引发儿童的兴趣。

4. 老师让儿童观察这些纸盒娃娃都有什么（手、脚、眼睛、嘴巴、鼻子等）。

5. 老师介绍准备好的材料及工具，然后进行纸盒娃娃的制作，示范并指出制作的要点。

6. 请家长协助儿童制作纸盒娃娃，老师提醒能力强的儿童尽量自己完成。

7. 儿童在家长的协助下进行操作，运用各种材料进行粘贴：彩色卡纸拼贴手脚，圆球当头，毛线当头发，在图画纸上用彩色笔涂画，或用盖印、贴贴纸的方式装饰纸盒娃娃漂亮的衣服。

8. 儿童制作过程中，老师进行指导并不断口头提醒儿童要保持良好的坐姿进行手部运动。

9. 作品展示。将儿童的作品一一摆在大家面前，让每位儿童说出制作的感受。

10. 课堂结束。

第三章 主题的运用 实践篇

三、幼儿组：常识课《盒子回收》

主题目标：认识回收标志，学习将纸盒压扁，知道盒子可以回收再利用。

主题教具：收集大量的饮料盒、面纸盒、玩具纸盒、垃圾桶，回收标志1个，布娃娃，志愿者标志。

活动程序：

1. 老师摇铃示意上课，坐位常规及点名，介绍课堂名称。

2. 出示布娃娃，以故事形式带出问题：乐乐扔了满地垃圾，我们应该怎么办？

3. 老师引导儿童将垃圾捡起来放进一个垃圾桶内，并让儿童观察垃圾桶满了后还有些垃圾，怎么办才能节省垃圾桶的空间？

4. 老师引导儿童将纸盒压扁后再放进垃圾桶，看看是否节省垃圾桶的空间。

5. 老师介绍回收标志，告诉儿童为什么要将纸盒回收、如何回收。

6. 老师引导儿童将乐乐扔的纸盒压扁后放在垃圾桶里。

7. 老师总结：乐乐的行为是不对的，纸盒可回收再利用，可跟爸妈一起进行资源回收。

8. 课堂结束。

四、幼儿组：长台课《盒子火车长又长》

主题目标：通过用盒子摆一列长长的火车，引发儿童在长台课堂学习的兴趣。

主题教具：大量各式各样、大小不同的纸盒。

活动程序：

1. 老师摇铃示意上课，坐位常规及点名，介绍课堂名称。

2. 出示各式各样、大小不同的盒子，让儿童知道盒子的用途，如牙膏盒、饮料盒、饼干盒、牛奶盒……

3. 告诉儿童今天我们用这些盒子摆一列长长的火车，然后我们坐上火车去旅行。

4. 老师引导儿童保持每一个习作程序的动作，怎样用盒子摆火车：先摆火车头，再摆火车厢，诱发儿童完成习作程序的积极性及兴趣。

5. 游戏：《我们的火车就要开》习作课堂结束，请儿童排好队，坐上刚搭好的火车去旅行。

6. 课堂结束。

五、幼儿组：坐立课《盒子堆高高》

主题目标：通过堆垒盒子积木游戏，促进坐立平衡能力的发展。

主题教具：大量各式各样、大小不同的纸盒。

活动程序：

1. 老师摇铃示意上课，坐位常规及点名，介绍课堂名称。

2. 出示各式各样、大小不同的盒子，让儿童知道它们都是纸盒。

3. 老师将这些纸盒排在一起，让儿童认识它们：都是我们平时见过的盒子。

4. 老师引导儿童想一想可以用这些盒子玩哪些好玩的游戏。老师示范把盒子堆高，只要堆到盒子不倒下来就可以，也可以玩"建高楼"的游戏。

5.老师让儿童保持每一个习作程序的动作，把一个个盒子堆上去，堆得越高且盒子不倒下来就是最棒的，诱发儿童完成习作程序的积极性和兴趣。

6.老师让儿童在课后或者休息时间可以玩堆高高的游戏，也可以跟同伴合作一起玩。

7.课堂结束。

附录 2.3.8

主题《小花草大世界》各班配合各种课堂设计活动建议

一、幼儿组：常识课《小花草，住哪里》

主题目标：认识几种花草的名称及生长特点，学会念唱儿歌。

主题教具：教学 CD、录音机、几种花草的实物及图片。

活动程序：

1. 老师摇铃示意上课，坐位常规及点名，介绍课堂名称。

2. 老师向儿童展示几种花草的图片，告诉儿童老师去了一个大花园，看到好多美丽的花草，就拍了照片让小朋友认识。

3. 老师引导儿童说出自己的经验，有没有看到过这些小花草，并用自己的语言表达出来。

4. 老师引导儿童了解花草的故事，并向儿童介绍这些小花草的名字及其由来。例如：狗尾草因为长得像狗的尾巴，所以叫"狗尾草"；三叶草因为只有三片叶子，所以叫"三叶草"，如果这种草有四片叶子就叫"幸运草"。

5. 老师介绍这些小花草生长的地方，它们有的住在屋顶，有的住在路边，有的住在花园，有的住在墙角，所以这些小花草是野花野草，它们不怕风雨，生命力很强，喜欢跟小朋友招手问好。

6. 儿童学念儿歌《小花草，住哪里》，边念边跟随老师做摇手动作。

　　　　　　　屋顶、路边和墙角，花草全都来报到，

　　　　　　　随风飘，微微笑，住在一起真热闹。

7. 课堂结束。

二、学前组：长台课《花草猜猜看》

主题目标：通过猜谜语游戏复习几种花草的名称及其生长特点，提高儿童对长台习作课的学习兴趣。

主题教具：几种花草的图片及谜语。

活动程序：

1. 老师摇铃示意上课，坐位常规及点名，介绍课堂名称。

2. 老师告诉儿童今天一起玩个猜谜语的游戏，主要是猜一些花草，看儿童能否记住一些野花野草的名字。分两组进行比赛，看哪一组猜谜语又准又多。

3. 老师让儿童保持习作程序的动作，出一些有关花草的谜语让儿童猜。例如：

叶柄长又长，长圆小叶密，用手碰碰它，叶合把身低。（含羞草）

小小伞兵随风飞，飞到东来飞到西，飞到路边四野里，安家落户生根基。（蒲公英）

牵藤藤，上篱笆，藤藤开花像喇叭，红喇叭，白喇叭，太阳出来美如画。（牵牛花）

4. 老师为两组分别记分，每完成一个习作程序，老师进行总结。哪组儿童猜谜语又多又准确，就进行奖励及表扬。

5. 课堂结束。

三、幼儿组：手部课《小花园》

主题目标：通过涂画、剪贴、盖印等多种方法制作一个小型中心花园，增强儿童的手部操作能力，享受动手制作花园的乐趣。

主题教具：彩色纸、彩色笔、蜡笔、多色颜料、剪刀、旧报纸、水彩笔、双面胶、墙壁上适合儿童高度的粘贴好的大白画纸、花园的图片。

活动程序：

1. 老师摇铃示意上课，坐位常规及点名，介绍课堂内容。

2. 老师带领儿童做双臂双手松弛运动：合拢、向左、向右、举高、按地……

3. 老师带领儿童做手指运动操。

4. 老师出示一幅美丽的花园图片，让儿童欣赏与观察，引发儿童学习的兴趣。

5. 老师告诉儿童今天一起动手做一个美丽的小花园，出示所有材料、工具，让儿童讨论、选择自己将要做花园的什么部分：小篱笆、各种各样的花朵、小草、小蝴蝶……

6. 老师把儿童分成三组：每组小朋友互相配合，合作制作花园的每一部分，第一组制作小篱笆，第二组制作各种各样的花朵与小草，第三组制作蝴蝶、蜜蜂等，家长协助辅导。

7. 老师对每组进行指导，引导儿童用简单的方法做出最好看的花园，家长尽量多口头提示、少动手帮助，调动儿童动手创作的兴趣。

8. 分享活动：请儿童互相欣赏彼此的作品，大家一起在《小花园》作品前合影留念。

四、学前组：坐立课《花草的长相》

主题目标：复习花草的基本构造，知道花草各部位的功能，提高在坐立课的学习兴趣。

主题教具：龙葵草大图片一张，一整株（连根）龙葵草实物。

活动程序：

1. 老师摇铃示意上课，坐位常规及点名，介绍课堂名称。

2. 老师告诉儿童坐立课复习一种小朋友喜欢的、常见的野草的基本构造，并要知道各部位的功能，看哪个儿童在前几天的常识课里曾经认真听讲。

3. 老师让儿童保持工作程序的动作，提示儿童逐一说出龙葵草的构造和各部位的功能。例如：在保持4字脚坐位时，老师可让儿童介绍各部位的功能，根可以抓住土壤并吸收养分和水分，茎输送水分和养分，叶子吸收阳光并进行光合作用，花朵吸引昆虫帮助传递花粉，果实保护种子并有传播种子的功能，种子繁衍下一代。

4. 老师让儿童在课堂上复习花草的基本构造，知道花草各部位的功能。

5. 老师进行总结，课堂结束。

五、幼儿组：社交课《花草小游戏》

主题目标：用花草的茎和叶子做游戏，儿童体验和同伴一起玩游戏的乐趣。

主题教具：一大把连茎带叶的三叶草、一大把连茎带叶的牛筋草，响板、三角铁、沙锤等乐器，教学CD。

第三章 主题的运用 实践篇

活动程序：

1. 老师出示摘来的三叶草、牛筋草，引发儿童的好奇心，并问："小朋友认识它们吗？老师拿这些草来要做什么呢？"

2. 老师告诉儿童要用这两种小草玩游戏，先示范三叶草游戏的方法，说明游戏规则：剥掉三叶草叶柄上的皮，留下三片小叶及叶柄中的细线。一个小朋友抓住一根草柄的末端，叶片朝下，两人同时将三叶草轻轻甩向对方的草柄，让两根草柄缠绕在一起，两人同时用力拉，谁的草先断了，谁就输了。

3. 老师先请一个小朋友合作玩三叶草游戏，看谁的三叶草柄先断，引发儿童玩游戏的兴趣。

4. 请儿童互相选择同伴玩三叶草游戏。

5. 老师接着示范牛筋草的玩法：将一张纸对折后打开，将牛筋草叶子剥下，放在有一道折痕的纸上，儿童对准它发出火车的汽笛声，叶穗会沿着折痕向前跑，谁的叶穗跑得快，谁就赢了。

6. 老师逐一让儿童请自己的好朋友一起玩牛筋草的游戏，让儿童体验和同伴一起玩游戏的乐趣。

7. 儿童学唱歌曲《花草大力士》，边玩游戏边听 CD 学唱歌。

8. 分享活动：老师提供乐器，如响板、三角铁、沙锤，请儿童分享刚才玩游戏的过程与感受，配合教学 CD 的音乐加入乐器表演，让儿童感受音乐的乐趣。

9. 课堂结束。

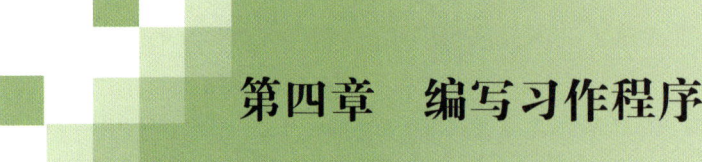

第四章 编写习作程序

第一节 习作程序概说

一、习作程序的要义

习作程序是引导式教育的独特的体能教育方法。其目的是引导脑瘫儿童学会功能生效的动作模式及主动解决功能障碍问题的方法。习作程序按照脑瘫儿童的心智及能力编写，把普通儿童能做的活动拆分成细小的步骤，串联成连贯的动作；并针对脑瘫儿童肌能协调的障碍，把动作加以调整。这些动作与日常生活相关，可以使脑瘫儿童将其应用到日常活动中，如生活自理、位置转移、玩耍及学习等。

有别于一连串的运动练习，习作程序是结合引导式教育的其他元素，如主题、节律性意向等，将动作串联成有目标、有意义的课堂活动。所以，习作程序是以教育策略开展康复训练的，也是康教结合的体现。

二、习作程序的元素

习作程序包含引导式教育的元素，并且有层次地搭配运用。编写习作程序时，须按步骤做出计划（表2.4.1）。

表2.4.1 习作程序各元素编写步骤

元素	编写步骤
1.学习目标	根据该习作程序的特性及小组学习目标，制订肌能目标、功能目标及关联的学习目标。肌能目标是指小组内大部分儿童需学习的基本动作模式、动作协调、肌力与活动幅度。功能目标是指通过该习作程序儿童需学习的功能活动，如位置转移活动、生活自理活动、操作工具等。关联的学习目标是指针对小组的学习需要，通过课堂活动达到的目标，如提高专注力、合作能力、社交沟通或认知能力等。
2.动作	根据已确定的功能目标，把每个活动进行习作分析，一步步分解每个活动所需的基本动作模式，最后把动作串联成流畅的程序。

第四章 编写习作程序 实践篇

续表

元素	编写步骤
3. 认知	习作分析除了分析动作，也分析儿童学做每个活动所需的概念，包括空间、身体部位及动作名称等。例如，翻身活动中，儿童学习由仰卧向左翻身，除了学习上肢、下肢与躯干的协调动作，还需要学习左右概念，对于未有左右概念的儿童，需要强化左右概念的提示才能进行活动。
4. 语言（节律性意向）	为已分析的习作程序编制节律性意向，即设计符合该组儿童心智程度的语言，说出所要进行的动作（即意向或进行动作的意图），在动作进行时通过数数或说儿歌来建立动作的节奏（即节律）。这样把语言与动作相联系，一方面促进动作的协调，另一方面把肌能学习提升到认知的层面，使儿童建立对动作的意识，加强内化及类化能力。
5. 主题	有了以上动作及语言的框架，再运用主题教学的策略，把一连串活动加上意义，提高儿童进行活动的动机。通过主题，也可以将其他范畴的学习整合（关联目标）到习作程序中。
6. 动作诱发	根据儿童的个体差异，选取适合的方法（如口头提示、环境提示、触体提示、触体协助或调适动作的要求等）引导儿童最大程度地主动完成习作。
7. 小组动力	活动的编排尽量利用儿童与同伴及引导员之间的互动关系，增强儿童克服功能障碍的意愿，尽力达到动作要求。
8. 环境	详细规划家具的安排、教具的运用、儿童的座位、房间的设置、人手的编配，使程序流畅，促进儿童专注学习，并达到最大程度的主动参与。环境的编排也要考虑到习作程序结束后的常规活动所需要的环境规划。例如，条台习作程序之后是步行如厕的常规，需要考虑条台的摆放方向和位置，能让儿童下课后有足够的空间排队步行离开教室。

表 2.4.1 参考《引导式教育如何帮助严重弱能儿童》56 页。

第二节 编写习作程序的原则与重点

一、编写习作程序的原则

（1）习作程序虽然以小组形式进行，但是也要针对个别儿童的能力，在每个动作或活动中照顾个体差异，做个别化的调适，包括调整活动的幅度、节奏，改变体位、教具及诱发技巧。因此，编写习作程序前必须了解每个儿童的个别学习目标及困难。

（2）编写习作程序前需了解小组的发展阶段（初期的模糊阶段、中期的成长阶段、后期的成熟阶段）：初期阶段小组习作程序节奏较慢，活动内容就不能太多、太复杂，尽量是小组里大部分儿童能主动完成的；反之，后期阶段小组习作程序的活动内容可以更具挑战性。

（3）需按儿童的能力及活动的难度决定每周习作程序的数量及类别：学习能力高的组别，习作程序数量及类别多；学习能力低的组别，习作程序数量及类别少。

（4）习作程序也是课堂程序，必须包括"预备阶段"、"核心阶段"及"结束阶段"三个环节。其中"预备阶段"包括老师、家长、儿童参与准备环境，儿童预备上课（如脱鞋袜），上课记号，点名，坐姿矫正，与核心活动有关的热身动作；"核心阶段"包括老师提出个别儿童的学习焦点、介绍主题及进行主要的学习内容；"结束阶段"包括给儿童具体回馈，下课标记，下课常规（如说再见、道谢、穿鞋袜），离开教室接续下一学习环节的常规（如排队走向厕所如厕）。"预备阶段"及"结束阶段"与"核心阶段"同等重要，在这两个环节，儿童实施核心活动习得的技巧。

（5）每一个步骤是下一个步骤的预备。例如，从坐至站的习作：坐好→双脚分开踩实预备足够的空间→弯腰拾物预备重心前移双脚负重→站起来。

（6）按个别儿童的学习目标编排个别诱发技巧并调整动作要求。例如，熊站位的保持：膝盖屈曲的儿童需双脚分开踩实，双膝伸直并保持；膝过伸的儿童则需将双脚分开踩实，双膝微屈来控制膝盖。

二、各类型习作程序肌能学习重点

各类型习作程序肌能学习重点如表 2.4.2，关于不同年龄及程度儿童习作程序举例参考附录 2.4.1。

表 2.4.2　各类型习作程序肌能学习重点

类型	肌能学习重点	备注
条台	1. 学习基本动作模式。 2. 仰卧位的活动能力（如翻身、卧位 ⇌ 坐位、上下条台）。 3. 上下肢的伸展能力。 4. 步行前动作的控制能力。	·可以学习抓握条台的木条，适合能力较弱的儿童。 ·仰卧位姿势较易完成者，学习步行前的控制活动。 ·条台活动结束后应进行站立及步行活动。

续表

地席	1. 地席或条台。 2. 能力高者学习从仰卧至站立的活动，如仰卧位→长坐位→侧坐位→四点撑→直跪→单跪→站立。 3. 进行感官功能活动训练。	· 能力较低者，提升席上活动能力。
坐立	1. 坐与站的正确姿势及平衡能力。 2. 凳上活动的能力，如团团转、从凳上转移到地面。 3. 位置转移能力，如从坐凳⇌站立⇌蹲下。 4. 四肢与躯干的协调运动能力。 5. 上下肢的伸展能力。 6. 步行动作的控制能力。	· 进行团团转时，能力低者坐在凳上抓住凳子/梯背架团团转，能力高者扶凳熊站位团团转。
位置转移	1. 姿势转换能力。 2. 位置转移能力。 3. 四肢与躯干的协调能力。	
步行	1. 站立平衡能力。 2. 步行能力。 3. 改善步态。 4. 应付不同路面的能力。	· 布置不同的环境增加儿童步行的机会，以提高其耐力及诱发其正确的步态。
手部技巧	1. 感知及手眼协调的操作技巧。 2. 自理技巧。 3. 玩玩具、使用文具的技巧。 4. 握笔、写字的概念及技巧。	· 在手部活动开始及进行阶段需要不断调整坐姿，儿童只有保持正确的姿势，才能更好地完成手部的功能活动。
口肌训练	1. 降低口腔内部及面部的敏感程度。 2. 下颌活动的能力。 3. 口腔肌肉的活动能力。 4. 舌头活动的能力。 5. 咀嚼及吞咽的能力。 6. 接受不同质感及味道的食物。	· 口肌活动也需要以正确的姿势进行。 · 口肌训练需要每天进行才能有效。 · 口肌训练需与进餐配合，一般安排在餐前进行。

（表2.4.2 参考《引导式教育如何帮助严重弱能儿童》66～68页）

结语

习作程序不是一连串的动作练习，它的最终目的是把所学的技能应用到日常生活中去，所以习作程序需按儿童的需要进行设计，运用主题、儿歌、节律性意向等引导式诱发元素组，通过小组一起学习，激发儿童学习的积极性及模仿能力，提高儿童的体能及认知、社交能力，培养儿童的独立性及解难意识。

再版资料补充

东莞市残疾人康复中心的老师，包括何宝莺、叶晓文、纪海涛、陈润冰和麦晓，编写的习作程序列于附录2.4.2。经过这几位老师的实践，这几个习作程序可供参考。

参考文献

[1] 郑毓君，杨玉珊，何洵美，等. 引导式教育如何帮助严重弱能儿童. 香港耀能协会（前香港痉挛协会），2002.

附录 2.4.1

不同年龄及程度儿童习作程序举例（浙江康复医疗中心）

一、学前一组

学习重点及关键目标

班级：学前一组　　训练日期：2010.3、2010.8　　负责组长：×××

学习重点
1. 加强基本动作模式。
2. 提高自我检查姿势的能力和解难能力。
3. 加强在不同路面上步行的平衡能力（如地梯、斜坡、软垫、直线等）。
4. 加强位置转移及上下楼梯的能力。
5. 加强手部控制能力（如伸手取物握/放，拇指、示指指/按，拇指外展及个别手指的灵活性）。
6. 加强运用手操作玩具及简单用具的能力。
7. 建立学前概念，包括认读拼音、汉字，进行简单的算术。
8. 建立写前/写字技巧：包括书写数字、笔画及简单的汉字。
9. 加强生活自理能力，包括独立穿鞋、用筷进食、如厕等。
10. 加强探索能力，包括观察、模仿及分析。
11. 加强看图讲述图片内容的能力，提高整体语言表达能力。
12. 加强参与各种游戏的技能，包括与成人及同伴的合作能力。
13. 提高在小组活动中的自信心，培养主动参与能力。
14. 建立处理事务的独立性，包括遵守课堂及流程的规则、选择活动等。
关键目标
1. 督促儿童自我检视保持正确的坐、站、步行姿势的能力。
2. 给予充分的时间在生活中练习，尽量鼓励儿童独立完成或在成人少量协助下完成。
3. 增进中心与家长的沟通。加强家长了解儿童的能力及对中心训练模式的理解和认同。
4. 引导员/家长对儿童要有爱心、耐心，多鼓励、引导，少斥责。对儿童的点滴进步应及时给予肯定及表扬。

学前一组各类习作程序设计表举例

（一）步行习作程序

习作名称：步行课　　　主题：小花草大世界　　　小组名称：学前一组

全组体能程度：GMFCS Ⅱ～Ⅲ　　MACS Ⅱ～Ⅲ　　全组学习程度：4～7岁

课室/地点：室内（1366大教室）　　　推行时段：3/10～4/10

组长：×老师　　　时间：40分钟（每周二、四）

课堂目标	课堂程序 （预备、核心及结束阶段）	环境/地方安排
一、肌能目标（M） 1. 加强基本动作模式。 2. 加强双下肢肌力及负重能力。 3. 加强上下肢的控制能力 上肢：伸直手肘、举高、抓握； 下肢：髋、膝、踝的屈/伸，分开、踩实。 4. 加强自我检视良好姿势及课堂专注的能力。	**预备阶段** 1. 老师、家长一起准备上课环境，协助儿童步行至座位坐好。 2. 老师摇铃示意上课，调整坐姿。 3. 坐→站。 4. 点名。 **核心阶段** 1. 维持站立平衡从站→坐。 2. 下肢及踝关节的控制练习。 3. 单脚站立的练习。 4. 迈步的练习（5步曲）。 5. 跨障碍物步行的练习。 6. 站→蹲→站的练习。 7. 站→坐。 **结束阶段** 1. 调整坐姿（老师给予正面回馈）。	
二、功能目标（F） 1. 巩固/加强站立平衡的能力。 2. 加强单脚站立及平衡的能力。 3. 加强步行的控制能力。 4. 加强跨障碍物的能力。 5. 加强位置转移的能力（坐⇌站⇌蹲）。		
三、其他目标（O） 1. 知道花儿的开放需要阳光、水、空气等自然条件。 2. 认读汉字花、水、阳光。 3. 加强独立意识及下课礼仪（排队等候）。	2. 唱《拜拜歌》。 3. 4字脚穿鞋。 4. 排队步行如厕/至下一个教室。	**家具及教具** 家具：木箱凳、梯背架、台阶、障碍物（直径5cm、8cm的木棍）。 教具：植物生长过程挂图一幅、汉字卡片（花、水、阳光）、玩具花盆及花朵构成的小花园、喷水壶（人手1个）。

第四章　编写习作程序　实践篇

课堂程序 （习作/节律性意向）	目标	主题运用	个别调整及要求
一、预备阶段 1. 预备上课　幼儿排队如厕后，自行推凳至安排的位置坐好，4字脚脱鞋。	F⑤ M③		
2. 调整坐姿 例：老师数3声后，小朋友们集体唱歌调整坐姿： 我们开始上课啦， 小朋友们坐坐好。 双手抓住脚踩实， 屁股后移背挺直。 小朋友们坐坐直， 眼睛看着×老师。	M① F④	老师伸出手指来数数，提高儿童课堂专注的能力。 调整坐姿后，老师提问："今天是星期几？"儿童边说边伸手指来表示。	鹏、源用梯背架，其他儿童独立。
3. 从坐→站 我屁股前移，移，移。 我双手互握，1、2、3。 我俯身慢慢站起来，1、2、3、4、5。	F⑤ M①		鹏、源用梯背架，在成人协助下分开双膝；其他儿童徒手在成人少量触体提示下完成。
4. 点名 选站得好的儿童当小班长点名，被点到名的儿童双手互握举高答"到"。	M①④	点完名后提问儿童："这节课上什么课？"	源一手扶梯背架，一手举高答"到"。
二、核心阶段 1. 维持站立平衡 儿歌：《我站得很直》。 此阶段可轻推儿童，并鼓励其中线发展。	F① M①②④	儿童保持站立，老师出示挂图简单介绍花儿生长过程及条件（阳光、水、空气）。	鹏、媛用梯背架，其他儿童独立；格、琰注意膝关节微屈。

191

续表

课堂程序 （习作/节律性意向）	目标	主题运用	个别调整及要求
2. 下肢的控制练习 我左脚屈曲抬高，1、2、3、4、5。 我左脚踩住胶圈，1、2、3。 我竖直胶圈，1、2、3。 我放平胶圈，1、2、3。 我左脚踩实地板，1、2、3、4、5。 （右脚重复以上动作） 结束后儿童捡起胶圈举高给老师。	M②③	和花儿打招呼：鼓励儿童跷高脚尖来触碰不同颜色的花朵贴纸。	鹏、源两旁放梯背架打开抓住，家长协助其脚尖跷高，其余儿童自己主动抬高。
3. 由坐→站 我屁股前移，1、2，1、2。 我双手互握，1、2、3。 我俯身慢慢站起，1、2、3、4、5。	M⑤ M①	保持站立位唱儿歌《小红花》。	鹏、源用梯背架，在成人协助下分开双膝；其他儿童徒手在成人的少量触体提示下完成。
4. 单脚站练习 我双手抓住梯背架，1、2、3。 我重心左移，移，移。 我抬高右脚踩住台阶，1、2、3、4、5。 我左腿伸直，1、2、3。 我膝盖放正，1、2、3。 （儿童数数挑战保持，能力好的儿童可单手扶梯背架） 我左脚跟抬高，1、2、3。 我左脚跟踩实，1、2、3。 我放低右脚踩实地板，1、2、3、4、5。 （左右脚交替重复以上动作）	F② G②③ G①	提问儿童花儿生长的条件，儿童保持单脚站姿势回答问题，找出相关的汉字并举高。	鹏、源、琰、宇、格扶梯背架，帆独立。

续表

课堂程序 （习作/节律性意向）	目标	主题运用	个别调整及要求
5. 迈步练习 我推梯背架，1、2、3。 我重心右移，移，移。 我左脚向前迈一步，1、2、3、4、5。 注：①脚向后屈曲。②抬高。③膝盖伸直脚尖跷高。④脚跟着地。⑤踩实，重心前移。 我推梯背架，1、2、3。 我右脚向前迈一步，1、2、3、4、5。 注：每迈一步需要维持姿势保持平衡（重复以上步骤）	F③ M③ M①	引导员揭开事先用布盖住的花园问："小朋友们，最近天气总是不下雨，花儿没水喝很口渴，怎么办？"（引导儿童说出要给花园的花浇水）。 发给儿童喷水壶，引导其步行至完成。	鹏、源扶梯背架并在成人协助下完成。 琰、格、宇独立扶梯背架完成。 帆独立完成。
6. 跨障碍物步行练习 根据儿童的能力选高低不等的障碍物（直径5cm、8cm的木棍）。	F④	"小朋友们，我们已经到了小花园，可是有栅栏（用木棍或障碍物代替）怎么办？"（引导儿童动脑说抬高脚跨过去）。	帆跨过木棍。
7. 由站→蹲→站的练习 例：保持熊站位唱儿歌《向下爬》 我双手伸直抓住梯背架，1、2、3。 我双手向下爬。 我屈曲膝盖慢慢蹲下来，1、2、3、4、5。 （需控制速度并保持膝盖分开、双脚踩实） 例：保持蹲位唱儿歌《小青蛙》《向上爬》 我双手伸直抓住梯背架，1、2、3。 我重心前移，移，移。 我伸直双腿站起来，1、2、3、4、5。 我双手向上爬。	F⑤ G① G③	"小朋友们，我们慢慢蹲下来给花儿浇水吧！"儿童边浇水边唱儿歌《小红花》。	鹏、源扶梯背架在成人协助下完成。 琰、格、宇徒手在成人触体提示下分开双膝完成。 帆独立完成。

续表

课堂程序 （习作/节律性意向）	目标	主题运用	个别调整及要求
8. 从站→坐 唱儿歌《向下爬》 我双手向下爬。 我慢慢坐下来。	F⑤ M①		鹏、源扶梯背架在成人协助下完成。 琰、格、宇徒手在成人触体提示下分开双膝完成。 帆独立完成。
三、结束阶段 （1）调整坐姿（课堂回馈）。 （2）集体4字脚穿鞋。 （3）集体坐→站，双手举高唱《拜拜歌》。 （4）排队步行如厕。	F⑤ M③ O②	儿童完成任务，集体回到座位坐好（引导员模仿花儿的语气谢谢儿童，并给予奖励）。	帆带队。

第四章　编写习作程序　实践篇

（二）体位转移习作程序

习作名称：**体位转移课**　　主题：**小花草大世界**　　小组名称：**学前一组**

全组体能程度：**GMFCS Ⅱ~Ⅲ　MACS Ⅱ~Ⅲ**　　全组学习程度：**4~7岁**

课室/地点：**室内（1366大教室）**　　推行时段：**3/10~4/10**

组长：**×老师**　　时间：**40分钟（每周一、三）**

目标	课堂程序 （预备、核心及结束阶段）	环境/地方安排
一、肌能目标（M） 1. 加强基本动作模式。 2. 加强双下肢肌力及负重能力。 3. 加强髋、膝关节的控制（屈曲/伸直）能力。 4. 加强腘绳肌及跟腱的牵拉能力。 5. 加强自我检视良好姿势的能力。 二、功能目标（F） 1. 加强站立及平衡能力。 2. 加强坐凳→地席、站→蹲→地面的能力。 3. 加强团团转（熊站位、直跪位）、跪行的能力。 4. 巩固保护性支撑的能力。 三、其他目标（O） 1. 学习花的构造，认识相关的汉字（根、茎、叶、花）。 2. 学习花的拼图（四幅）。 3. 加强独立意识及课前课后礼仪（排队等候）。	**预备阶段** 1. 老师、家长一起准备上课环境，协助儿童步行到座位坐好。 2. 老师摇铃示意上课，调整坐姿。 3. 坐→站。 4. 点名。 **核心阶段** 1. 维持站立平衡。 2. 坐凳至熊站位（保持）。 3. 熊站位团团转。 4. 熊站位（弓步练习）→单跪→双膝跪。 5. 双膝跪位团团转。 6. 直跪行走。 7. 直跪→站立→蹲位。 8. 蹲位→四点支撑倒退至坐位。 **结束阶段** 1. 调整坐姿（老师回馈）。 2. 唱《拜拜歌》。 3. 4字脚穿鞋。 4. 排队步行如厕/至下一个教室。	家长儿童 ○ 第一引导员 **家具及教具** **家具**：地席、梯背架、木凳。 **教具**：花的构造图、拼图及汉字（花根、花茎、花叶、花朵）。

课堂程序 （习作\节律性意向）	目标	主题运用	个别调整及要求
一、预备阶段 1. 预备上课 儿童排队如厕后，自行推凳至安排的位置坐好，4字脚脱鞋。	O③ M①		鹏、源用梯背架。
2. 调整坐姿 老师数3声后，集体唱歌调整坐姿。 例：我们开始上课啦，小朋友们坐坐好；双手抓住脚踝实，屁股后移背挺直；小朋友们坐坐直，眼睛看着×老师。	M①⑥	老师伸出手指数数，提高儿童课堂专注的能力。	
3. 集体坐→站，点名 我屁股前移，移，移。 我双手互握，1、2、3。 我俯身慢慢站起来，1、2、3、4、5。 （选站得好的儿童当班长来点名，被点到名的儿童双手互握举高答"到"）。	F② M①③	点名之后，让儿童用加减法计算班上的男生数、女生数及总人数。	鹏、源用梯背架，成人协助分开双膝。 其他儿童徒手在成人少量触体提示下完成。 源一手扶梯背架，一手举高答"到"。
二、核心阶段 1. 维持站立平衡，唱儿歌《我站得很直》 此阶段可轻推儿童，并鼓励其保持中线位。	F① M①⑤	提问今天、昨天、明天分别是星期几，并用数字表示；复习儿歌《小红花》。	鹏、媛用梯背架，其他儿童独立；格、琰注意膝关节微屈。
2. 坐凳位→熊站位（保持） 我推梯背架，推，推。 我屁股前移，移，移。 我抬高屁股站起来，1、2、3、4、5。 我手直脚直站好，1、2、3。 儿歌《钻山洞》。	M②③⑤	儿童保持熊站位，引导员出示一盆花（事先用东西盖住），和儿童一起复习常识课所学花的构造，并学习汉字（根、茎、叶、花）。	鹏、源扶梯背架，其他儿童扶凳子。 格、琰、源膝盖微屈，其他儿童伸直腿。

续表

课堂程序 （习作\节律性意向）	目标	主题运用	个别调整及要求
3. 熊站位活动 向左团团转唱儿歌《团团转》 分开左脚，抬高分开踩实； 并拢右脚，抬高并拢踩实； 大家向左转。	F③ M①③	老师出示汉字"根"，让儿童认读后团团转去寻找植物根的图片。	鹏、源坐凳位团团转，其他儿童熊站位团团转。
向右团团转唱儿歌《团团转》 分开右脚，抬高分开踩实； 并拢左脚，抬高并拢踩实； 大家向右转。		同上，寻找花茎。	鹏、源坐凳位团团转，其他儿童熊站位团团转。
4. 熊站（弓步练习）→单跪→双跪 例：弓步练习 我左脚向后踩实地板，1、2、3、4、5。 我右膝屈曲放正，1、2、3、4、5。 （左脚保持伸直，可轻压能力好的儿童） 我左脚向前踩实地板，1、2、3、4、5。 （另一脚重复以上动作之后继续保持弓步）	F② M④	保持，唱儿歌《小红花》。	帆独立完成，其他儿童由家长协助，鹏、源熊站→蹲位并保持。
例：跪位练习 我右脚跪实地板，1、2、3。 我跪跪直，1、2、3。 我左膝放正，1、2、3。 （单跪保持住，说儿歌或与主题相关的认知） 我左脚跪实地板，1、2、3。 （保持直跪位，说儿歌或进行与主题相关的认知）	F③ M③⑤	继续认读相关的汉字。	鹏、源蹲位→四点支撑→扶梯背架直跪位。 其他儿童独立保持直跪位。

续表

课堂程序 （习作\节律性意向）	目标	主题运用	个别调整及要求
5. 直跪位团团转 我伸直手，1、2、3。 我分开左脚，1、2、3。 我伸直手，1、2、3。 我并拢右脚，1、2、3、 （直至转向老师，此时可保持跪位，练习保护性支撑）	F③ M②③ F④	唱儿歌《团团转》并寻找花叶。	鹏、源四点支撑转，其他儿童在家长少量协助下直跪位团团转。
6. 直跪行走 我推梯背架，1、2、3。 我左脚前移，1、2、3、4、5。 我身体挺直，1、2、3。 我推梯背架，1、2、3。 我右脚前移，1、2、3、4、5。 我身体挺直，1、2、3。 （重复直至到目的地）	F③ M②③	"小朋友们，现在我们已经找到花身上的三个部位了，还缺少一部分，小朋友们知道是哪里吗？"引导儿童说出是花朵，然后跪行去找花朵。	鹏、源四点爬，其他儿童直跪位行走。
7. 直跪→站立→蹲位 我推梯背架，1、2、3。 我重心右移，1、2、3。 我提起左脚踩实地板，1、2、3、4、5。 我推梯背架，1、2、3。 我伸直双脚站起来，1、2、3、4、5。 我站站直，1、2、3。 我膝盖分开慢慢蹲下来，1、2、3、4、5。 （唱儿歌时保持蹲位。可前后左右轻推儿童。内收肌紧的儿童需保持两手放在两膝中间）	F② M②③	跪行至目的地："小朋友，现在我们已经找到花朵了，让我们动手拼成一枝花吧。"儿童蹲位完成拼图。	鹏、源四点支撑爬→蹲位→站立。

第四章　编写习作程序 实践篇

续表

课堂程序 （习作\节律性意向）	目标	主题运用	个别调整及要求
8. 蹲位→四点支撑倒退→坐位 我双手向前爬，1、2、3、4、5。 我双膝跪实地板，1、2、3、4、5。 （向后退） 左脚右手向后退， 右脚左手向后退。 （重复）	F② M②③	互相欣赏，给予奖励后返回座位上。	鹏、源爬回→坐位。
三、结束阶段 1. 调整坐姿（给予回馈）。 2. 4字脚穿鞋。 3. 集体坐→站，双手举高唱《拜拜歌》。 4. 排队步行如厕。	M① O③		帆带队，鹏、源扶梯背架步行。

(三) 手部习作程序

习作名称：**手部写前活动**　　主题：**小花草大世界**　　小组名称：**学前一组**

全组体能程度：**GMFCS Ⅱ～Ⅲ　MACS Ⅱ～Ⅲ**　　全组学习程度：**4～7岁**

课室/地点：**1217（小教室）**　　推行时段：**3/10～4/10**

组长：**× 老师**　　时间：**40分钟（每周二、四）**

目标	课堂程序 （预备、核心及结束阶段）	环境/地方安排
一、肌能目标（M） 1. 加强基本动作模式。 2. 加强上肢各关节的活动性。 3. 加强个别手指（前三指）的灵活性。 4. 加强手眼协调的能力。 5. 加强一手固定一手活动的能力。 6. 巩固腕关节的灵活性。 7. 巩固检视正确坐凳姿势的能力。	**预备阶段** 1. 老师、家长一起准备上课环境，协助儿童步行至座位坐好或在站立架中站好。 2. 老师摇铃示意上课，调整坐姿。 3. 儿童坐→站，保持站好。 4. 点名。 **核心阶段：** 1. 上肢伸展：书写笔画。 2. 手指的精细活动。 3. 手腕的灵活运动。 4. 头部活动。 5. 练习用笔书写：画横线或书写汉字"花"。 **结束阶段**	（环境布置示意图：引导员、家长、儿童位置）
二、功能目标（F） 1. 建立写前的概念及技巧。 2. 巩固/加强正确握笔的能力。 3. 建立在规定范围内书写的能力。		
		家具及教具 **家具**：条台（2条）、木箱凳（6张）、木板（6块）、细的筷子。
三、其他目标（O） 1. 指导家长正确协助儿童的能力。 2. 培养儿童积极主动的性格。 3. 学习与主题相关的汉字。	1. 调整坐姿（互相欣赏，老师给予回馈）。 2. 唱《拜拜歌》。 3. 排队步行如厕，到下一个教室。	**教具**：鲜花、汉字卡片（花）、不同大小的田字格纸张、铅笔、加粗的水彩笔。

第四章　编写习作程序 实践篇

课堂程序 （习作/节律性意向）	目标	主题运用	个别调整及要求
一、预备阶段 1. 老师、家长一起准备上课环境，协助儿童步行至座位坐好或在站立架中站好。			
2. 调整坐姿　老师数3声后，儿童集体唱歌： 我们开始上课啦， 小朋友们坐坐好。 双手抓住脚踝实， 屁股后移背挺直。 小朋友们坐坐直， 眼睛看着×老师。		老师伸出手指来数数，提高儿童课堂专注的能力。调整坐姿后，老师提问今天是星期几，儿童边说边伸手指来表示。	四肢痉挛型儿童使用绑肘扶持，下肢痉挛型儿童独立完成。
3. 坐→站 我屁股前移，移、移。 我双手互握，1、2、3。 我俯身慢慢站起来，1、2、3、4、5。	加强儿童坐→站的转移能力。		
4. 维持站立平衡 儿歌：《我站得很直》 此阶段可轻推儿童，并鼓励其保持中线位。			
5. 点名　选站得好的儿童当小班长来点名，被点到名的儿童双手互握举高答"到"。			
二、核心阶段 1. 上肢的伸展活动 "横"（从左到右） 我双手互握向左伸直，1、2、3、4、5。 我双手向右移——（边移边说）"横"（发音延长），"竖"（从上到下）。			

201

续表

课堂程序 （习作/节律性意向）	目标	主题运用	个别调整及要求
我双手互握举高，1、2、3、4、5。 我双手向下至地板——（边移边说）"撇"（从右肩至左脚）。 我双手放在右肩，1、2、3、4、5。 我双手向下至左脚，1、2、3、4、5。 "竖弯钩"（从上至胸前转弯向右）。 我双手互握举高，1、2、3、4、5。 我双手向下至胸前，1、2、3、4、5。 我双手向右移，1、2、3、4、5。 我用力向上钩，1、2、3。 （边做动作边说）"竖弯钩" 每个笔画重复2~3次。		老师打一谜语引出主题"花"，并出示鲜花卡片及汉字"花"，分解花的笔画，用于书写。	四肢痉挛型儿童使用绑肘完成，下肢痉挛型儿童独立完成。
2. 手指的精细活动 爬树去采花：发给儿童细的筷子（顶端有彩纸花），儿童用前三指轮流向上"爬"到筷子顶端采花。	M③④	老师将顶端粘有彩纸花的筷子发给每个儿童，请儿童用前三指"爬"到筷子顶端采花。	四肢痉挛型儿童在家长协助下完成，下肢痉挛型儿童独立完成。
3. 手腕的灵活运动 将采的花运过河：老师发一张白纸，在白纸上画一条河，宽度随儿童的能力而定。在河的一边定一个点固定手腕，告诉儿童："你在河的这边，等会儿你要跳到河的那边把花运过去。"	M⑥	请儿童将采的花运过河。	

续表

课堂程序 （习作 / 节律性意向）	目标	主题运用	个别调整及要求
4. 眼睛的追视活动 儿童头部保持不动，根据引导员口令用眼睛来看贴在筷子上的不同颜色的花。	M④	将采来的花贴在筷子上欣赏。	
5. 书写汉字"花" 老师先拆分花的笔画并示范，儿童伸出右手示指空写。 儿童握笔书写"花"：家长指导协助，要求儿童边写边说笔画。 6. 儿童调整坐姿，集体认读及空写"花"，展示自己写的字，其他儿童鼓掌给予鼓励。	F②③ M①③④⑤⑦	继续感知及书写汉字"花"。	四肢痉挛型儿童握加粗的水彩笔在家长协助下完成，下肢痉挛型儿童握铅笔或水彩笔独立完成。
三、结束阶段 1. 调整坐姿（老师给予回馈及奖励）。 2. 双手举高唱《拜拜歌》。 3. 集体位置转移，排队步行如厕。			

注意：需不断提醒儿童保持正确的坐姿 / 站姿进行书写。

二、学前二组

学习重点及关键目标

班级：学前二组　　　　训练日期：2010.3 ~ 2010.8　　　　负责组长：× 老师

学习重点
1. 建立/增强处理事务的独立性，包括课堂规则、每日规则。
2. 建立/增强探索能力，包括观察、模仿、分析能力。
3. 增强位置转移、独立步行的能力。
4. 建立/巩固独立上下台阶的能力。
5. 巩固保持良好姿势的意识。
6. 扩展对象概念及巩固学前概念。
7. 建立/增强语文及数学能力。
8. 增强手部控制能力。
9. 建立写前技巧。
10. 增强短句表达能力。
11. 建立/巩固如厕能力。
12. 建立/加强穿脱衣裤能力。
13. 增强独立进食能力。
关键目标
1. 注重儿童的心理健康及性格发展。
2. 创造机会使儿童多参与社会活动，感知周围的新鲜事物。
3. 增进家长与中心的沟通。
4. 协助家长了解儿童的能力并配合中心的训练。

第四章　编写习作程序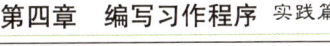

学前二组各类习作程序设计表举例

（一）手部习作程序

习作名称：<u>手部图工活动</u>　　主题：<u>小花草大世界</u>　　小组名称：<u>学前二组</u>
全组体能程度：<u>GMFCS Ⅲ～Ⅳ　MACS Ⅱ～Ⅲ</u>　　全组学习程度：<u>3～5岁</u>
课室/地点：<u>室内（1218）</u>　　　　　　　　　　推行时段：<u>3/10～4/10</u>
组长：<u>×老师</u>　　　　　　　　　　　　　　　时间：<u>40分钟（每周二、四）</u>

目标	课堂程序 （预备、核心及结束阶段）	环境/地方安排
一、肌能目标（M） 1. 加强基本动作模式。 2. 增大上肢各关节的活动度。 3. 加强手抓握、放开的能力。 4. 加强手眼协调的能力。 5. 建立/巩固一手固定一手活动的能力。 6. 巩固前臂、腕关节的灵活性。 7. 巩固检视正确坐凳姿势的能力。 二、功能目标（F） 1. 巩固/加强坐位平衡能力。 2. 加强手部的操控能力。 3. 加强用个别手指捏取物体的能力。 4. 加强在规定区域内涂颜色/印画的能力。 三、其他目标（O） 1. 指导家长正确协助儿童的能力。 2. 培养儿童积极主动的性格。 3. 使儿童感受花儿的美丽。	**预备阶段** 1. 老师、家长一起准备上课环境，协助儿童步行至座位坐好或在站立架内站好。 2. 老师摇铃示意上课，儿童调整坐姿。 3. 点名。 **核心阶段** 1. 传木棒。 2. 木棒操。 3. 手部精细活动。 4. 手腕的精细活动。 5. 操作与主题相关的活动：用颜料印画。 **结束阶段** 1. 调整坐姿（互相欣赏，老师给予回馈）。 2. 唱《拜拜歌》。 3. 排队步行如厕，到下一个教室。	儿童呈L形围坐在条台边，手足徐动型儿童坐在中间。 （环境布置示意图：引导员、家长、儿童位置） **家具及教具** **家具**：条台（2条）、木箱凳（6张）、木板（6块）、木棒（6根）、扶手、绑肘。 **教具**：不同颜色种类的鲜花、布、白纸，不同的颜料、积木（有粗有细）。

课堂程序 （习作/节律性意向）	目标	主题运用	个别调整及要求
一、预备阶段 1. 老师、家长一起准备上课环境，协助儿童步行至座位坐好或至站立架中站好。			
2. 老师摇铃或敲鼓示意开始上课，儿童调整坐姿。 我两手抓住条台，抓住、抓住。 我两脚踩实地板，踩实、踩实。 我屁股后移，移、移。 我腰背挺直，挺直、挺直。 我看着老师，看着、看着。	F① M①⑦		手足徐动型儿童用绑肘、绑带固定手脚。
3. 点名：让小班长来点名，点到的儿童双手互握举高答"到"。		提高儿童课堂专注意识	
二、核心阶段 1. 传木棒 老师示范传木棒，要求儿童打开左手接住木棒，传给右手，再翻转木棒传给旁边的小朋友，儿童边唱儿歌边做传木棒动作。 小朋友传木棒，传木棒， 一只手接啊，一只手传啊， 传得好，传得好。	M③		手足徐动型儿童在家长协助下一手抓握条台固定，另一手接住木棒传递。 下肢痉挛型儿童独立完成。
2. 木棒操 我抓住木棒，1、2、3、4、5。 我伸直双手，伸直、伸直。 我举高木棒，举高、举高（保持）。 我放后木棒，1、2、3、4、5。 我打开手肘（并发a…u…音）。 我举高木棒，1、2、3、4、5。	F① M①②⑦	做完木棒操后介绍主题：引导员出示事先用鲜艳花布盖住的不同颜色的鲜花，吸引儿童专注后立即展现，然后传给儿童看一看、闻一闻，以慢的速度向儿童出示不同的颜料，并预	手足徐动型儿童在家长协助下完成，下肢痉挛型儿童独立完成。

续表

课堂程序 （习作/节律性意向）	目标	主题运用	个别调整及要求
儿歌：《摇小船》。 我把木棒放膝上，1、2、3、4、5。 我左手反抓木棒，抓住、抓住。 我向前伸直双手，伸直、伸直。 我向前竖直木棒，竖直、竖直。 我向右旋转木棒，1、2、3、4、5。 （另一手重复） 我把木棒放膝上，1、2、3、4、5。 我两脚分开踩实地板，踩实、踩实。 我弯腰把木棒放地上，1、2、3、4、5。 （将木棒向前推还给老师）		（接上页）告画画的活动："小朋友们，今天我们要用不同颜色的颜料来画一幅'漂亮的花园'好不好？"激发儿童的兴趣，"但是画画时我们要用正确的姿势。"	
3.练习手指精细活动 儿歌《手指运动歌》： 我双手按住木板，按住、按住（保持）。 我左/右手掌心朝上，1、2、3、4、5。 （左右手各重复5次） 我慢慢握拳，1、2、3、4、5。 我伸出大拇指，1、2、3。 我伸出示指，1、2、3。 （其他手指练习同上）	M④⑥	"画画时我们要用到手，现在一起来活动一下我们的小手指和手腕吧。"	手足徐动型儿童按住保持不动。
4.练习腕关节 我手掌打开按住木板，按住、按住。 我双手背翘高，1、2、3、4、5。 练习左/右手腕的背曲 （家长固定腕关节）			

续表

课堂程序 （习作/节律性意向）	目标	主题运用	个别调整及要求
5. 主题活动——用积木盖印画花 引导员先示范作画，把积木、纸发给儿童，然后请儿童挑选喜欢的颜料。 儿童在家长的协助或指导下作画。 我左手抓住条台，抓住、抓住。 我右手握住积木，握住、握住。 我按、按、按。 （要求儿童一手抓握或按住台板固定，另一手握积木印花） 作画过程中儿童可以相互交换积木和颜料，交换后儿童再用另一只手来印画。 印画完成后请儿童调整坐姿，双手轮流举高画，其他儿童欣赏并鼓掌给予鼓励。 家长协助写上儿童的名字，引导员将画贴在教室的墙上展览。	F①②③④ M①③④⑤ O①②③	引导员把纸、颜料、积木发给儿童："现在请小朋友们动手画一个漂亮的花园吧。"	手足徐动型儿童用掌心握粗的积木（圆柱形）印画。 下肢痉挛型儿童用前三指握细的积木印画。
6. 发毛巾给儿童擦手 我打开左手按住毛巾，按住、按住。 我打开右手，擦、擦、擦。 换一手重复，擦、擦、擦。			
三、结束阶段 1. 调整坐姿（老师给予回馈并奖励）。 2. 集体坐→站，双手举高唱《拜拜歌》或说"拜拜"。 3. 排队流程。			

（二）音乐习作程序

习作名称：音乐律动活动（小红花）　　主题：小花草大世界　　小组名称：学前二组

全组体能程度：GMFCS Ⅲ～Ⅳ　　MACS Ⅱ～Ⅲ　　全组学习程度：3～5岁

课室/地点：室内（小教室）　　推行时段：3/10～4/10

组长：×老师　　时间：40分钟

教学目标	教学活动过程	环境/地方安排
1. 知道花儿的开放需要阳光、水等自然条件。 2. 学唱歌曲《小红花》，并能根据歌曲做动作。	**预备阶段** 1. 老师、家长一起准备上课环境，协助儿童步行至座位坐好或站立架中站好。 2. 老师摇铃或敲鼓示意开始上课，儿童调整坐姿。 我双手伸直抓住凳子，抓住、抓住。 我双脚分开踩实地板，踩实、踩实。 我屁股后移，移、移。 我腰背挺直，挺直、挺直。 我看着老师，看着、看着。 3. 点名：儿童跟着音乐节奏和老师打招呼。 师：×××，你好！ 童：×老师，你好！ **核心阶段** 1. 欣赏歌曲《小红花》： ①老师："春天来了，花园里发生了哪些变化？"儿童自由讨论。 ②老师："春天来了，花园里的花儿都开了。你们知道花儿开放需要哪些条件吗？现在我们一起来听一首歌曲《小红花》。" ③老师播放歌曲《小红花》，儿童欣赏。 2. 讨论： ①歌里唱了什么？ ②小红花的生长需要什么条件？ ③教师总结：植物生长离不开阳光、水等。	教室的座位按半圆形布置。 教室另一边布置春天背景图。 家长 儿童 第一引导员 春天背景图 **家具及教具** **家具**：木箱凳。 **教具**：铃鼓、春天花园背景挂图、《小红花》歌曲、不同律动乐器（小鼓、三角铁、摇铃、小铃铛）。 **歌词**：花园里，篱笆下，我种下一朵小红花；春天的太阳当头照，春天的小雨沙沙下，啦啦啦啦啦，啦啦啦啦啦，小红花张嘴笑哈哈。

续表

教学目标	教学活动过程	环境/地方安排
	3. 学唱歌曲《小红花》： 老师播放歌曲《小红花》，儿童跟着老师一起学唱，并根据歌词内容自由做动作。 4. 活动延伸： 老师问："歌曲里的小朋友自己种的小红花开了，他真高兴呀，你们也喜欢花儿吗？那你们自己也回家种一棵小花好吗？到时候咱们看谁的小花更美丽。"引导儿童去楼下花园种花。 **结束阶段** 1. 调整坐姿。 2. 集体举高双手唱《拜拜歌》。 3. 排队步行如厕。	

三、幼儿一组

学习重点及关键目标

班级：幼儿一组　　　　训练日期：2010.3 ~ 2010.8　　　　负责组长：×××

学习重点
1. 建立 / 巩固小组专注能力。
2. 建立 / 巩固对象概念，包括名称、相关使用方法。
3. 建立基本动作模式，增强保持良好姿势的意识。
4. 建立 / 加强席上坐位及位置转移的能力。
5. 巩固 / 增强步行时使用辅助器具的参与能力与独立性。
6. 巩固 / 增强在平路上步行的平衡能力及位置转移的自主性。
7. 建立各种感官的认知能力。
8. 建立 / 增强对简单指令的理解能力和做出相应反应的能力。
9. 建立 / 增强参与各种课堂活动的常规意识，提高参与课堂的积极性。
10. 巩固在独立或协助下持勺进食及持杯进饮的能力。
11. 建立 / 巩固对手部的意识及触摸、伸手取物、抓握、放手的能力。
12. 建立写前与写画的技巧。
13. 建立如厕控制能力及表示要如厕的能力。
14. 增强营造课堂学习愉快气氛的能力。

关键目标
1. 注重儿童的心理健康及性格发展。
2. 创造机会使儿童多参与社会活动，感知周围的新鲜事物。
3. 增进家长与中心的沟通。
4. 使家长了解儿童的能力并配合中心的训练。

幼儿一组各类习作程序设计表举例

（一）社交习作程序

习作名称：社交游戏《花儿我不摘》　　主题：小花草大世界　　小组名称：幼儿一组

全组体能程度：GMFCS Ⅱ～Ⅲ　MACS Ⅱ～Ⅲ 　　全组学习程度：3～5岁

课室/地点：室内（小教室）　　推行时段：3/10～4/10

组长：×××　　时间：40分钟（每周一次）

教学目标	教学活动过程	个别调整及要求	环境及地方安排
1.感知花的美丽，认识花、茎、叶和根，能够用语言表达花的美丽。	**预备阶段** 1.老师、家长一起准备上课环境，协助儿童步行至座位坐好或站立架内站好。 2.老师摇铃或敲鼓示意开始上课。 3.坐姿调整： 我双手伸直抓住凳子，抓住、抓住。 我双脚分开踩实地板，踩实、踩实。 我屁股后移，移、移。 我腰背挺直，挺直、挺直。 我看着老师，看着、看着。 4.点名：儿童双手互握举高答"到"。		教室中的座位按半圆形排列。教室边放一排花坛（游戏《花儿我不摘》时使用）。 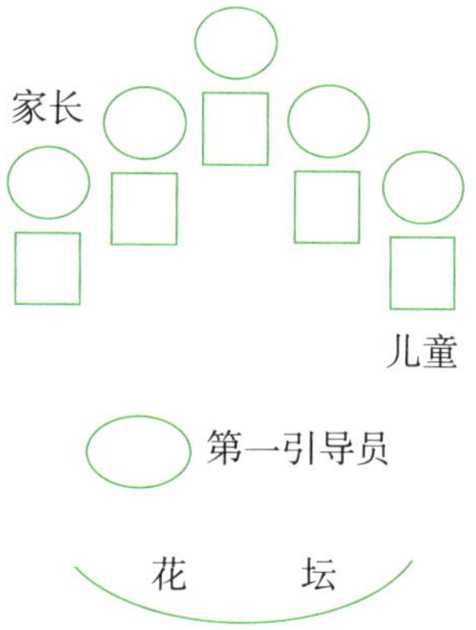 家长 ○○○○○ □□□□□ 　　　　儿童 ○ 第一引导员 花　　坛
2.通过游戏活动教育儿童要爱护花草，花是供人观赏的，不能随便采摘。	**核心阶段** 1.感知花的美丽： ①引导员出示事先准备好的盆景花，用布先盖住，让儿童闻一闻，猜一猜是什么。 ②"小朋友们，这里有哪些颜色的花？" "数一数，有几种颜色的花呢？" "花是什么形状的呢？"（红色、白色、紫色、粉色、黄色，五种颜色的花）"你们看看这盆花和其他花有什么不一样呢？"（一盆上面有许多花，一盆上面只有一朵花）"花儿花儿朵朵开，五颜六色真美丽。"	俊模仿成人一个字一个字地表达。 易能主动回答问题和表达。 楚能进行指认。 鼓励儿童在口头提示下说1～2个字。	**家具及教具** **家具**：木箱凳。 **教具**：铃鼓、盆景花、布、用玩具花制作的花园。

续表

教学目标	教学活动过程	个别调整及要求	环境及地方安排
	2. 和花交朋友： ① "小朋友们我们找找花瓣，闻一闻，香不香？" ② "花朵就像小朋友的小脸一样，它高兴的时候就露出美丽的笑容。" ③ "小朋友，你们看这是花的什么地方？我们轻轻摸一摸长长的花茎。" ④ "这里是花叶，连着花叶和花茎的细细的部分是花枝。" ⑤ "大家看到花根了吗？它埋在哪里呢？"（在泥土的里面）		
	3. 游戏《花儿我不摘》： ①情境表演，另一名引导员扮演小熊去摘花，花儿"呜呜呜"在哭。 ② "小朋友们，小熊这样做对吗？为什么不对？那我们应该怎么做呢？"（爱护花草，不能摘花） ③ "那我们帮花儿去找家吧。"儿童步行去找花茎、花朵、叶子，将这些组成一朵完整的花插入花盆，并给盆景花浇水。 ④引导员小结："公园里和大路旁种了许多美丽的花，让人们观赏它们、爱护它们，小朋友也爱这些花，但我们只能看，不能摘哦。"	易和楚能独立步行做游戏。康和根能在少量触体协助下推凳做游戏。俊在部分触体协助下推凳做游戏。	
	结束阶段 1. 调整坐姿。 2. 集体双手举高唱《拜拜歌》。 3. 排队步行如厕。 课后延伸活动：种子找家（儿童到楼下花坛种花）。	利用晨间流程或起床后流程进行课后延伸活动。	

(二)地席习作程序

习作名称:<u>地席活动</u>　　　主题:<u>小花草大世界</u>　　　小组名称:<u>幼儿一组</u>

全组体能程度:<u>GMFCS Ⅱ～Ⅲ　MACS Ⅱ～Ⅲ</u>　　　全组学习程度:<u>3～5岁</u>

课室/地点:<u>室内(1266大教室)</u>　　　推行时段:<u>3/10～4/10</u>

组长:<u>×××</u>　　　时间:<u>40分钟(每周一、三)</u>

目标	课堂程序 (预备、核心及结束阶段)	环境/地方安排
一、肌能目标(M) 1. 加强中线位固定的意识。 2. 加强上下肢、髋关节的伸展能力。 3. 加强肩、下肢的固定能力。 4. 加强腰背肌的牵伸力量。 5. 加强大腿后侧/内侧的牵伸活动。 6. 巩固自我检视良好姿势的能力。 二、功能目标(F) 1. 加强由坐凳转换至坐地席的能力。 2. 加强在席上位置转移的能力(如大风车翻身、坐→卧、四点支撑→长坐、长坐位团团转)。 3. 加强长坐于地席的能力。 4. 巩固/加强三点支撑/四点支撑及爬行的能力。 三、其他目标(O) 建立独立意识及下课礼仪(排队等候)。	**预备阶段** 1. 老师、家长一起准备上课环境,协助儿童步行至座位坐好或扶站立架站好。 2. 老师摇铃或敲鼓示意课堂开始,儿童调整坐姿。 3. 点名。 **核心阶段** 1. 维持站立平衡。 2. 站立→熊站位→蹲位。 3. 蹲位→四点支撑→三点支撑。 4. 四点支撑→长坐位→长坐位团团转。 5. 长坐位→仰卧位。 6. 仰卧位活动。 7. 仰卧位→俯卧位。 8. 俯卧位→四点支撑爬至坐位。 **结束阶段** 1. 调整坐姿(课堂回馈)。 2. 集体4字脚穿鞋。 3. 集体坐→站、双手举高唱《拜拜歌》。 4. 排队扶梯背架步行如厕或去下一教室。	 **家具及教具** **家具**:梯背架、木凳、方凳。 **教具**:红、黄、绿色大花卡片各1个,红、黄、绿色蝴蝶卡片各6个。

第四章　编写习作程序　实践篇

课堂程序（习作\节律性意向）	目标	主题运用	个别调整及要求
一、预备阶段 1. 老师、家长一起准备上课环境，协助儿童步行至座位坐好或扶站立架站好。			
2. 老师摇铃或敲鼓示意上课，儿童调整坐姿 我双手伸直抓住凳，抓住、抓住。 我双脚分开踩实地，踩实、踩实。 我屁股后移，移、移。 我腰背挺直，挺直、挺直。 我看着老师，看着、看着。	M①⑥		
3. 点名　儿童双手互握举高答"到"。 我屁股前移，移、移。 我双手互握，1、2、3。 我俯身慢慢站起来，1、2、3、4、5。			
二、核心阶段 1. 维持站立平衡 唱儿歌《我站得很直》。 此阶段可轻推儿童，并鼓励儿童中线位发展。	M①	老师出示红、黄、绿色大花卡片和红、黄、绿色蝴蝶卡片各1个，讲述小故事："花园里住着3只美丽的蝴蝶，一只是红色的（舞动红蝴蝶），一只是黄色的（舞动黄蝴蝶），还有一只是绿色的（舞动绿蝴蝶）。它们天天在花园里唱歌、跳舞、做游戏，非常快乐。"（儿童保持动作）	
2. 站立→熊站位→蹲位 我双手伸直按住凳，1、2、3。 我双脚伸直踩实地板，1、2、3。 唱儿歌《钻山洞》并轻压儿童。 我膝盖分开慢慢蹲下来，1、2、3、4、5。 蹲位时前后左右转移重心（注意：足外翻的脚尖要摆正，足内翻的脚尖向外） 唱儿歌《不倒翁》。	M①②③ F①		

续表

课堂程序（习作\节律性意向）	目标	主题运用	个别调整及要求
3. 蹲位→四点支撑⇌三点支撑 儿歌《向前爬》： 四点支撑好， 我左腿向后伸直抬高，1、2、3、4、5。 （先让儿童独立保持5秒，再让家长帮助其前后转移重心） 我左腿跪实地板，1、2、3、4、5。 （右腿重复以上动作）	F⑤ M②⑤	老师引导儿童："有一天，三只蝴蝶正在花园里玩'捉迷藏'的游戏，忽然'哗啦啦'下起雨来，三只蝴蝶想在花姐姐的叶子下面避雨，花姐姐说：'和我颜色一样的蝴蝶请进来吧！'谁愿意帮助三只蝴蝶找到相同颜色的花？" （儿童保持动作） 儿童三点支撑来拿蝴蝶。	
4. 四点支撑→长坐位→长坐位团团转 儿歌《团团转》： 我左手按住右边地板，1、2。 我屁股向左侧坐好，1、2、3、4、5。 我分开左手按住地板，1、2。 我分别伸直双腿，1、2、3、4、5。 我抬高屁股向后坐，1、2、3。	F②③ M②	团团转帮蝴蝶找家。	
长坐位团团转（转身面向老师） 我分开左腿，抬高，分开，伸直。 我并拢右腿，抬高，并拢，伸直。	F② M②		
儿歌《不倒翁》： 我左腿屈曲放平，1、2、3、4、5。 我右腿屈曲放平，1、2、3。 我双手按住膝盖，1、2。 注意：儿童尽量伸直腰背。	M④⑤		
5. 长坐位→仰卧位 我双手按住地板，按住、按住。 我手肘打弯慢慢躺下来，1、2、3、4、5。 注意：儿童躺下来时，双脚不能跷起来。	F②		

续表

课堂程序（习作\节律性意向）	目标	主题运用	个别调整及要求
6.仰卧位活动：单搭桥 我左腿搭在右腿膝盖上，1、2、3。 我膝盖放平，1、2、3。 我屈右脚踩实地板，1、2、3、4、5。 我抬高屁股，1、2、3。 （保持轻压儿童，另一腿重复以上动作）	M④⑤	"小朋友们，去蝴蝶家需要经过一条河，让我们来搭座桥吧！"	能力弱者双搭桥。
7.大风车翻身 我举高右手，举高、举高。 我抬高右脚，抬高、抬高。 1、2、3，翻身。	F② M①		能力弱者先屈一腿踩实，然后翻身。
8.俯卧位→四点支撑→倒爬至坐位 我左腿右手向前爬， 我右腿左手向前爬。	F④	四点支撑位将蝴蝶送到同颜色的花下面。	
三、结束阶段 1.调整坐姿（课堂回馈）。 2.集体4字脚穿鞋。 3.集体坐→站，双手举高唱《拜拜歌》。	O①		

四、幼儿二组

学习重点及关键目标

班级：幼儿二组　　　推行时间：2010.3 ~ 2010.8　　　负责组长：×××

学习重点
1. 建立 / 增强基本动作模式。
2. 建立 / 增强推梯背架步行的能力。
3. 建立 / 增强各体位的转换及位置的转移能力。
4. 建立 / 增强上下楼梯的能力。
5. 维持各关节活动度及各组肌群的肌力。
6. 建立 / 提高双手的操控能力。
7. 建立写前技巧。
8. 建立 / 增强穿脱鞋袜的能力。
9. 巩固 / 增强如厕活动的能力。
10. 建立 / 增强颜色、形状及空间概念。
11. 建立 / 增强语数概念。
12. 增强同伴间的玩耍技巧。
13. 增强社群交往时使用礼貌用语的能力。
关键目标
1. 增强中心与家长的沟通（理念、儿童的目标、教学计划及相关规章制度）。
2. 指导家长协助儿童活动的技巧。
3. 增强儿童稳定地学习及参与流程活动的能力。
4. 建立儿童计划动作及解难的能力。
5. 培养儿童积极主动的性格。

幼儿二组各类习作程序设计表举例

口肌习作程序

习作名称：<u>口肌活动</u>　　　　主题：<u>小花草大世界</u>　　　　小组名称：<u>幼儿二组</u>

全组体能程度：<u>GMFCS Ⅰ～Ⅱ</u>　　　　　　　　　　全组学习程度：<u>2～4岁</u>

课室/地点：<u>室内（小教室）</u>　　　　　　　　　　推行时段：<u>3/10～4/10</u>

组长：<u>×××</u>　　　　　　　　　　　　　　　　时间：<u>40分钟（每周一、四）</u>

教学目标	教学活动过程	个别调整及要求	环境/地方安排
1.巩固正确的坐姿。 2.建立认识自己的名字和对声音回应的能力。 3.面部脱敏。 4.增强合唇能力。 5.加强合唇、发音能力。	**预备阶段** 1.老师、家长一起准备上课环境，协助儿童步行至座位坐好或扶站立架站好。 2.老师摇铃示意上课，儿童调整坐姿，唱《坐好歌》： 我两脚分开踩实地，踩实、踩实。 我双手抓住条台，抓住、抓住。 我屁股向后移，移、移。 我背挺直，直、直。 3.点名：被点到的儿童一手举高答"到"或发"啊"音。 **核心阶段** 1.面部按摩：老师示范，用湿毛巾边按摩边擦额头→鼻梁至面颊→下颏至面颊→口周。 唱儿歌《擦脸歌》： 擦擦脸，擦擦脸， 小朋友们擦擦脸，擦、擦、擦。 2.口周按摩：老师示范，以拇指按人中→地仓→下唇（重复2～3次）。 唱儿歌《按唇歌》。	儿童普遍不会吸气和呼气。 媛能发部分音，臣咬得较好。 媛、阳需反复放置磨牙咬。 艺、媛发"拜 拜"音。	儿童围在条台边坐好。 ○○　○○ ┌──┬──┐ │　　│　　│ └──┴──┘ ○ 第一引导员 **家具及教具** **家具**：条台、凳子。 **教具**：镜子、湿毛巾、压舌板、果酱、带香味的鲜花。

219

续表

教学目标	教学活动过程	个别调整及要求	环境/地方安排
	3. 合唇练习：以上唇闭合为例。老师示范，以拇指、示指向口角方向紧压上唇，回拉上唇，向下拉上唇与下唇闭合。下唇闭合方法同上。（重复2～3次） 4. 舌的训练：家长先准备好一根压舌板并蘸上果酱，放在儿童的嘴角，诱发儿童伸舌来舔。 我用舌尖舔压舌板，我缩回舌头。（重复几次） 要求家长把压舌板分别放至儿童的左右嘴角，诱发儿童伸舌至不同的方向，如果儿童不会伸舌，可用压舌板帮助。 5. 呼吸训练： ①吸气：闻花香（重复几次）。 ②呼气：叹气（重复几次）。 ③呼吸：一边闻花香一边举高双手（胸膈上提），放下双手做叹气动作（重复）。 6. 张口闭口及发音训练： 我张大嘴巴"啊——" 我闭上嘴巴（做咂唇动作）。 （重复几次） 我圆圆嘴巴"哦——" 我闭上嘴巴（做咂唇动作）。 （重复几次） **结束阶段** 1. 伸直手肘，唱《伸直手肘歌》。 2. 唱《拜拜歌》。		

附录 2.4.2

不同年龄及程度儿童习作程序举例（东莞市残疾人康复中心）

课堂习作程序设计表

习作名称：<u>坐立行课</u>　　　　　　　　　　　　　　小组名称：<u>大一班</u>

体能程度：<u>GMFCS Ⅲ～Ⅳ级　MACS Ⅱ～Ⅳ级</u>　　平均智能程度：<u>4 岁</u>

课室/地点：<u>大一班</u>　　主题：<u>拜访大树</u>　　　　推行时段：<u>2015 年 10 月</u>

引导员：<u>纪海涛</u>　　　　　　　　　　　　　　　　时间：<u>周二 15:00</u>

课堂目标	课堂程序 （预备、核心及结束阶段）	活动室编排
一、肌能目标（M） 1. 巩固/加强儿童固定的意识（头在中线，双手伸直、腰伸直、脚放平踏实等）。 2. 增加上肢、下肢、脊柱活动幅度。 3. 巩固/加强双下肢的负重，增强肌肉力量。 4. 巩固/加强自我检视良好姿势的意识。	预备阶段 1. 老师摇铃示意上课。 2. 点名。 核心阶段 1. 坐位常规及平衡训练。 2. 双上肢胶圈活动。 3. 团团转训练。 4. 坐位→立位。 5. 立位→扶走。 6. 扶走→站→大山洞→坐。	俊　健　诺　玥　琪　源　文 H H H H H H H （引导员）
二、功能目标（F） 1. 巩固/加强在凳上坐好的能力。 2. 加强双手抓握的能力。 3. 巩固/加强由坐至站等各位置及重心转移的能力。 4. 巩固/加强扶梯背架站立的能力。	结束阶段 1. 老师表扬及鼓励课堂上表现好的儿童。 2. 儿童在辅助者的协助下进行如厕流程。	家具及教具
三、其他目标（O） 1. 配合主题教学，提高儿童课堂学习的兴趣。 2. 通过活动让儿童懂得种树的步骤，感受种树的乐趣。		家具：方凳 7 张、梯背架 6 个、胶圈 7 个、垫子 7 张。 教具：小树苗 3 棵、装有泥土的小桶 3 个、种树小工具若干。

课堂程序（习作/节律性意向）	目标	主题运用	个别差异及要求
1. 老师摇铃："上课铃声响了。"唱《上课歌》，分别点名，儿童举手拍老师的摇铃应"到"。 2. 坐位常规及平衡训练 律：小朋友们请坐好 （唱《坐好歌》） 3. 举胶圈活动 律：我伸直双手抓住胶圈，伸直、抓住。 我举高胶圈过头顶，举高、举高。 我将胶圈放在颈后面，放好、放好。 （唱儿歌《扮飞机》） 4. 团团转训练 律：我分开左/右手，分开，抓住。 我分开左/右脚，分开，踏实。 我合上右/左脚，合上，踏实。 我合上右/左手，合上，抓住。 5. 坐位至立位 律：我伸直双手抓住梯背架，抓住，抓住。 我屁股向前移一移，1，2，1，2。 我用力向前推梯背架，我推、推、推。 我眼睛看着地下，看着、看着。 我抬高屁股慢慢站起来。 （儿歌《向上爬》） 我双手向下爬， （儿歌《向下爬》） 我屈曲膝盖慢慢坐下来，坐好、坐好。 （重复几次）	M①②③④ F①② M①②③④ F①② M①②③④ F①②③ M①②③④ F①②③④	1. 老师："今天×老师带小朋友去做一件非常有意义的事情，就是种树。" 2. 请儿童边举胶圈边想想种树需要什么工具。 3. 请儿童团团转到旁边找一找种树的工具。 4. 请儿童站起来把种树工具挂到自己的梯背架上。 5. 请儿童走到自己前面用小桶做成的泥坑旁边准备种树。	1. 鼓励儿童主动举手发声应"到"。 2. 文、源双脚绑绑带，保持头抬高坐好；源、文、琪需要口头提示保持端坐位；健、俊、玥、诺独坐。 3. 源、文、琪、诺、玥在部分辅助下完成，老师引导健、俊主动独立完成。注意双手活动时双脚保持踏实地，唱儿歌《扮飞机》同时做双肩外展、内收交替的动作。 4. 要求健、俊、玥在少量辅助下完成团团转，其他儿童在部分辅助下完成。 5. 俊、健在口头提示下完成坐立位转换，文、琪、诺、源、玥在部分辅助下完成坐立位转换。文在部分辅助下站起并保持正确站姿，俊在口头提示下双手抓胶圈独立站好，其余儿童扶梯背架站立并保持正确站姿。

第四章　编写习作程序 实践篇

续表

课堂程序（习作/节律性意向）	目标	主题运用	个别差异及要求
6. 立位→向前踏步（扶走） 律：我推、推、推，踏一步，伸直腰。 　　我推、推、推，踏二步，站起来。 　　（重复几次） 7. 独立站（扶站） 律：请站好。 　　我手直，腰直，脚踏实。 8. 立位至坐位 律：我伸直双手抓住梯背架，抓住、抓住。 　　我双手向下爬（儿歌《向下爬》） 　　我低下头看住脚，看住、看住。 　　（唱儿歌《大山洞小山洞》） 　　我屈曲膝盖慢慢坐下，坐好、坐好。 9. 保持4字脚姿势穿鞋，再从坐位转移至站位，借助辅助器具在家长的辅助下步行去厕所（见整日流程）。	M①②③④ F②③④ M①②③④ F②③④ M①②③④ F②③④	6. 请儿童站好，把种树工具拿下来。 7. 请儿童团团转至面向小桶做成的泥坑坐好，开始拿工具种树。 8. 大家欣赏种好的树，总结课堂表现，表扬课堂上认真努力的儿童，下课。	6. 俊在口头提示下双手抓住胶圈徒步向前走，其余儿童在家长部分辅助下推梯背架向前走。 7. 文在部分辅助下站起并保持正确站姿，俊在口头提示下双手抓胶圈独立站好，其余儿童扶梯背架站立并保持正确站姿。 8. 儿童在爬上、爬下过程中尽量保持双肘及双下肢伸直、低头弯腰姿势。双手抓握位置应适合儿童自己能保持双肘及双下肢伸直。玥不需要双脚伸直。 9. 请儿童先看一看凳子是否在后面，再屈膝坐下。坐下后；要求儿童自己双手抓牢方凳坐好。

习作程序课堂设计表

习作名称：手部课　　　　　　　　　小组名称：大大班（学前班）
平均体能程度：GMFCS Ⅲ级　MACS Ⅱ~Ⅲ级　　平均智能程度：CFCS Ⅰ~Ⅱ级　4~5岁
课室／地点：大班课室　　主题：树叶刷画　　推行时段：2014年11月
负责老师：何宝莺　　　　时间：周四下午 14：50~15：50

课堂目标	课堂程序 （预备、核心及结束阶段）	活动室编排
一、肌能目标（M） 1. 巩固基本动作模式：头在中线，手肘伸直及双手抓握，四肢固定。 2. 增强伸手至不同方向的能力。 3. 增强一手固定一手活动的能力。 4. 巩固／增强双手同时操作活动的能力。 5. 巩固／增强双侧肩关节前屈及外展的能力。	预备阶段 1. 老师示意上课。 2. 坐位常规及点名。 3. 双手律动：请你跟我这样做（拍拍手、拍拍腿、拍拍肩）。 核心阶段 1. 肌能性活动 （1）手部操：我有一双小小手。 （2）手指操：数数手指有几只？十个手指分两组。 （3）毛巾操：洗刷刷。 2. 手部活动：合作图工作品《树叶刷画》 （1）让儿童在已有喷画技能的基础上通过老师的引导能与同伴合作，共同完成图工作品《树叶刷画》的操作，训练双手的精细动作及手眼协调能力。	（活动室编排示意图）
二、功能目标（F） 1. 巩固／增强维持正确坐、站能力。 2. 增强双手抓握及放开的能力。 3. 巩固／增强双上肢的精细动作。 4. 巩固／增强双手的协调能力、灵活性。 5. 巩固／增强手眼协调能力。		家具及教具 家具：木箱凳9张、条台5张（按上图所示摆放好）。 教具：摆放教具、材料架子1个，毛巾10条，台面板10块，各种大小、形状的树叶若干，红、黄、绿、紫的颜料各一瓶，调色碟（已准备好各种颜色），材料袋子、一次性筷子、废旧牙刷、画纸若干，数量为能满足儿童操作所用。
三、其他目标（O） 1. 增强对手部的认识及注意力。 2. 配合主题完成手部合作图工作品《树叶刷画》。 3. 培养与同伴的合作能力。 4. 培养创作与想象能力。	（2）学习在正确的动作模式下会用两只手协调进行手部操作活动。 结束阶段 1. 坐→团团转→站。 2. 儿童利用助行器步去如厕。	

第四章 编写习作程序 实践篇

课堂程序（习作/节律性意向）	目标	主题运用	个别差异/要求
1. 老师摇铃示意上课并向儿童问好。	M① F①		提示每个儿童都能双脚放平踏实地，双手伸直抓住台，躯干挺直，保持很好的坐姿。
2. 坐位常规 老师点名："今天大大班的小朋友到了没有？" 师：请你跟我拍拍手 童：我跟老师拍拍手、拍拍腿、拍拍肩、坐拍好。 师：请坐好。 童：我手直、腰直、脚踏实。 　　屁股向后移、移、移。 　　眼睛看着 × 老师。 请儿童自己检查是否保持正确的坐姿。	M① F①④ F③①④ M①	请儿童跟老师一起玩双手游戏，老师和儿童一起说一起做动作。	要求儿童听到老师点名时能做到快速举高手并大声应"到"。 提示儿童能按老师的节奏和要求跟老师玩游戏"请你跟我这样做"。
3. 肌能性活动 （1）手部操：老师发台板，告诉儿童接过板放好并等待。 律：我举高双手接住板，接住、接住，有多高举多高。 唱手部操的歌： 我有一双小小手，一只左来一只右，小小手，小小手，一共十个手指头。 （2）手指操： 唱：数数手指有几只？呀呀呀呀哟，数数手指有几只，1、2、3、4、5。 （手背、手心各一次） 念儿歌：十个手指分两组，生来个子有高低，老大长得最粗壮，老二生来有主意，老三生来个子高，老四生来没出息，别看老五个子小，拉起勾来有力气。 （做两次）	M①②③ ④ F①②③ ④⑤ O①	老师出示树叶来导入活动："今天何老师准备了好多树叶，树叶有什么不一样呢？" 引导儿童说出树叶的不同。 "有什么用呢？之前小朋友用树叶做过什么？"通过用树叶作画引导儿童做手部及手指的系列活动。	要求儿童举高双手时有多高举多高，特别是谦尽量举高过头顶。 要求儿童在老师示范引导下一起做翘小手板，左右两手轮流，最后两手保持住翘小手板并用眼睛看，用嘴巴数数手指头。 要求儿童能一手固定一手数，手口要达成一致。 谦、生尽量能反转手心努力完成。 要求儿童一边念儿歌，一边做手指动作，不要图快，要把动作做到位。

225

续表

课堂程序（习作/节律性意向）	目标	主题运用	个别差异/要求
（3）毛巾操（儿歌《洗刷刷》） （位置转移到另一边） 请儿童挑战一下自己，有站立能力的儿童可以站着做操。 请儿童接过老师甩给的毛巾拿好并等待。 律：我伸直双手抓住毛巾，抓住、抓住。 　　我举高双手过头顶，举高、举高。 　　我放下毛巾，放下、放下。 　　我放开左手，放开、放开。 　　我用力向后甩毛巾。 唱儿歌《洗刷刷》并做洗澡的样子（左右手轮流做一次） 请儿童把毛巾交回给老师。 4.手部活动（合作图工《树叶刷画》） （1）老师先交代做树叶画的两点要求。 （2）请儿童找合作伙伴并握手表示合作愉快。 （3）儿童合作刷画。 （4）儿童完成作品时，收拾好工具和材料，并请其他儿童欣赏作品。	M①②③④ F①②③④⑤ O① O①②③④ F①②③④⑤	告诉儿童做树叶画要双手有一定的技巧才行，引导儿童做下一个毛巾操的活动。 告诉儿童做树叶刷画时需要转移到另一边，请儿童自己转移。 要求：两个或三个儿童一起合作完成。 要求：要在已有的基础上动脑筋想如何合作、合作什么样的作品，大家要进行商量并说出想法。	要求儿童团团转，转向另一个方向，有足够位置进行。琪、铭、谦、生、锋可以挑战一下自己站起来。 要求儿童主动伸直手并反转用手心接毛巾，谦、锋、桐的左前臂，铭的右前臂旋后时家长可给少量的辅助。 唱《洗刷刷》做洗澡动作时，站着的儿童要尽量站稳再做动作，并保持平衡协调。 儿童拿出毛巾时，要求把毛巾甩出来并用另一只手准确接住，再举高毛巾交回给老师。 分成3个小组进行手部操作时，谦、锋、琪、铭、镇豪、梓豪在一张条台上站着进行（有独站能力），珊、桐、生在一张条台上坐凳进行（没有独站能力）。

续表

课堂程序（习作/节律性意向）	目标	主题运用	个别差异/要求
5. 课堂总结与点评 让儿童说出作品的内容，老师总结儿童在合作刷画时的表现，并给予点评、肯定与鼓励。 老师正面表扬儿童总体的课堂表现，鼓励儿童使之更加努力。	M①②③④	老师要求儿童进行摆拼树叶，选择作画工具。老师巡回指导并观察儿童的作画过程，告诉儿童在一手拿牙刷一手拿筷子操作时，要注意动作的协调性，身体要保持站直和/或坐直。	刷画时要求家长帮助儿童系上围裙，适当给予辅助与口头提示的帮助。
6. 下课流程（延伸） 请儿童把凳子推回课室放好，并步行（独行、助行器）去洗手然后如厕。	M① F①		要求儿童把凳子推回课室放好后，再去洗手间洗手并如厕。

课堂习作程序设计表

习作名称：体能游戏课　　　　　　　　　　　小组名称：大大班（学前组）
平均体能程度：GMFCS Ⅲ级　MACS Ⅱ～Ⅲ级　　平均智能程度：CFCS Ⅰ～Ⅳ级　5岁
课室/地点：大班课室　　主题：模仿大树　　　推行时段：2014年11月
负责老师：叶晓文　　　　推行时间：周一 9:00-10:00

课堂目标	课堂程序（预备、核心及结束阶段）	活动室编排
一、肌能目标（M） 1. 增强/巩固儿童固定的意识：头在中线，双手伸直，腰伸直，脚放平踏实等。 2. 增加四肢、脊柱的活动幅度。 3. 建立/巩固踝关节的控制能力。 4. 巩固/增强双下肢的负重能力，增强肌肉力量。	预备阶段 1. 坐姿调整，拍铃上课。 核心阶段 1. 踝背屈训练。 2. 坐→站的转移。 3. 步行控制训练。 4. 体位转移训练：韵律操。 5. 体能游戏《木头人》。 结束阶段 1. 老师表扬及鼓励课堂上表现好的小朋友。 2. 儿童穿好鞋袜，分组转移去如厕。	老师 家长 保育员 家长 家长 家长 家长 琪　铭　谦　锋　梓豪　桐　生　珊 助行器 第一引导员　　治疗师
二、功能目标（F） 1. 建立/巩固/增强坐⇌立、蹲⇌立的位置转移能力。 2. 建立/巩固/增强立位平衡能力。 3. 巩固/增强使用助行器或独立步行的能力。		
三、其他目标（O） 1. 增强自我检视良好姿势的意识。 2. 熟悉并学会遵守游戏规则。 3. 了解大树的生长过程。		家具及教具 家具：方凳8张，助行器3个。

第四章　编写习作程序 实践篇

课堂程序 （习作/节律性意向）	目标	主题运用	个别差异
1. 老师检查儿童坐位，拍铃鼓示意上课，全体儿童报数。 2. 踝背屈训练。 律：我用力跷高左脚板，跷高、保持。 我踏实左脚，踏实、踏实。 我用力跷高右脚板，跷高、保持。 我踏实右脚，踏实、踏实。	M① O① M②③	1. 老师问："小朋友们，你们觉得榕树妈妈是什么样子的？"引导儿童说出对榕树的印象，提出活动主题《模仿大树》。 2. 检查儿童的脚是否像大树的根一样有力气。	1. 要求儿童自我检查坐位姿势，铭在口头提示下纠正坐姿。 2. 桐、珊在触体协助下跷高脚板，其余儿童独立完成。
3. 坐→站的转移。 律：我交叉双手，交叉、交叉。 （我伸直双手抓住架，抓住、抓住。） 我分开双脚踏实地，分开、踏实。 我屁股向前移，1、2，1、2。 我重心向前移，1、2、3。 我抬高屁股慢慢站起来， 1、2、3、4、5。 （立位平衡训练）	M①④ F①②	3. 请儿童慢慢站起来模仿大树，比一比哪棵大树长得最直最稳。	3. 请珊、生、桐穿上鞋子再使用辅具站起；珊在少许辅助下完成；梓豪用自己的方式（转身按凳）站起来；第一引导员注意提醒谦、琪、锋、生站起时双膝分开；铭双脚掌稍分开，重心前移。
4. 步行控制训练。 律：我重心向左移，1、2、3。 我抬高右脚踏一步，抬高、踏实。 我重心向前移，1、2、3。 我抬高左脚踏一步，抬高、踏实。	M④ F③	4. 请儿童走到空旷的地方，模仿从种子变成大树的过程。	4. 珊、生、桐使用辅具步行，珊在少许辅助下做到分开双脚踏步，生在口头提示下保持伸直膝盖，第一引导员用触体协助提醒锋、铭重心转移。

续表

5.用儿歌《小种子》引导体位转移训练。 律：我是一颗小种子，种在泥土里。（慢慢蹲下来） 浇浇水，晒晒太阳。（保持蹲着） 越长越高，越长越高。（慢慢站起） 长出一片又一片的绿叶。（双手上举，踮脚尖） 风来了，雨来了。（左右摇摆） 我们都不怕。（立正站好）	M②③④ F①② O③	5.请儿童蹲下变成一粒小种子，慢慢长成大树。	5.请珊、生、桐、梓豪继续保持站立，生、桐可以挑战不扶辅具；其余儿童跟随节律完成蹲→站→踮脚尖的活动。锋、谦、铭在少许辅助下完成，琪独立完成。
6.游戏活动《木头人》。 游戏儿歌：山山山， 　　　　　山上有个木头人， 　　　　　我是一个木头人， 　　　　　不许说话不许动。 7.下课流程。	M④ F①②③ O②	6.老师讲解游戏规则：儿童模仿木头人慢慢往前走，听到"不许动"时要停下来，保持各种"奇怪"的动作站稳，如果摔倒会被园丁"拔起"，要蹲下从种子重新长成大树，冲过特定位置就可以"变成人"任意活动。 7.老师总结游戏进行情况。	6.珊、生、桐使用助行器参与游戏，珊在少许辅助下完成，其余儿童在看护下完成。第一引导员注意提醒铭控制情绪。梓豪要注意自身安全，尽量不摔倒。 7.珊、生、桐使用助行器步行去厕所；其余儿童独立穿好鞋袜，推凳子回课室，再去厕所。

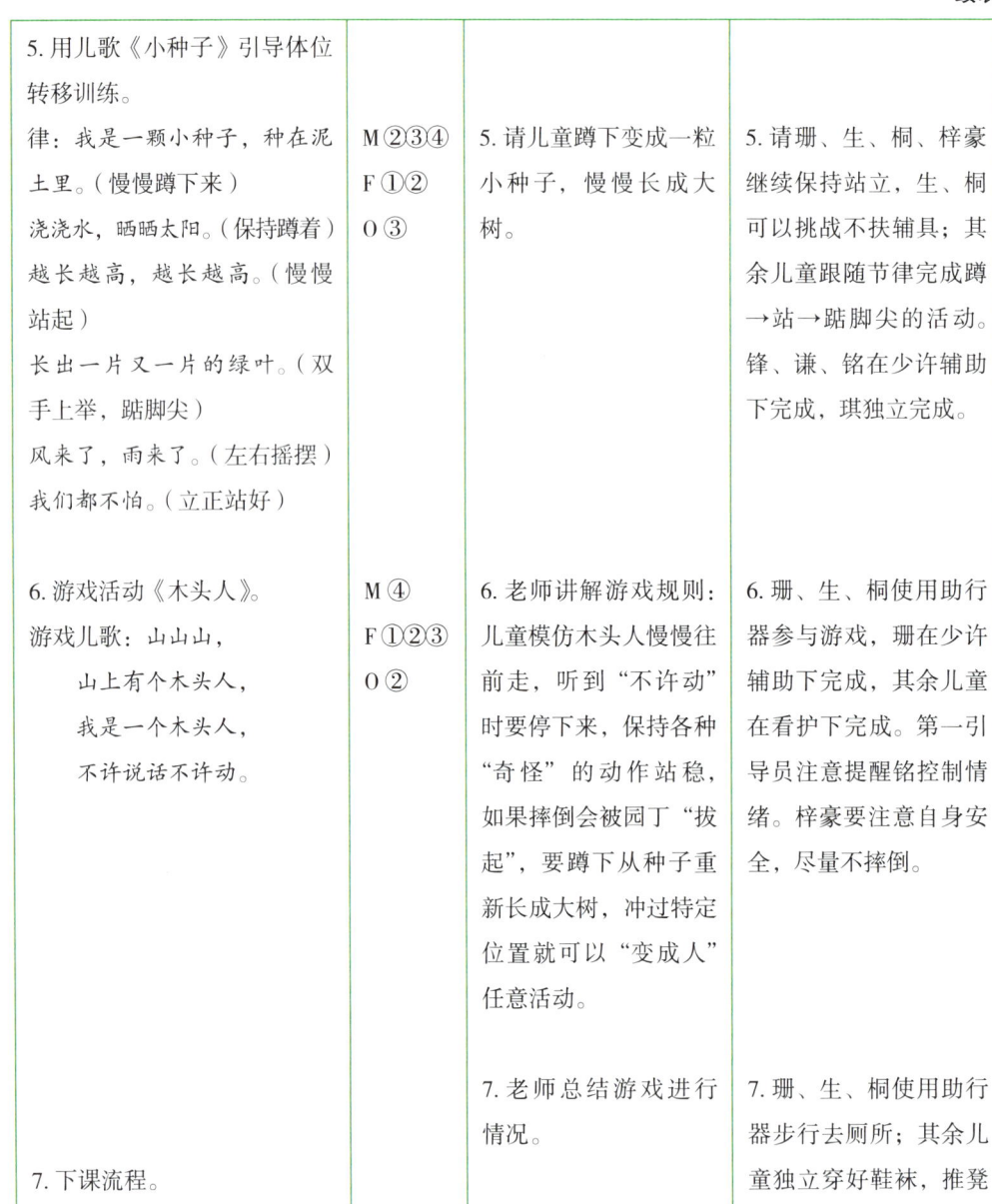

第四章　编写习作程序 实践篇

课堂习作程序设计表

习作名称：<u>写前训练课</u>　　　　　　　　　　　　　　小组名称：<u>中一班</u>

平均体能程度：<u>GMFCS Ⅲ级　MACS Ⅲ级</u>　　　　平均学习能力：<u>CFCS Ⅱ级</u>

课室/地点：<u>中一班</u>　　　主题：<u>伞花朵朵开</u>　　　　推行时段：<u>2015年10月</u>

引导员：<u>麦晓</u>　　　　　平均智能程度：<u>4岁</u>

课堂目标	课堂程序 （预备、核心及结束阶段）	活动室编排
一、肌能目标（M） 1. 巩固基本动作模式：朝向中线，手的抓握及放开，肘伸直，髋关节活动，四肢固定。 2. 增强上肢各关节的活动度。 3. 巩固一手固定一手活动的能力。 4. 建立/巩固前臂、腕关节的灵活性。 5. 增强个别手指的控制训练。	**预备阶段** 1. 坐位调整。 2. 点名。 **核心阶段** 1. 追视训练。 2. 笔顺七式（横、竖等）。 3. 前二指训练。 4. 腕关节训练。 5. 一手固定一手控制，用手指模拟画线。 6. 书写"伞"字中的"一"及"丨"。	
二、功能目标（F） 1. 建立/巩固正确书写姿势。 2. 建立/巩固握笔的技巧。 3. 建立/巩固书写笔顺"一"及"丨"的能力。 4. 建立/巩固目光追物的能力。	**结束阶段** 1. 点评。 2. 组织下课流程。	**家具及教具** **家具**：方凳5张，条台2张，站立架2个，扶手2个。 **教具**：大头笔6支，铅笔1支，白板8块，小木棍6根，大木棍2根，橡皮筋，纸（大田字格2份、中田字格4份、小田字格2份，其中小田字格包括笔顺1份、伞字1份）。
三、其他目标（O） 1. 提高儿童对笔划的认知水平。 2. 认识主题字"伞"。		

课堂程序 （习作/节律性意向）	目标	主题运用	个别差异及要求
1. 老师摇铃示意上课，点名，儿童举手拍铃鼓应"到"。	M①		1. 要求一手固定，一手举高、打开手掌拍打铃鼓。提示音双手交叉，伸直撞铃鼓，枢伸直手拍打铃鼓，瑶努力抬高手拍打铃鼓。
2. 坐位调整。 律：我手直、腰直、脚踏实，眼睛看着麦老师。	M①	老师出示魔法伞并打开展示。	2. 轩、瑶、音使用站立架上课，其余儿童靠条台坐凳。提示枢脚踏实，瑶、希、轩伸直腰，音努力固定双手抓握条台，头摆正中。
3. 追视训练（引导儿童左右上下追视）。	F④	请儿童追视魔法伞上的小红球，如果追视成功，伞就会发光。	3. 提醒儿童在追视训练时保持良好坐姿、站姿。要求追视时头部不转动，只是眼球运动。汉、珊、音由引导员固定头部，其余儿童独立完成。
4. 笔顺七式。 （1）举高右手，转向左边，从左到右，转向右边（一）。 （2）伸直右手，举高过头，从上到下，直下台面（丨）。	M①②③ O①②		4. 要求儿童左手固定抓握条台，右手举高活动。提醒枢、珊在活动时保持坐稳。瑶在口头提示下努力抬高右手少许完成笔顺书写。
5. 前二指训练：交替捏木棍。	M①⑤	老师出示幻灯片（PPT）："看看图片上的小朋友在干什么？"（撑伞） 老师提问："什么时候要用伞呢？"（下雨的时候）	5. 要求儿童用左、右手前二指依次上、下爬，枢、珊由引导员辅助固定小木棍及伸出前二指，汉在口头提示下完成，其余独立完成。音、瑶由引导员固定大木棍，依次用左、右手全掌握上、下爬。

续表

课堂程序 （习作/节律性意向）	目标	主题运用	个别差异及要求
6. 腕关节训练。 律：我伸出右手，伸出、伸出。 我伸出大拇指，伸出、伸出。 我伸出示指，伸出、伸出。 我伸出中指，伸出、伸出。 （请儿童用三个手指拿好老师给的笔，用笔点雨滴，练习腕关节背屈）	M④	老师发纸，请儿童帮忙点雨滴。	6. 提醒儿童握笔时手掌内侧贴板，笔尖从左到右移动，做上指、下降活动时前臂贴紧台面。锋独立完成，其余儿童由引导员固定前臂。音、瑶用全掌握笔，练习从左到右移动笔。提醒珊、枢左手按住纸或抓住扶手。
7. 一手固定一手控制，用手指模拟画线。 老师出示主题字"伞"、纸，让儿童用手指笔模拟画出"伞"字中的"一"和"丨"。	M①②③	老师提问："伞字怎么写？" 播放关于伞字的录像。	7. 提醒珊、枢、音左手抓扶手/条台以固定，右手举高进行活动。瑶在口头提示下抬高少许即可。
8. 书写"伞"字中的"一"及"丨"。	F①②③ O①②	老师请儿童找出伞字中学过的笔顺"一"和"丨"。	8. 音、瑶、枢、珊的纸固定在板上，提示枢、珊左手抓扶手或按住板固定，保持背挺直的书写姿势。瑶、音用全手握笔在大田字格里书写，提醒书写时前臂固定在台面上，手腕上下、左右移动。枢在少许辅助下完成，汉、珊、音、瑶在口头提示下完成，其余儿童独立完成。
9. 课堂点评：表扬、鼓励儿童的课堂表现。		请锋挑战写"伞"字，其余儿童一起观看伞字怎么写。	
10. 下课流程：老师示意下课，儿童在家长的协助下转移进行下课流程。	M① F①②③		

课堂习作程序设计表

习作名称：综合感官课　　　　　　　　　　小组名称：小一班（严重弱能组）
平均体能程度：GMFCS Ⅳ～Ⅴ级　MACS Ⅳ～Ⅴ级　　平均智能程度：CFCS Ⅳ～Ⅴ级　0～1岁
课室/地点：小一班　　主题：日常生活用品　　推行时间：2014年11月
负责老师：陈润冰　　时间：星期二下午 14:50～15:50

课堂目标	课堂程序（预备、核心及结束阶段）	活动室编排
一、肌能目标（M） 1. 建立基本动作模式。 2. 建立固定的意识，如头在中线，双手双脚伸直、躯干伸直等。 3. 建立一手固定一手活动的能力。 4. 建立/巩固儿童上下肢控制的能力。 　上肢：如举高、伸直手肘。 　下肢：如膝盖伸直/屈曲，双脚踏实固定、抬高。 5. 加强腘绳肌及跟腱的牵拉能力。	**预备阶段** 1. 老师摇铃示意上课。 2. 点名。 **核心阶段** 1. 长坐位常规及视觉追视。 2. 长坐位→仰卧位。 四肢按摩刺激：双上肢、双下肢、脚底按摩刺激。 3. 追视及听觉训练。 4. 仰卧位→俯卧位：背部按摩刺激。 5. 卷春卷。 6. 仰卧位视觉追视。	篮子　篮子　篮子 家长　家长　家长 欣妍　沛希　沛棋 　　引导员 海朗　建润 家长　家长 篮子　篮子
二、功能目标（F） 1. 建立在席上坐好、躺好的能力。 2. 建立在席上做位置转移的能力，如坐位→卧位、仰卧位→俯卧位等。		
三、其他目标（O） 1. 建立基本感觉，如触觉、视觉、嗅觉、听觉。 2. 建立/巩固追视、寻找声源的能力，如转动头部寻找不同的光线刺激及声源。 3. 建立/巩固全身皮肤刺激，能接受大人的抱抱、拍拍、摸摸，降低皮肤的敏感度。 4. 增强双足底本体感觉输入。 5. 建立对日常用品的简单认识，如毛巾、镜子等。 6. 指导家长正确辅助儿童的方法。	**结束阶段** 1. 老师表扬及鼓励课堂上表现好的儿童。 2. 儿童在辅助者的协助下穿好鞋袜再进行如厕流程。	**家具及教具** **家具**：地垫10张。 **教具**：铃鼓1个、七彩灯1盏、篮子5个、润肤露1瓶、粗糙手套5个、质感板4张、乐器5种、大毛巾5条、镜子5个。

第四章　编写习作程序 实践篇

课堂程序 （习作/节律性意向）	目标	主题运用 《日常生活用品》	个别差异及要求
一、预备阶段 1.老师准备好上课环境，协助家长辅助儿童将位置转移到地垫上并长坐位坐好。	F②		
2.老师摇铃示意要上课了，家长、老师带领儿童一起说： 上课铃声响啦，1、2、3， 我们上课啦…… 拉拉手，拉拉手， 伸直双手拉拉手， 拉拉手，拉拉手， 放下小手拍拍手。 现在上课，现在上课， 伸直双手按住垫，头头摆正， 腰腰伸直，眼睛看着陈老师！	M①②④ F①	老师出示带闪的铃鼓，在每个儿童眼前摇铃鼓引起他们的注意。示意上课铃声响啦，带领家长和儿童一起唱《上课歌》。	触体协助儿童要保持好坐姿，维持好平衡能力：双脚伸直，双手按住垫，头头摆正。家长辅助儿童一起做"上课啦"手势动作时，要求给儿童充足的时间做双手的水平外展。
3.长坐位常规 律：我打开双脚，打开、打开。 我伸直双手按住垫，按住、按住。 我伸直腰，伸直、伸直。 我头头摆正、摆正。 我眼睛看着陈老师， 看着、看着。	M①②④⑤ F① O⑥		要求沛棋、沛希、海朗、建润双下肢充分外展外旋，双手按住垫，手指分开，家长引导其把头抬高。欣妍双下肢伸直，双手放在身体两侧，头抬高。
4.点名：点到名字的儿童一手按住地垫，一手举高拍摇铃。	M①③	点完名后提问儿童："这节上什么课啊？"	点名时，老师要求儿童用举高双手拍摇铃的方式应到：欣妍、建润、海朗，老师先用铃鼓引导其用眼睛看，然后家长触体协助其一手按住垫，一手举起来拍摇铃；沛希、沛棋，老师引导其举高一手拍摇铃。

235

续表

课堂程序 （习作／节律性意向）	目标	主题运用 《日常生活用品》	个别差异及要求
二、核心阶段 1. 长坐位视觉追踪：把灯关掉，在全黑暗的环境下出示闪光灯，引导儿童静下来追视。 歌曲《小星星》： 一闪一闪亮晶晶，满天都是小星星，挂在天空放光明，好像许多小眼睛，一闪一闪亮晶晶，满天都是小星星…… 2. 长坐位→仰卧位：让家长辅助儿童团团转。 律：我分开左手，分开、分开； 　　我分开左脚，分开、分开； 　　我合拢右脚，合拢、合拢； 　　我合拢右脚，合拢、合拢。 歌：分开左手、分开左脚， 　　合上右脚、合上右手， 　　大家团团转。	M①②④⑤ F①② O①②⑤⑥	"今天看到小朋友个个精神那么好，老师要送大家一首儿歌。"忽然关灯，告诉儿童观察周围的变化，七彩闪光灯打开后，唱《小星星》，引导儿童用眼睛看，家长可辅助儿童用手去抓小星星。 儿童保持好长坐位姿势，老师出示一个篮子，简单介绍篮子里面的一些日常用品，如毛巾、润肤露、手套、镜子等。要求儿童做团团转，躺下后再用这些日常用品做游戏。	长坐位坐好，伸直双手按住垫。 1. 触体协助儿童保持好坐姿，维持好平衡能力：双脚伸直，双手按住垫，头摆正。要求家长辅助建润、海朗、沛希、沛棋双脚分开并外展外旋，双手按住地垫支撑。欣妍双脚伸直，双手放在身体两侧。 2. 在黑暗中引导儿童追视灯光，家长可以辅助儿童伸手去抓。
3. 四肢的按摩（利用润肤露）。 （1）上肢：伸直手臂按摩→打开手指和手掌按摩→每个手指按摩→把手放鼻子上闻。 儿歌《我有两只小小手》： 我有一双小小手，一只左来一只右。 伸出左手按按摩，1、2、1、2。 反开左手摸摸摸，1、2、1、2。 伸出右手按按摩，1、2、1、2。 反开右手摸摸摸，1、2、1、2。 我的小手拍拍拍，我是健康的乖宝宝。	M①②④ F① O①③⑤⑥	老师出示润肤露让儿童看一看并告诉他们："润肤露来跟小朋友玩游戏，请家长辅助小朋友把衣袖拉起来。" 为每个儿童把润肤露涂到手上，让家长辅助儿童用手均匀涂抹并按摩，最后辅助儿童用鼻子闻一闻，让其感受触觉及味觉。	要求家长辅助儿童躺好，手直、脚直、头摆正。家长辅助儿童把润肤露涂均匀。欣妍按摩完再做关节挤压。

第四章 编写习作程序 实践篇

续表

课堂程序 （习作/节律性意向）	目标	主题运用 《日常生活用品》	个别差异及要求
（2）戴粗糙的手套按压儿童上肢。唱儿歌《我有两只小小手》。	M①②④ F① O①③⑤⑥	家长戴上粗糙的手套，告诉儿童小手套看到儿童那么棒想跟他们玩游戏。请家长把儿童的袖子卷起来为其按压双上肢，让儿童感受粗糙感。	要求家长辅助儿童躺好，手直、脚直、头摆正。家长先拿出手套给儿童认识，再给其按摩。
（3）戴上手套按压儿童下肢。 律：小脚小脚在哪里？ 　　小脚小脚在这里。 　　（家长引导儿童） 　　双脚交替按压。 儿歌《我有两只小小脚》： 　我有一双小小脚，一只左来一只右。 　伸出左脚按按摩，1、2、1、2。 　伸出右脚按按摩，1、2、1、2。 　我的小脚碰碰碰，我是健康的乖宝宝。	M①②④ F① O①③⑤⑥		
（4）踏踏小脚板（出示质感板） 儿歌《踏踏小脚》： 　踏踏左脚，踏右脚； 　踏踏左脚，踏右脚； 　我们一起来踏脚，小朋友们做得好！	M①②④ F① O①④⑥	"看到小朋友玩得那么开心，我们的小脚丫也想一起玩。"引导员请家长拿出质感板，让儿童踏实地垫。	海朗不用质感板，直接屈曲双脚踏实垫，踏踏小脚板。欣妍、沛希、沛棋、建润利用质感板踏踏小脚板。
4.出示镜子（引导儿童认识五官） 儿歌《笑哈哈》： 　鼻子，鼻子，捏捏。 　耳朵，耳朵，拉拉。 　头发，头发，摸摸。 　嘴巴，嘴巴，笑哈哈。	O①⑤⑥	老师出示一个镜子，然后给儿童看，说："镜子也想跟小朋友玩。"请家长拿出镜子引导儿童认识五官。	引导儿童眼睛看着镜子认识五官，练习儿歌时，家长要捏捏鼻子、拉拉耳朵、摸摸头发，让儿童感受。

237

续表

课堂程序 （习作 / 节律性意向）	目标	主题运用 《日常生活用品》	个别差异及要求
5. 出示毛巾盖在儿童脸上，引导其把毛巾拉走。 儿歌《小毛巾》： 　　小小毛巾爱玩水， 　　洗洗胳膊洗洗腿， 　　再和小脸亲亲嘴。	M①②③ F① O①⑤⑥	老师出示一条带有铃铛的小毛巾，并在儿童眼前晃动引起其注意，告诉儿童小毛巾也想来玩游戏，请家长拿出小毛巾。	引导儿童要用手扯开脸上的毛巾。欣妍、建润，家长辅助用手扯开毛巾。沛希、沛棋，直接扯开毛巾。海朗先认识毛巾，按双手摸→眼睛看→盖住嘴巴→盖住鼻子→盖住整个面部的顺序，渐渐让其接受。
6. 声源追踪	M①② F① O①②⑥	"小毛巾叮叮当当的声音是不是很好听啊？那老师请小朋友听些更好听的声音。"引导家长出示各种乐器。	由每位家长出示不同的乐器，根据老师的指令，在不同方位先后敲响乐器，引导儿童转头寻找声源。 建润：从身体一侧→耳旁→看看乐器。 欣妍：在其眼前敲响乐器。 沛棋、沛希、海朗：在身体一侧敲响，引导其转头寻找。
7. 翻身：仰卧位→俯卧位 律：我举高双手，举高、举高。 　　我屈曲左脚，屈曲、屈曲。 　　我慢慢翻转身，1、2、1、2。 儿歌《伸直手肘》： 　　伸直手肘，伸直手肘， 　　啦啦啦啦啦啦。 　　伸直手肘，用力拉， 　　啦啦啦啦啦啦。	M①②④ F② O⑥	引导儿童一起翻身，唱儿歌《伸直手肘》。	沛棋、沛希、欣妍，家长引导其翻身。 建润、海朗，家长辅助其翻身。

第四章　编写习作程序 实践篇

续表

课堂程序 （习作/节律性意向）	目标	主题运用 《日常生活用品》	个别差异及要求
8. 按摩腰背部。 由肩自上而下按摩，捏脊（三提一捏，来回6遍）。 律：妈妈说我不会哭，按下、压下小背部，1、2、1、2。	M①② F① O③⑥	唱儿歌《小手爬爬爬》。	要求俯卧位儿童伸直上肢，家长由肩开始自上而下按压儿童背部，再捏脊（三提一捏，来回6遍）。
9. 卷春卷。 儿歌《摇小船》： 　摇、摇、摇小船， 　大家用力摇， 　上呀摇摇，下呀摇摇， 　大家用力摇。	M① O①③⑥	老师告诉儿童："表现那么棒，大毛巾也想来跟小朋友玩游戏。"协助家长把儿童用浴巾里裹起来，按仰卧位→俯卧位、从头到尾的顺序按压。唱儿歌《摇小船》。	协助家长把儿童放进浴巾里裹起来，按仰卧位→俯卧位、从头到尾的顺序按压。
10. 仰卧位视觉追踪。唱儿歌《小星星》。	M①② F① O①②⑥	老师："整节课表现都很棒，小星星也想出来表扬小朋友。"出示七彩闪光灯，引导儿童用眼睛看。	要求儿童仰卧位躺好，用眼睛寻找小星星。
三、结束阶段 1. 课堂总结，表扬儿童。 2. 唱《拜拜》歌。	O⑤	总结课堂学习用到的日常用品，表扬儿童。	

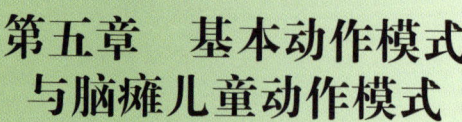

第五章 基本动作模式与脑瘫儿童动作模式

第一节 基本动作模式的要义

基本动作模式是指组成一般功能活动所需要的基本动作，它能提供正确而协调的方法进行功能活动，所以又可以称为功能生效的动作模式。

一、基本动作模式及其应用

基本动作模式及其应用见表 2.5.1。

表 2.5.1 基本动作模式及其应用

基本动作模式	应用	图片
朝向中线	建立双手并用的能力 建立手眼协调的能力 建立对称的活动能力 协助儿童专注自己的活动 有助于学习社交技巧（如目光的接触）	图 2.5.1
抓握及放手	操作日常对象 协助固定身躯 辅助转移位置	图 2.5.2 图 2.5.3
伸直手肘	能伸手接触不同角度、不同位置的对象 帮助探索外界 支撑身体做固定点或进行位置转移 建立自然反应，在跌倒时保护身体	图 2.5.4
髋关节活动	髋关节屈曲时可进行坐凳、坐地、蹲等动作；髋关节伸展时可进行站立、跪等动作；髋关节屈曲及伸展交替时，可进行步行、上下楼梯、爬行或其他位置转移的活动	图 2.5.5 图 2.5.6
固定	固定身体的一部分，让其他部分活动；维持一个姿势，做下一个活动的准备，可协助集中注意力	图 2.5.7 图 2.5.8

第五章 基本动作模式与脑瘫儿童动作模式 实践篇

续表

基本动作模式	应用	图片
重心转移	在动态的活动中，根据需要把重心向前、后、左、右转移 例如：俯身拾取地上的东西时，重心便需前移及下移；从坐到站立时，重心需前移及上移；步行时，若要抬高左脚踏步，重心需右移	图 2.5.9 图 2.5.10
躯干转动	帮助身体转向适当的方向 增加活动的灵活性 转移位置	图 2.5.11

（表 2.5.1 节选自《引导式教育如何帮助严重弱能儿童》19 页）

图 2.5.1 朝向中线　　　　　　　　图 2.5.2 抓握与放手

图 2.5.3 抓握　　　　　　　　图 2.5.4 伸直手肘

图 2.5.5　髋关节活动 1

图 2.5.6　髋关节活动 2

图 2.5.7　双肘固定

图 2.5.8　桥式固定

图 2.5.9　重心左、右转移

图 2.5.10　重心前、后、上、下转移

图 2.5.11　躯干转动

二、基本动作模式与正确的姿势介绍

（一）正确的卧姿（图 2.5.12）

（1）头及躯干在中线位。

（2）双脚伸直。

（3）双手伸直放在躯干两边。

（4）双手握住条台。

（二）正确的坐姿（图 2.5.13）

（1）头及躯干在中线位。

（2）手和肘伸直，握住条台/凳边。

（3）双脚分开，踩实地板。

（4）髋关节屈曲，臀部后移。

（5）腰伸直。

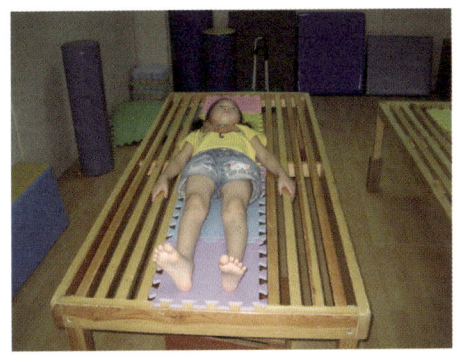

图 2.5.12　正确的卧姿

图 2.5.13　正确的坐姿

（三）正确的站姿（图 2.5.14）

（1）头及躯干在中线位。
（2）腕关节和肘关节伸直。
（3）双手握住台边/梯背架/木棍，或双手互握。
（4）双脚分开放平，踩实地板。
（5）髋关节伸直。
（6）腰伸直。

图 2.5.14　正确的站姿

二、注意事项

基本动作模式是以不同的组合形式协调地应用在功能活动中的，单一的基本动作模式练习并没有意义，因为脑瘫儿童不会将它们组合成有意义的活动；要将有意义的活动拆分成基本动作模式并将其连贯起来，引导脑瘫儿童掌握动作的步骤。儿童只有在日常生活中反复练习才能掌握，提高活动能力。

第二节　脑瘫儿童的动作模式及学习重点

脑瘫儿童原有的动作模式往往是无效的，要经过长期的引导式教育才能克服，同时建立起有效的动作模式，见表 2.5.2。

表 2.5.2　脑瘫儿童的两种动作模式比较

类型	身体部位	功能失效的模式	功能生效的模式
四肢痉挛型	头部及躯干	屈曲或后仰，侧向一旁	中线位对称
	上肢	屈曲、内收，左右不对称	腕关节、肘关节伸直：向前、上举、外展、外旋对称，双手并用
	手部	腕关节屈曲，大拇指内收	腕关节背伸 大拇指外展
	下肢	髋关节屈曲、内收，左右不对称	髋关节伸直、屈曲、外展、外旋，左右对称
	脚	不能在地上放平	固定分开，平放在地上

续表

类型	身体部位	功能失效的模式	功能生效的模式
下肢痉挛型	下肢	髋关节屈曲、内收，左右不对称 膝盖过伸或屈曲	髋关节伸直、屈曲、外展、外旋，左右对称 膝关节控制、伸展
	脚	不能平放在地上	固定分开，平放在地上
	躯干	不对称姿势，驼背	中线位，伸展、转动
	上肢/手	此类型儿童上肢活动比正常儿童的能力差，所以也要注意练习上肢的伸展和手部精细活动	
半身痉挛型	全身	偏用健手、健脚，缺乏中线位对称，重心偏向健侧	中线位对称，双手并用
	患侧上肢	屈曲、内收	肘关节伸直：向前、外展、向后、上举、外旋
	患侧手	腕关节屈曲，大拇指内收	腕关节背伸，大拇指外展
	患侧下肢	部分屈曲、内收	髋关节伸直、屈曲、外展、外旋
	患侧脚	部分不能在地上放平	固定分开，在地上放平
徐动型	头部及躯干	缺乏中线位	中线位发展 可做重心转移
	上肢	不能固定	固定，手可抓握，腕关节、肘关节伸直
	下肢	不能固定	固定，在地上踩实

（节选自《引导式教育如何帮助严重弱能儿童》21～22页）

参考文献

[1] 郑毓君，杨玉珊，何洵美，等．引导式教育如何帮助严重弱能儿童．香港痉挛协会，2002.

第六章 节律性意向

第一节 节律性意向的编写

一、什么是节律性意向？

节律性意向是引导式教育独有的教学策略及诱发技巧，儿童通过运用自己的语言，来诱发及调节自己的动作和活动；每句节律性意向以"我"为开头，强调儿童自我负责的态度。节律性意向包括两个成分：意向和节律。

（1）意向：在活动之前儿童必定是想达到一个目标，通过语言的运用表达其意向，在大脑里准备进行一个活动。语言与运动连接在一起并促进运动的学习，最终达到目标。

（2）节律：指动作的流程和时序，即把节奏转化为动作，有节律地数数、动词的重复或有节律地唱儿歌都能给儿童提供节奏感，这种感觉对提高其肌能（运动）协调是至关重要的。

二、节律性意向的结构

节律性意向包括意向和节律两个部分：意向，是说出所要进行的动作的内容及其要求；节律，是将节奏转化为动作并最终完成目标。儿童一边数数、重复动词、说唱儿歌，一边做动作，不仅能显示动作应该在何时开始与结束，又能强调动作维持的时间和速度，还能提高儿童的专注力。节律性意向的表现形式可以是语言，也可以是儿歌或童谣等（表 2.6.1）。

表 2.6.1 节律性意向范例

意向	节律
我脚踩实地	踩实、踩实
我推条台	推、推、推
我左脚向上踩实台阶	1、2、3、4、5
步行时	举高手，迈一步，停；迈二步，停

246

第六章 节律性意向 实践篇

在引导式教育中,节律性意向最后都应内化为解决自己行动障碍的方法。

三、节律性意向的作用

节律性意向不仅对脑瘫儿童自身有益,对家长们也有所帮助。

(1)强调"我",儿童对自己负责并主动参与。

(2)强调目标性,能帮助儿童排除干扰。

(3)帮助儿童有心理准备去学习一个活动。

(4)帮助儿童把注意力集中到活动上,并产生运动记忆。

(5)帮助调整儿童的肌肉控制。

(6)帮助小组协调。

(7)节律性意向是儿童不可或缺的工具,借助它,儿童逐渐掌握进行活动的方式和步骤,最终脱离对成人的依赖。

(8)帮儿童树立自信心,使其在解决问题和对生活的安排上有积极的态度。

(9)在指导家长如何帮助儿童方面,节律性意向也是一种有效的方法,在其指导下,家长跟儿童一起学习。

四、节律性意向编写原则

节律性意向要根据儿童的学习能力而编写,共分为四个阶段(表2.6.2)。

表 2.6.2 节律性意向的四个阶段

阶段	儿童的学习能力	引导员的引导方向	举例
第一	1. 对外来的刺激有及时、直接的反应 2. 对声调反应较为强烈 3. 语言有调节和控制运动的功能	可考虑多运用有趣的声音	"我抓住,en……"等儿歌、歌曲 注:这一阶段一般为1岁左右的婴幼儿,多数不理解动词的意义,所以用en、dong……这样的语气词来帮助理解动词的意义
第二	1. 开始理解简单的指示及语言的意思,但说话和动作还不协调 2. 对语言中的动词较有反应 3. 不会通过自己的语言控制自己的动作	可考虑强调指示的动作	我抓住梯背架,抓住、抓住。 注:对不会说话但有发音的儿童,引导员要让其模仿口型,尝试发重点字的音,如"抓住"中的"抓"。引导员在发音时要放慢速度,口型做得充分,以便儿童看清,从而更好地模仿

续表

阶段	儿童的学习能力	引导员的引导方向	举例
第三	1.能够协调说话及动作 2.可以通过自己的语言带动自己的动作	可考虑运用数数的方法加强儿童的节奏感 可考虑说话过程中增加一些空间概念如上下、左右	我慢慢坐下来，1、2、3、4、5。 我右脚向前迈一步，1、2、3、4、5。 注：对于不会说短句的儿童，可以让其跟说重点字，如"坐""迈"。等儿童训练一段时间，积累了一定的单词量后，再尝试让其说短句。要让儿童跟着数数
第四	1.已建立内在的语言 2.用内在的语言带动及计划自己的动作 3.已能充分掌握自己语言的内容及意思 4.强调自我检视	可考虑应用故事、假想活动及舞蹈促进儿童的学习能力	站→蹲 引导员：打雷了，该怎么躲避雷雨？ 儿童：蹲下就可以避雷雨。 注：对于理解能力还没达到这个阶段的儿童，可以准备相应的图片，让其看图片促进理解

（表2.6.2参考《引导式教育如何帮助严重弱能儿童》32～33页）

五、节律性意向在课堂和常规时段中的应用

节律性意向在不同习作程序中的运用有差异。在体能及手部习作程序中，节律性意向应用得比较多。表2.6.3介绍了节律性意向每个阶段在体能、手部习作程序中及在常规时段中的应用。

（1）第一引导员说出"意向"。

（2）儿童及第二引导员跟随说出"意向"。

（3）一起说出"节律"，同时配合动作。

（4）说"节律性意向"时要根据动作所需的节奏感整合声音的强弱、声调的高低及语速的快慢。

（5）对儿童已熟悉的动作步骤，"意向"的内容可以简化。

（6）当动作步骤已内化时，便不用说出"意向"，但要提示儿童自我检视动作做得是否正确。

（7）除了习作程序以外，在其他时间（如每日常规时段）同样需要节律性意向来配合动作。

第六章 节律性意向 实践篇

表 2.6.3 节律性意向的应用

阶段\习作	第一阶段	第二阶段	第三阶段	第四阶段
体能	活动：伸直手肘 我伸直手肘。en……伸直…… 儿歌《伸直手肘》	活动：坐→站 我抓住梯背架，抓住、抓住。 我屁股向前移，移、移。 我看着脚，看着、看着。 我站起来，1、2、3、4、5。 儿歌《站好歌》	活动：迈步 我向前推梯背架，1、2、3、4、5。 我身体向左移，1、2、3、4、5。 我右脚向前迈一步，迈、迈、迈。 我并拢左脚，1、2、3、4、5。 我站直，1、2、3、4、5。	活动：站→蹲位，变成小青蛙姿势 活动：蹲位→站，小树长高了
手部	活动：抓我抓住，en……抓住…… 儿歌、节奏、乐器等	活动：木棒操 我双手抓住木棒，抓住、抓住。 我举高木棒，举高、举高。 我放木棒于颈后，1、2、3、4、5。 我分开手肘，（发 a…u…音）。 我举高木棒，举高、举高。 儿歌《小飞机》	活动：手的精细动作及手和眼的协调活动 我左手抓住条台，1、2、3、4、5。 我右手肘放在条台上，1、2、3、4、5。 我看着右手，1、2、3、4、5。 我右手慢慢握拳，1、2、3、4、5。 我伸出拇指，1、2、3、4、5。 我伸出示指，1、2、3、4、5。 儿歌《手指运动歌》，其他手指练习同上	活动：前三指的精细动作 爬树去采花：发给儿童细长的木棒（顶端有彩纸花）。告诉儿童用前三指交替"爬"到顶端采花

续表

阶段 习作	第一阶段	第二阶段	第三阶段	第四阶段
步行	活动：推梯背架步行 我推小马桶（便盆），"wu…"推。 儿歌《向前走》	推梯背架步行 我推，推、推、推。 我迈一步。 我迈两步。 （重复）	我推，1、2	举高手或伸直手 我踏一步，停。 我踏两步，停。
进餐前擦手	儿歌《擦手歌》	我伸开手，伸开、伸开。 我擦擦手，擦、擦。 （另一只手重复） 儿歌《擦手歌》	我左手抓住毛巾，1、2、3、4、5。 我伸开左手手掌，1、2、3、4、5。 我擦擦手，1、2、3、4、5。 （右手重复）	我擦左手。 我擦右手。

（表2.6.3参考《引导式教育如何帮助严重弱能儿童》33页）

第二节 节律性意向与儿歌的运用

不管在引导式教育课堂，还是在一天的生活流程中，我们在讲节律性意向和唱儿歌，发现脑瘫儿童在一边唱歌一边做动作的过程中表现得很愉快、很轻松，而且在训练动作时能够更主动地完成。于是，我们把儿童平时熟悉的、喜欢唱的曲调，编入有关习作程序动作的歌里，如《小星星》、《新年好》、《两只老虎》等。这样，儿童在习作课堂里完成动作时会做得更好，也会在流程里掌握更多生活自理的技巧。开展引导式教育几年来，我们创编了一些儿歌让脑瘫儿童轻松、愉快地学习，得到了更好的康复与教育效果。

一、经常运用的儿歌

（1）《洗手歌》：在幼儿组、学前组下课流程——如厕、便后洗手的过程中使用，应用在节律性意向的第三、四阶段，选用的是《小星星》的曲调（图2.6.1）。

第六章 节律性意向 实践篇

洗手歌

1=D 2/4

1 1 | 5 5 | 6 6 6 | 5 — | 4 4 | 3 3 | 2 2 2 | 1 — |
洗 洗 手 心 洗 洗 手 心, 洗 洗 手 背 洗 洗 手 背,
5 5 | 4 4 | 3 3 3 | 2 — | 5 5 | 4 4 | 3 3 3 | 2 — |
交 叉 手 指 搓 搓 搓, 用 力 搓 呀 搓 呀 搓,(甩甩水)
1 1 | 5 5 | 6 6 6 | 5 — | 4 4 | 3 3 | 2 2 2 | 1 — ‖
我 用 毛 巾 擦 干 净, 我 的 小 手 洗 干 净 啦……

图 2.6.1 《洗手歌》

（2）《擦手歌》：在幼儿组、学前组进餐流程——擦手的过程中使用，应用于节律性意向的第三、四阶段，选用的也是《小星星》的曲调（图 2.6.2）。

擦手歌

1=D 2/4

1 1 | 5 5 | 6 6 | 5 — | 4 4 | 3 3 | 2 2 | 1 — |
擦 擦 手 心 擦 手 心, 用 力 擦 呀 擦 干 净,
5 5 | 4 4 | 3 3 | 2 — | 5 5 | 4 4 | 3 3 | 2 — |
擦 擦 手 背 擦 手 背 用 力 擦 呀 擦 干 净,
1 1 | 5 5 | 6 6 | 5 — | 4 4 | 3 3 | 2 2 | 1 — ‖
我 的 小 手 擦 干 净, 我 把 毛 巾 叠 叠 好!

图 2.6.2 《擦手歌》

251

（3）《开汽车歌》：经常在幼儿组坐立课上训练上肢旋前、旋后动作时说唱，应用于节律性意向的第二、三阶段（图 2.6.3）。

开汽车歌

1=C　2/4

| 3 5　5 | 6 6　5 | 3 5　6 5 | 1 3　2 | 3 5　5 |
小朋友　伸直手，抓住胶圈　准备好，伸直腰
小汽车　滴滴滴，红灯　亮了　停下　来，绿灯 亮了

| 6 6　5 | 6 5 | 3 5 | 2 3 | 1 — ‖
脚踏实，我当　司机　来开　车。
把车开，我的　汽车　开得　快。（嘀嘀……）

图 2.6.3 《开汽车歌》

（4）《站起歌》：经常在幼儿组、学前组的坐立课、位置转移课上使用，在做"大山洞小山洞"之前站起来的动作时说唱，应用于节律性意向的第三、四阶段（图 2.6.4）。

站起歌

1=D　4/4

| 1　1 2　3　3 | 2　2　1 — | 3　3 4　5　5 | 4　4　3 — |
我伸直双手按住凳，　屁股　向前　1、2、3

| 1　1 2　3　3 | 2　2　1 — | 3　3 4　5　5 | 2　2　1 — ‖
弯下腰来　准备好，　伸直　膝盖　站起　来。

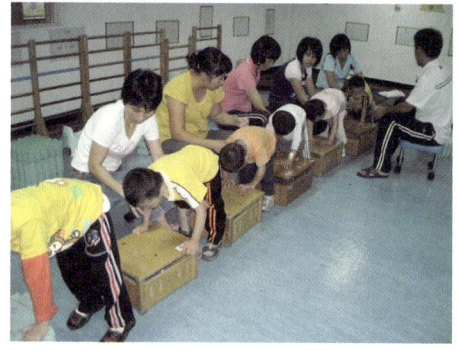

图 2.6.4 《站起歌》

（5）《4字脚歌》：经常在幼儿组、学前组的坐立课、位置转移课、步行课上用，在做牵拉动作时说唱，还经常在幼儿组、学前组平时生活自理穿脱鞋袜的环节中说唱，应用于节律性意向的第三、四阶段（图2.6.5）。

4字脚歌

1=D 2/4

| 1 6 5 1 2 | 3 2 3 | 1 6 5 1 3 | 2·1 2 |
我 用 力 提 高　　右 脚　来，　把 它　　放 在　　左 脚 背，
我 按 一 下 后　　不 要　动，　我 按 两 下 后　脚 踏 实，

| 3 2 1 6 1 | 2 3 5 | 2 3 5 3 2 | 1 1 1 ‖
一 二　三 四　爬 上　来，　伸 直　双 手　按 住　它。
我 按 三 下 后　不 要　动，　小 朋 友 4 字 脚　做 得 好。

图 2.6.5 《4字脚歌》

（6）《上课歌》：在母婴组、幼儿组、学前组每节课上课时说唱，帮助儿童保持好坐姿。母婴组会重复说出抓住、踏实、移后、伸直，根据所做的重复动作选用歌词，应用于节律性意向的每个阶段，选用的是《新年好》的曲调（图2.6.6）。

上课歌

1=F 4/4

| 1 5 | 3 3 3 1 | 1 3 5 5 | 4 3 2 — |
现 在　上　课　现 在　上　课　双 手　抓 住　脚 踏 实

| 2 3 4 4 | 3 2 3 1 | 1 3 2 5 | 7 2 1 — ‖
屁 股　移　后　腰 要　伸　直　眼 睛　看　着　××老师。

图 2.6.6 《上课歌》

（7）《下课歌》：在母婴组、幼儿组、学前组每节课下课时说唱，帮助儿童保持好坐姿，应用于节律性意向的第二、三、四阶段，选用的是《新年好》的曲调。

下课歌

1=F 3/4

（齐）现在下课 现在下课（师）谢谢各位 小朋友，
（小朋友）谢谢妈妈 谢谢老师，谢谢各位 帮 助。

（8）《分腿歌》：经常在幼儿组与学前组的地席课、位置转移课上说唱，帮助儿童做内收肌牵拉的动作，应用于节律性意向的第二、三、四阶段，选用的是《两只老虎》的曲调（图 2.6.7）。

分腿歌

1=D 2/4

打开右脚 打开右脚 来分腿，来分脚，我们分得很直，
我们分得 很直 成直 线，成直线。

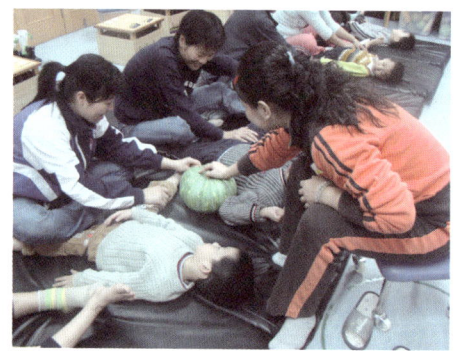
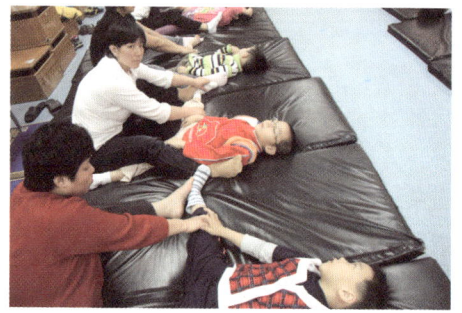

图 2.6.7 《分腿歌》

（9）《传木棍歌》：经常在幼儿组、学前组的手部课上说唱，帮助儿童在做木棍热身操前做传木棍的动作，应用于节律性意向的第三、四阶段，选用的是《两只老虎》的曲调（图2.6.8）。

传木棍歌

1=F 2/4

| 1 2 3 1 | 1 2 3 1 | 3 4 5 | 3 4 5 | 5 6 5 4 3 1 |

小 朋 友 小 朋 友 传 木 棍， 传 木 棍， 一只手 接呀，
伸 直 手 肘 伸 直 手 肘 抓 住 木 棍， 抓 住 木 棍， 一只脚 踏实，

| 5 6 5 4 3 1 | 2 5 1 | 2 5 1 ‖

一只手 给呀， 传呀 传， 传呀 传。
一只脚 踏实， 伸直 腰， 伸得 很直。

图2.6.8 《传木棍歌》

（10）《按唇歌》：经常在母婴组、幼儿组、学前组的口肌课上说唱，帮助儿童做按摩的动作，应用于节律性意向的第一、二、三阶段（图2.6.9）。

按唇歌

1=C 2/4

| 3 3 3 1 | 3 4 5 | 3 3 3 1 | 3 4 5 |

按 按 上 唇 mi fa so， 按 按 上 唇 mi fa so，
按 按 下 唇 mi fa so， 按 按 下 唇 mi fa so，

| 1 5 1 5 | 3 2 1 | 1 5 1 5 | 3 2 1 ‖

1 2 1 2 嘟 嘟 嘟， 1 2 1 2 嘟 嘟 嘟，
1 2 1 2 嘟 嘟 嘟， 1 2 1 2 嘟 嘟 嘟。

图 2.6.9 《按唇歌》

（11）《踏脚歌》：经常在母婴组的地席课、长台课上说唱，帮助儿童练习交替踏脚的动作，应用于节律性意向的第一、二、三阶段（图 2.6.10）。

踏脚歌

1=D 4/4

1 1 1.2 | 3 2 1 — | 2 2 2.3 | 4 3 2 — |
踏 踏 左脚 踏 右 脚， 踏 踏 左脚 踏 右 脚，

3 3 3 1 | 6 6 5 3 | 2 2 5 3 2 | 1 1 1 — ‖
大 家 一 起 来 踏 脚， 小 朋 友 们 做 得 好。

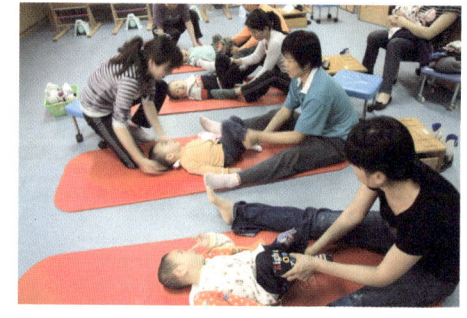

图 2.6.10 《踏脚歌》

（12）《向前爬歌》：经常在母婴组的地席课上说唱，帮助儿童训练向前爬的动作，应用于节律性意向的第一、二、三阶段（图 2.6.11）。

向前爬歌

1=C 2/4

1 1 2 | 3 3 4 | 5 5 6 | 5 — | 5 6 | 7 6 5 | i i |
爬 呀   爬 呀   爬 呀 爬， 小 手 小 脚 交 替

i — | i i 7 | 6 6 5 | 4 4 3 | 2 — 7 | 7 6 | 5 6 5 4 |
爬。 爬 呀   爬 呀   爬 呀 爬， 我 们   一 起

3 2 | 1 — | 0 0 | 0 0 ‖
向 前   爬。

256

图 2.6.11 《向前爬歌》

（13）《这是小兵歌》：经常在母婴组、幼儿组、学前组的地席课上说唱，帮助儿童做拉筋的动作（做大炮），应用于节律性意向的第二、三、四阶段，此歌是普通幼儿园小班的歌曲（图 2.6.12）。

这是小兵歌

1=E 2/4

$\underline{1.3}$ $\underline{5\ 5\ 5}$ | 3 1 | $\underline{\dot5.\ 1}$ $\underline{\dot5.\ 1}$ | 3 — | $\underline{1.3}$ $\underline{5\ 5\ 5}$ | 3 1 | $\underline{\dot5.\ \dot5}$ $\underline{\dot5.\ \dot5}$ | 1 — |

这是小兵的 喇叭 哒哒 哒哒 嘀。这是小兵的 铜鼓 咚咚 咚咚 咚。

$\underline{1.3}$ $\underline{5\ 5\ 5}$ | 3 1 | $\underline{\dot5.\ 1}$ $\underline{\dot5.\ 1}$ | 3 — | $\underline{1.3}$ $\underline{5\ 5\ 5}$ | 3 1 | $\underline{\dot5.\ \dot5}$ $\underline{\dot5.\ \dot5}$ | 1 — ‖

这是小兵的 手枪 叭叭 叭叭 叭。这是小兵的 大炮 轰轰 轰轰 轰。

 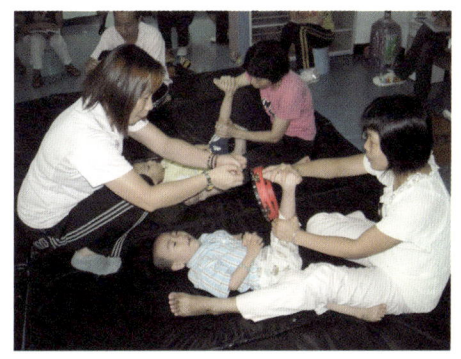

图 2.6.12 《这是小兵歌》

（14）《小手小手拍拍歌》：这是一首我们创编的儿歌，经常在幼儿组的地席课上说唱，帮助儿童做牵拉动作，还在手部课和餐前流程上说唱，帮助儿童做上肢的动作，应用于节律性意向的第二、三阶段（图 2.6.13）。

小手小手拍拍歌

小手小手拍拍，我把小手举起来，1、2、3、4、5；

小手小手拍拍，我把小手转起来，1、2、3、4、5；

小手小手拍拍，我把小手握起来，1、2、3、4、5；

小手小手拍拍，我把小手张开来，1、2、3、4、5；

小手小手拍拍，我把小手藏起来，1、2、3、4、5；

小手小手拍拍，我把小手伸出来。

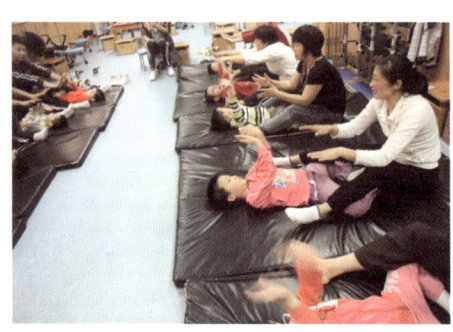 

图 2.6.13 《小手小手拍拍歌》

二、备选儿歌

（1）《小汽车歌》：可以在母婴组或幼儿组坐立课上说唱，应用在节律性意向的第一、二、三阶段（图 2.6.14）。

小汽车歌

1=D 2/4

1 1 1 3 | 5 5 5 | 6 6 6 1 | 5 — | 4 4 4 5 | 3 3 3 3 | 2 2 2 3 | 1 — ‖

小汽车 卜卜卜，双手 抓住架， 一脚 踩地 一脚 抬高， 踩梯 背 架

图 2.6.14 《小汽车歌》

（2）《小青蛙歌》：可以在母婴组或幼儿组地席课或坐立课上说唱，应用在节律性意向的第一、二阶段（图2.6.15）。

小青蛙歌

1=C　2/4

$\underline{5\ 6}\ \underline{5\ 4}\ |\ 5\ 5\ |\ \underline{5\ 6}\ \underline{5\ 4}\ |\ 2\ 2\ |\ \underline{2\ 5}\ \underline{2\ 5}\ |\ 4\ 4\ |\ \underline{5\ 5}\ \underline{4\ 6}\ |\ \underline{5\ 5}\ 5\ \|$

小小 青蛙　呱呱，双脚 打开　踩地，双手 伸直　按地，抬头 抬头　1 2 1

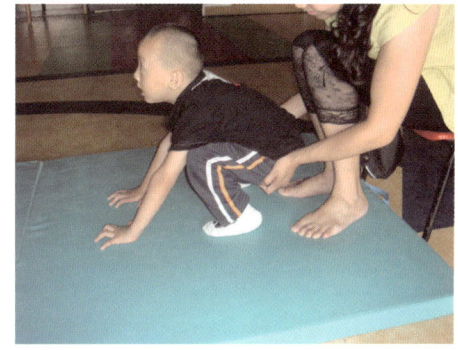

图 2.6.15 《小青蛙歌》

（3）《摇小船歌》：可以在母婴组或幼儿组的长台课、坐立课上说唱，应用在节律性意向的第一、二、三阶段（图2.6.16）。

摇小船歌

1=D　2/4

$1\ 1\ |\ \underline{1\ 2}\ 3\ |\ \underline{3.\ 2}\ \underline{3.\ 4}\ |\ 5\ 0\ |\ \underline{\dot{1}\ \dot{1}}\ 5\ 5\ |\ 3\ 3\ 1\ 1\ |\ \underline{5.\ 4}\ \underline{3.\ 2}\ |\ 1\ —\ \|$

摇摇　摇小船　大家 一起　摇　　举起 木棍　举起 木棍　小船 摇呀 摇
摇摇　摇小船　大家 一起　摇　　上呀 摇摇　下呀 摇摇　小船 摇呀 摇

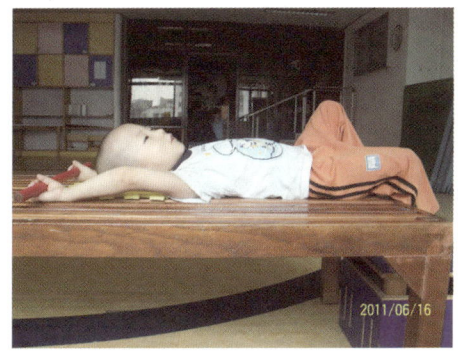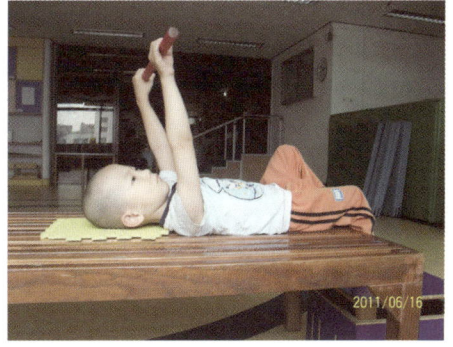

图 2.6.16 《摇小船歌》

259

（4）《小鸡蛋歌》：可以在母婴组地席课上说唱，应用在节律性意向的第一、二阶段（图 2.6.17）。

小鸡蛋歌

1=D 2/4

| 1 1 1 3 | 5 6 5 | 5·6 5 32 | 1 6 5 | × × | 3·1 2 2 | 1 — ‖
小鸡蛋　摇呀摇　噼里啪啦　噼里啪　哎呀　小鸡孵出　来

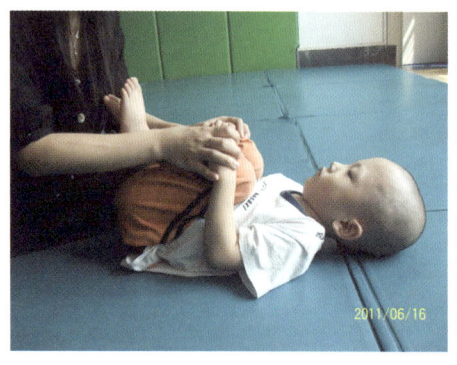 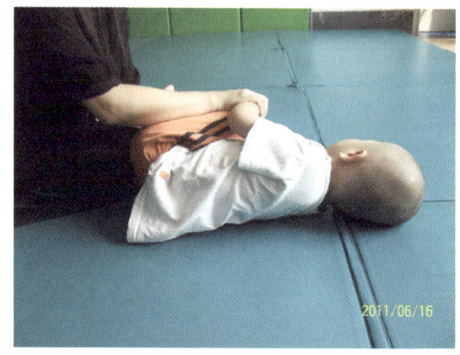

图 2.6.17 《小鸡蛋歌》

（5）《小木马歌》：可以在母婴组或幼儿组长台课、地席课上说唱，应用在节律性意向的第一、二、三阶段（图 2.6.18）。

小木马歌

1=C 2/4

| 5 3 5 3 | 5 3 1 | 2 4 3 2 | 5 — | 5 3 5 3 | 5 3 1 | 2 4 3 2 | 1 — ‖
我是　小木马　嘀嘀嘀嘀嗒　晃一晃　摇一摇　嘀嘀嘀嘀嗒
我是　小拱桥　很呀很牢靠　不怕　不怕倒　只要做得好

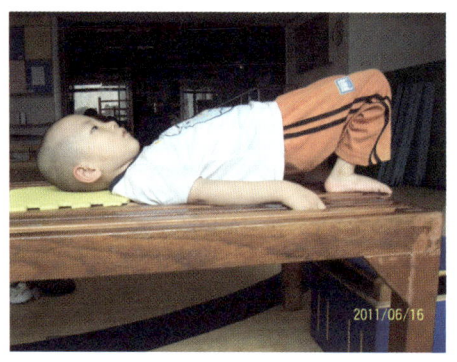 

图 2.6.18 《小木马歌》

（6）《你的眼睛歌》：可以在母婴组或幼儿组的坐立课、长台课、地席课上说唱，应用在节律性意向的第一、二、三阶段，幼儿园的小班、中班常用（图 2.6.19）。

你的眼睛歌

1=C 2/4

| 1 1　1 3 | 5 6　5 3 | 2 1　2 3 | 1 — | 1 1　1 3 | 5 6　5 3 | 2 1　2 2 | 5 — |
你的 眼睛　咿咿 咿咿　有呀 有个　我　　我的 眼睛　咿咿 咿咿　有呀 有个 你

| 4　4 4 | 6 6　6 | 3.　3 | 5 5 5 | 1 1　1 3 | 5 6　5 3 | 2 1　2 2 | 1 — ‖
我　们的 小朋 友　围　成　一个 圈　你看 我　我看 你　笑呀 笑哈 哈

图 2.6.19 《你的眼睛歌》

（7）《小飞机歌》：可以在幼儿组坐立课、长台课上说唱，应用在节律性意向的第一、二阶段，幼儿园小班、中班常用（图 2.6.20）。

小飞机歌

1=D 2/4

| 3 5　5 | 6 5　5 | 6 5　6 1̇ | 7 6　5 | 3 5　5 5 | 6 5　5 | 6 6　5 1 | 3 2　1 |
小飞机 飞上去 飞　得高　飞得低 请你带我 飞上天 看看月亮和星星

| 3 5　5 | 6 5　5 | 6 5　6 1̇ | 7 6　5 | 3 5　5 5 | 6 5　5 | 4 4　3 3 | 2 5　1 ‖
小飞机 飞上去 飞　得高　飞得低 请你带我 飞上天 看看月亮和星星

图 2.6.20 《小飞机歌》

参考文献

［1］郑毓君，杨玉珊，何洵美，等. 引导式教育如何帮助严重弱能儿童，香港痉挛协会，2002年.

［2］欧安娜，余雪萍. 引导式教育伴儿同行. 2版. 香港复康会世界卫生组织复康协作中心.

［3］凤凰出版传媒集团. 凤凰小康轩——主题课程（托班、大班、中班、小班）. 江苏教育出版社，2009.

第七章 教具与环境设计

第一节 引导式教育一般用具

一、用具的功能特点

引导式教育选用的器具包括一般用具和教室课堂上的必备教具,其功能如下。

(1)促进主动运动和保持正确姿势的能力。

(2)促进运用基本动作模式。

(3)多元化用途。

二、一般用具举例

(1)训练凳:引导员或帮助者使用。特别是在儿童训练步行活动时需要(图2.7.1)。

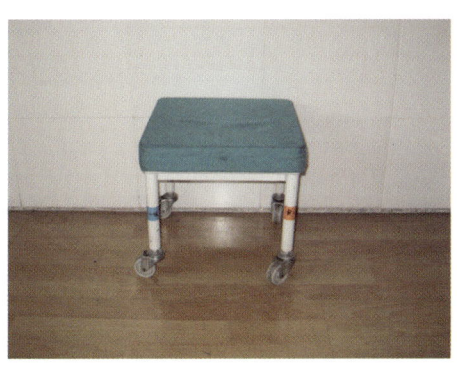

图2.7.1 训练凳

(2)木箱凳:儿童使用。凳子四周有凹槽,方便儿童在坐位时抓握。根据儿童的情况可以使用大腿绑带和踝绑带(尼龙搭扣)。木箱凳高度也需按照儿童的身高进行调节,如下图所示加上泡沫垫,可起到防滑作用(图2.7.2)。

图 2.7.2　木箱凳

（3）梯背架：用于步行、站立、坐位训练。根据儿童的身高可设置不同高度（图 2.7.3、2.7.4）。

宽度：50.5cm　　横杆间距：9cm

横杆直径：2cm　　长度：96.5cm

图 2.7.3　梯背架

第七章 教具与环境设计 实践篇

图 2.7.4　根据儿童身高设置的梯背架

（4）手扎与腿扎：用于保持上肢、下肢的牵伸和伸直位及其稳定性。需注意儿童手脚的血液循环，避免绑得过紧（图 2.7.5）。

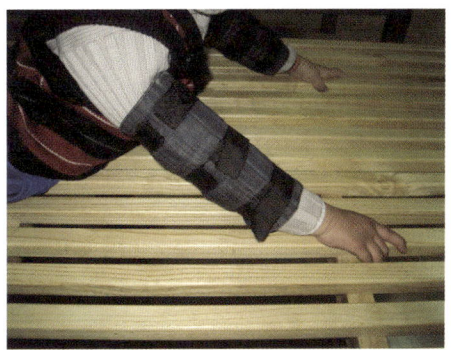
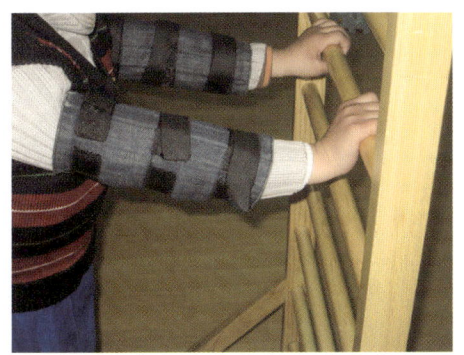
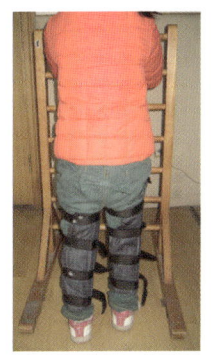

图 2.7.5　手扎与腿扎

（5）拳套：用于促进手的抓握功能的发展。使用中要留意幼儿保持大拇指张开来抓握的活动。当幼儿有抓握的概念时，应停止使用（图 2.7.6）。

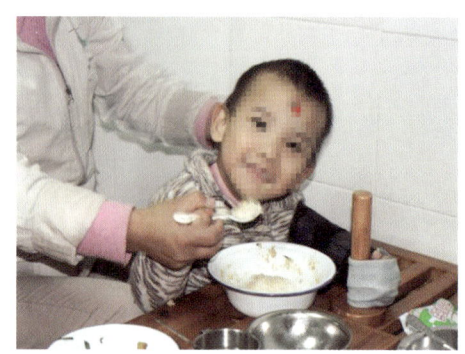

图 2.7.6　拳套

（6）扶手：抓握条台有困难的儿童在活动时使用，可以保证安全（图 2.7.7）。

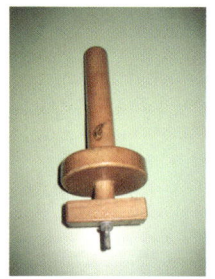

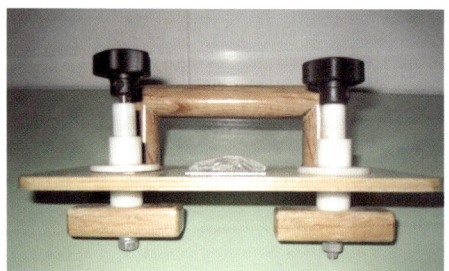
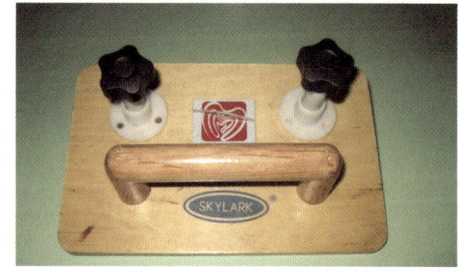

图 2.7.7　各种扶手

特长扶手：

a：42cm

b：3.5cm

c：2cm

d：6cm

e：2cm（弹簧下的小木条，如图2.7.8所示）

f：7cm

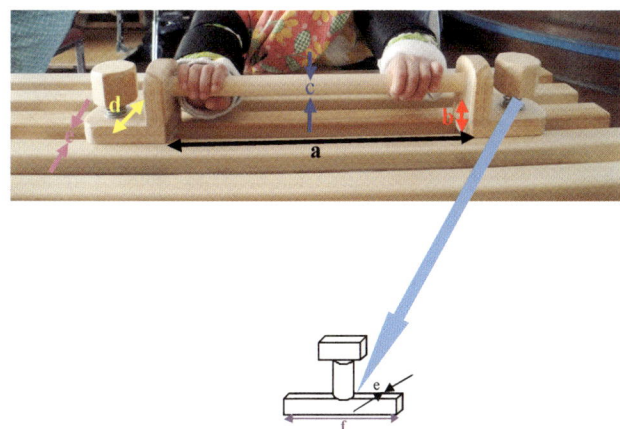

图2.7.8　弹簧下的小木条

长扶手：

a：25cm

b：2.5cm

c：2cm

d：6cm

e：2cm

f：7cm

短扶手：

a：10cm

b：2.5cm

c：2cm

d：6cm

e：2cm

f：7cm

（7）条台：练习抓握和松手。在条台课、手部课、生活自理的训练中使用。根据儿童的身高可调节高度（图2.7.9）。

长度：150cm　宽度：65cm　高度：43cm

图2.7.9　条台

图2.7.10　胶圈

（8）胶圈：练习抓握和放松，还可用于将双手固定于条台（图2.7.10、2.7.11）。

外直径：17.5cm　内直径：12cm

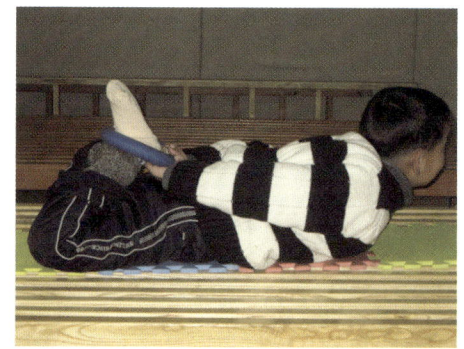

图2.7.11　胶圈的使用

（9）木棒：用于抓握、手部运动、保持平衡等。建议3～6岁儿童使用的尺寸：直径2cm，长60cm；建议2岁以下儿童使用的尺寸：直径1cm，长40cm（图2.7.12）。

图 2.7.12　木棒

（10）高台脚：调节条台的高度。垫片：边长 4cm，高 4cm（图 2.7.13 ~ 2.7.15）。

图 2.7.13　高台脚

图 2.7.14　高台脚的调节

图 2.7.15　高台脚的使用

（11）障碍物：用于练习跨越不同的高度（图 2.7.16）。

图 2.7.16　障碍物

（12）长凳：用于练习分腿走路及平衡能力（图 2.7.17）。

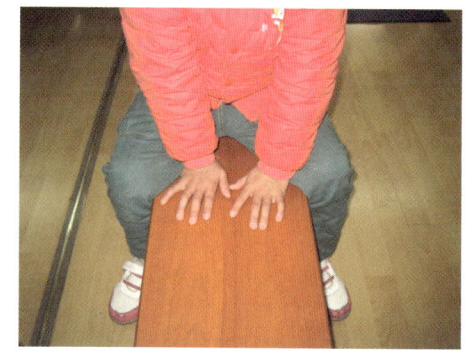

图 2.7.17　长凳

（13）后拉步行器：用于幼儿步行时矫正姿势（鼓励伸展），也适用于户外活动（图 2.7.18）。

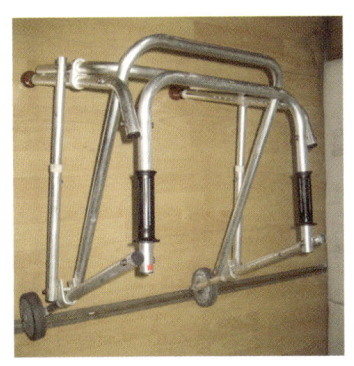 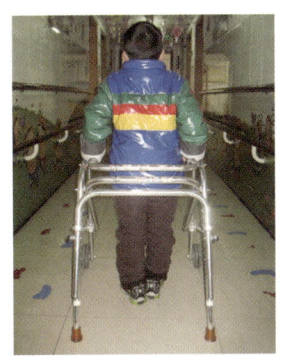

图 2.7.18 后拉步行器

（14）站立架：用于站立功能有障碍的儿童进行训练（图 2.7.19）。

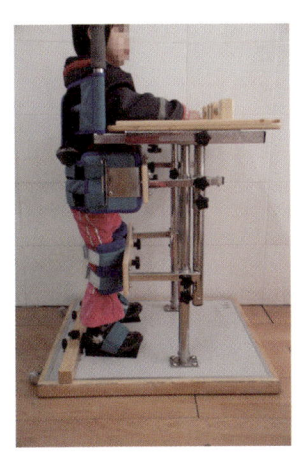 

图 2.7.19 站立架

（15）平衡杠：帮助儿童学习行走。儿童可以在步行、横行、从站到蹲的练习时用手抓握扶持（图 2.7.20）。

（16）地梯：增强行走的平衡能力。鼓励儿童在走每一步时将腿抬高，离开地面（图 2.7.21）。

图 2.7.20 平衡杠　　　　　　　　图 2.7.21 地梯

（17）斜板：站立时，帮助儿童牵拉踝关节（图 2.7.22）。

（18）三角垫：帮助儿童坐在地上穿脱鞋袜时伸直腰背（图 2.7.23）。

　　　图 2.7.22　斜板　　　　　　　　　图 2.7.23　三角垫

（19）台板：可当作小桌子使用（图 2.7.24）。

图 2.7.24　台板

（20）便盆：用于如厕训练（图 2.7.25）。

 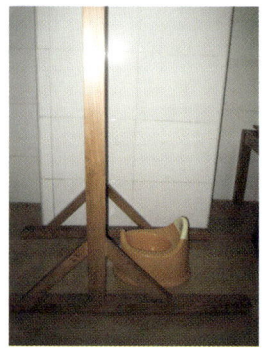

图 2.7.25　便盆及其使用

第二节　引导式教育环境设计

环境，对儿童身心发展起着重要的作用。引导式教育环境可以分为物质环境和精神环境两种。物质环境，是指对儿童发展有影响作用的各种物质要素的总和，如引导式教室布置、走廊设计、各种设备与教具等。精神环境，较具体的是指成人对儿童的正面态度、培养积极的学习态度的环境、愉快及充满交流的学习气氛。因此，要建立良好的引导式教育系统，不单单只顾及器材添置和场地设施，也需要同样重视或更要重视工作人员的素质。瑞士心理学家皮亚杰认为，人的潜力行为就是适应能力，环境是儿童发展最重要的因素之一。由此可见，环境对教育的影响十分重大。

在引导式教育中，环境始终是与儿童共存的，儿童既依赖于环境，也能作用于环境，儿童与环境相处的方式直接影响着他们学习训练的质量，正因为如此，在引导式教育中环境创设是第一步。引导式教育强调要建立儿童适应日常生活与集体环境的能力，无时无刻不在利用各种场景进行学习和锻炼，所以在环境与设施的安排上，不能只是为了美观、表面化、片面化，而是要让儿童参与和利用整个环境，用以激发其内在的积极性，促进全面发展。虽然在此主要谈物质环境，但要注意，精神环境与物质环境同样重要。

一、引导式教育环境设计功用和要求

环境的创设要考虑到给儿童提供哪些日常训练的机会，使他们提高生活能力，帮助他们更好地融入到将来的学习和生活中，同时兼顾儿童的心理发展特点。

（一）符合儿童身心的全面发展

引导式教育环境应该是儿童喜爱的，所以装修色调等方面都要体现出儿童的审美特点和需求（如图 2.7.26 ~ 2.7.28）。

（二）使空间发挥最大效用

在引导式教育中，儿童时常会用到梯背架、地梯、助行器等工具，所以要提供足够的空间让儿童自由地进出和活动。要考虑怎样设计这些空间，才能使其发挥最大的效用。

图 2.7.26　浙江康复医疗中心的壁报　　图 2.7.27　济南市按摩医院的墙面

图 2.7.28　浙江康复医疗中心的走廊

1. 走廊的设计

（1）走廊必须足够宽，至少能让来回两队人同时通过。走廊的理想宽度为 220cm。走廊地面要防滑和平坦，让儿童在步行时不会因为太滑而摔倒，也不会因为不平整而影响步行的效果。还可以在走廊的地面上设计一些小脚印、数字或图形，让儿童有意识地按脚印进行步行练习（如图 2.7.29 ~ 2.7.32）。

（2）儿童进行常规步行时，把地梯置于走廊的栏杆旁边，提示儿童提步行走（图 2.7.33）。常规步行结束，把地梯置于栏杆内，保持走廊通畅（图 2.7.34）。

第七章 教具与环境设计 实践篇

图 2.7.29 浙江康复医疗中心
有脚印图案的地面

图 2.7.30 浙江康复医疗中心
写有数字的地面

图 2.7.31 济南市按摩医院
有脚印图案的地面

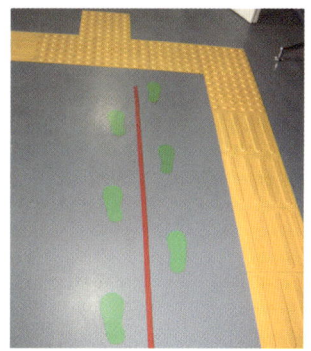

图 2.7.32 济南市按摩医院
画有线条的地面

图 2.7.33 东莞市残疾人康复中心
训练时的地梯放置

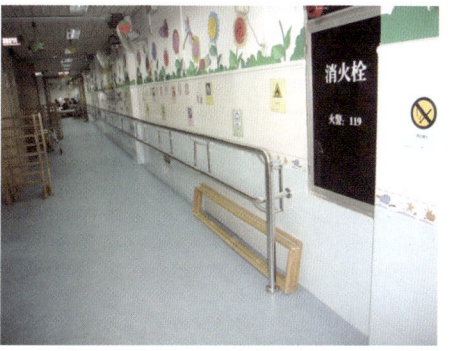

图 2.7.34 东莞市残疾人康复中心
训练结束时的地梯放置

275

2. 教室的设计

体能课教室要足够大（如图 2.7.35、36），母婴组的教室应该可以区分出不同的区域分别作为小憩、如厕之用（如图 2.7.37）。

图 2.7.35　浙江康复医疗中心
　　　　　的大空间教室

图 2.7.36　浙江康复医疗中心
　　　　　的休息房间

图 2.7.37　浙江康复医疗中心的如厕训练角

应当在每组教室入口醒目的位置设置报到板（图 2.7.38），也要适合此阶段儿童的认知和学习能力。

图 2.7.38　东莞市残疾人康复中心的报到板

3. 台阶的设计

台面应防滑，台阶边缘要有防滑条，以防止儿童滑倒和踩空。台阶高度不能大于15cm，宽度不能大于26cm，楼梯井不能大于17cm。当楼梯井过宽时，必须采取安全措施，以防止儿童发生坠楼事件。楼梯栏杆垂线间距不应大于11cm。安装扶手可供儿童上下楼梯和步行练习。儿童应使用圆形扶手，建议外直径为2.5～3.2cm，建议高度为51～71cm，扶手要使儿童容易抓握并且感到舒适、方便和稳固。

4. 厕所和洗手池的设计

空间必须足够大，需要考虑整个小组儿童进出的流畅性、安全性及可行性，所以必须考虑不同活动能力儿童的需要。

（1）图2.7.39所示为供能力轻、中度障碍的儿童使用，厕所外面和里面均贴有代表男、女的图片，让儿童认识自己的性别，学习一些社会规范。

图2.7.39　能力轻、中度障碍儿童用的厕具

（2）洗手池旁边需设置扶手（图2.7.40），水龙头需加简单的设置，可让儿童更独立。例如，在水龙头上加装饮料瓶以拉近儿童洗手时的距离（图2.7.41），利用塑料管增长水龙头的开关柄使儿童更易操作（图2.7.42）。

图2.7.40　洗手池旁设置扶手

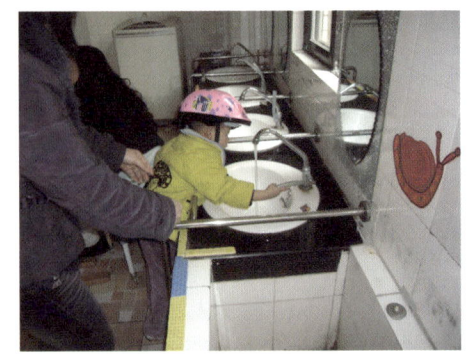

图 2.7.41　浙江康复医疗中心在水龙头上加装饮料瓶　　图 2.7.42　广东省残疾人康复中心用塑料管增长水龙头的开关柄

（3）厕所内增设栏杆和扶手，让儿童主动进出厕所及移动至马桶，较大程度地独立完成如厕和洗手过程（如图 2.7.43）。

图 2.7.43　广东省残疾人康复中心在厕所内安装栏杆和扶手

（4）厕所门口宽阔及开放式设计（图 2.7.44），儿童使用助行器进出较方便，使如厕常规更流畅。

第七章　教具与环境设计 实践篇

图 2.7.44　东莞市残疾人康复中心厕所门口采用开放式设计

（5）母婴组幼儿通常只能短距离步行，可将便盆和垃圾桶放在教室里让儿童使用梯背架学习蹲便盆。针对母婴组儿童的身高，便盆可加不同高度的泡沫垫（图 2.7.45）。

图 2.7.45　浙江康复医疗中心教室内加泡沫垫的便盆

5．儿童餐厅的设计

（1）进餐时，应根据儿童目前存在的进餐困难个别化对待。例如，在儿童所用的条台上添加扶手、手扎或拳套（图 2.7.46）或挖空木板以固定饭碗（图 2.7.47）。

图 2.7.46　在用餐条台上添加扶手、手扎、拳套（浙江康复医疗中心）

279

图 2.7.47　条台上挖空木板以固定饭碗（浙江康复医疗中心）

母婴组儿童在教室里用茶点，配合在教室坐便盆的常规——课间擦手、喝水、递毛巾（图 2.7.48）。擦手时，双手不能伸直的儿童要绑上手和肘关节；有的儿童不能很好地维持坐凳位时，则需要用绑带将其固定于坐凳上；喝水时，要使用儿童容易抓握的双耳杯（图 2.7.49）。

（3）严重弱能组可利用茶点时段进行站立训练（图 2.7.50）。

 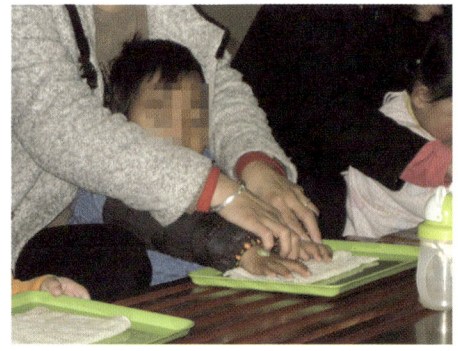

图 2.7.48　浙江康复医疗中心茶点及准备

 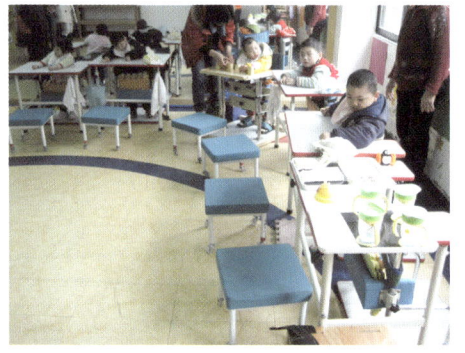

图 2.7.49　双耳杯　　　　　　图 2.7.50　广东省残疾人康复中心
　　　　　　　　　　　　　　　　茶点前的站立训练

第七章　教具与环境设计 实践篇

6. 儿童寝室的设计

（1）按照母子同训的概念，儿童入院训练的时段，家长也陪伴入院，寝室的设计会考虑到母子的需要，如提供子母床（图 2.7.51），寝室里有供儿童换衣和进行课后练习的条台。在寝室的阳台上同时配有厕所和洗手台（图 2.7.52）。

（2）没有寝室的训练中心，在午睡时间，可利用条台上加上垫褥作为儿童的睡床，并把垫褥卷起，让儿童能应用条台习作程序习得的技巧（图 2.7.53）。

图 2.7.51　子母床

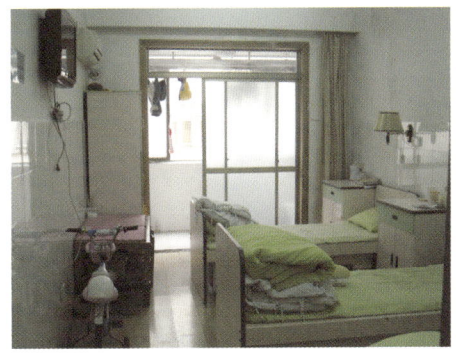

图 2.7.52　浙江康复医疗中心寝室中厕所和洗手台配置

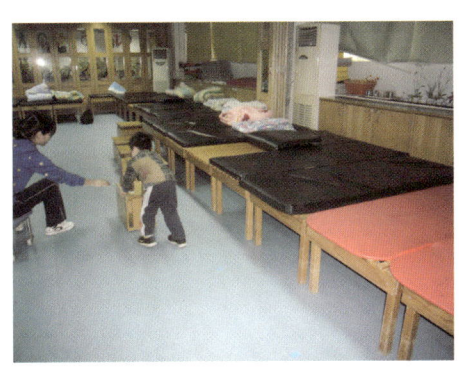

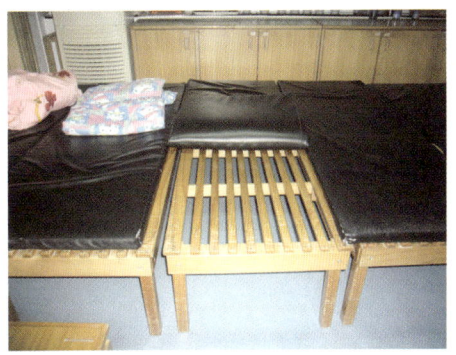

图 2.7.53　东莞市残疾人康复中心利用条台午睡

二、引导式教育环境设计原则

（1）安全性原则：安全性是创设环境时的基本原则。地面应该防滑，家具应避免尖锐的角，墙面可使用"软包"（图 2.7.54）。

图 2.7.54　安全地创设环境

（2）与主题相结合的原则：要将主题教学贯穿于引导式教育中，除了墙面的环境设计，还可以在教室中设立区域角，放置有关主题的实物，如书籍、图片、植物、小动物等。也可以将儿童制作的东西设计成一面主题墙，如与春天有关的主题墙面（图 2.7.55），或把课堂的照片按主题展示，让儿童重温上课片段（图 2.7.56）。

图 2.7.55　浙江康复医疗中心的主题墙

第七章　教具与环境设计 实践篇

图 2.7.56　东莞市残疾人康复中心的主题墙

第三节　引导式教育教具设计

教具对儿童的学习起着不可低估的作用。教具品种的多样化能使课程变得生动有趣。儿童的思维以具体形象为主,抽象逻辑开始萌芽,其思维活动离不开对事物的直接感知。设计和制作的教具要对儿童有充分的吸引力。可以利用各种纸类、废旧物品等材料进行制作,制作时要突出特征,形象正确,色彩鲜艳,还鼓励使用生活中的用具或物品做教具。教具还应是活动多变的,可拼可拆,能够让儿童动起手来,不过要考虑脑瘫儿童抓握及手眼协调的能力进行调适。同时,还要结合主题教学,使教具更具有教育意义。

为了便于储存及取放,可以把教具按主题或特质或功能进行分类(图 2.7.57)。

图 2.7.57　按功能分类的教具存放架

一、以主题分类

（1）我的家（2.7.58）。

图 2.7.58　我的家

（2）上学了（图 2.7.59）。

图 2.7.59　上学了

（3）不同的职业（图 2.7.60）。

图 2.7.60-1　职业工具与零件

 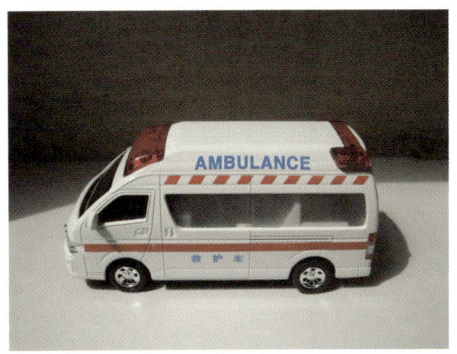

图 2.7.60-2　不同的职业用车

（4）五官世界：五官的分解教具、"我听"、"我看"、"我闻""我尝"等（图 2.7.61～63）。

 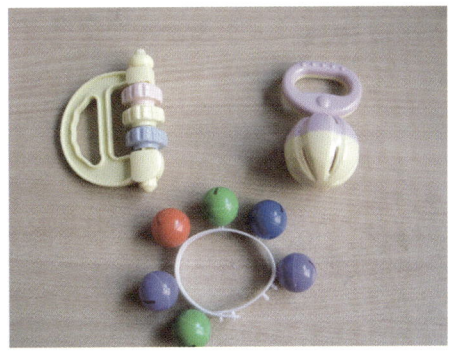

图 2.7.61　认识五官　　　　　　　　图 2.7.62　我听

图 2.7.63　我看

（5）瓶罐乐：利用瓶子、罐子制作各种教具（图2.7.64）。

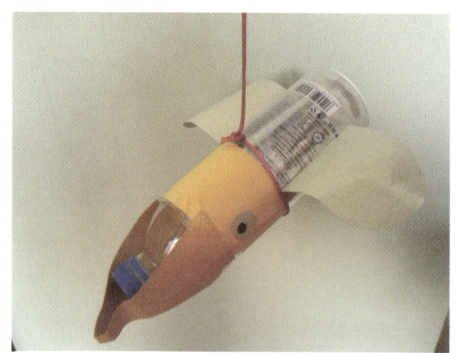
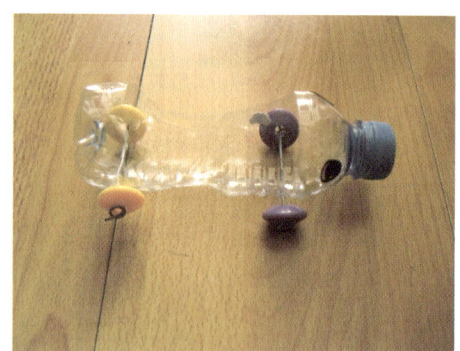
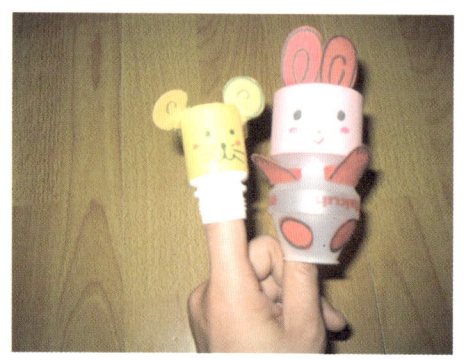

图2.7.64　瓶罐乐

（6）盒子多好玩：利用盒子制作各种教具（图2.7.65）。

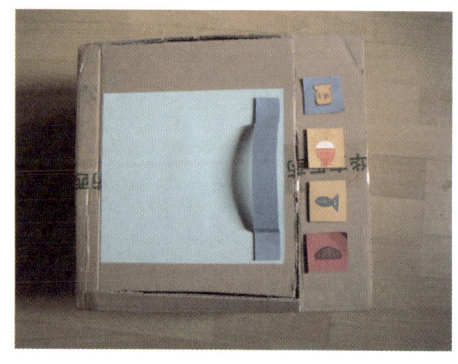
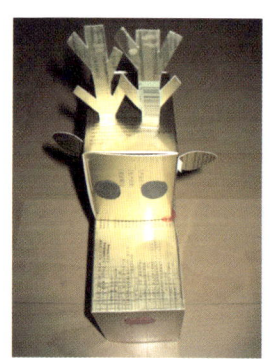

图2.7.65　盒子多好玩

（7）小花草大世界（图2.7.66）。

图 2.7.66 小花草大世界

（8）夏日乐趣多：认识夏天的水果，制作冰，玩水和沙子等（图 2.7.67）。

图 2.7.67 夏日乐趣多

（9）节日的主题（图 27.68）。

图 2.7.68 节日的主题

二、以教具的特性分类

（1）手眼协调玩具（图 2.7.69）。

287

图 2.7.69　手眼协调玩具

（2）基本概念玩具（图 2.7.70 ～ 72）。

图 2.7.70　大小比较　　　　　　　图 2.7.71　形状配对

图 2.7.72　数字概念

（3）身体概念：通过人形图、布偶、洋娃娃等认识身体结构（图2.7.73）。

图 2.7.73　身体概念

（4）语文（图 2.7.74）。

图 2.7.74（1）　语文画报

图 2.7.74（2） 语文书

（5）视觉艺术（图 2.7.75）

图 2.7.75 视觉艺术

（6）音乐律动玩具（图 2.7.76）。

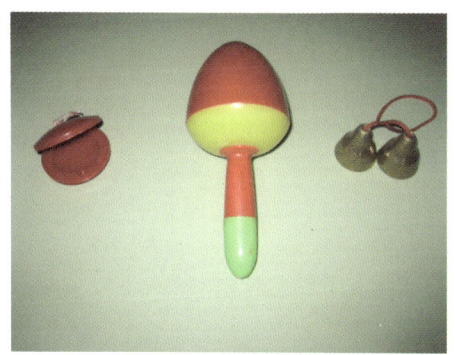

图 2.7.76（1） 音乐律动玩具

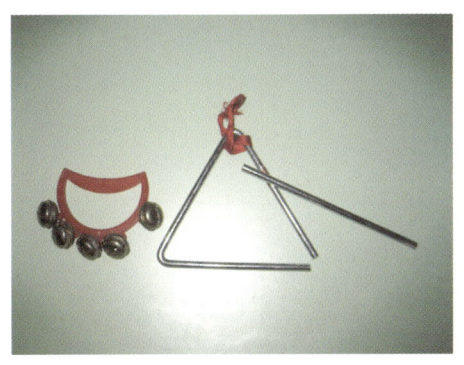 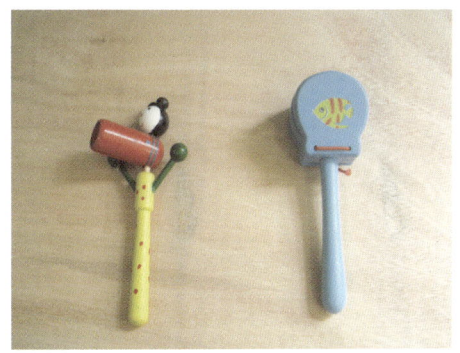

图 2.7.76（2） 音乐律动玩具

（7）假想游戏：如扮家家、小小清洁员等（图 2.7.77）。

 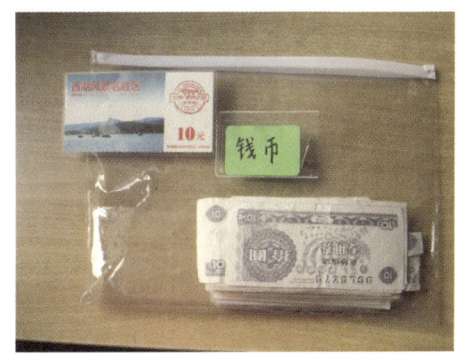

图 2.7.77　假想游戏

（8）有质感的感官玩具：布料、香料、发光玩具等（图 2.7.78、79）。

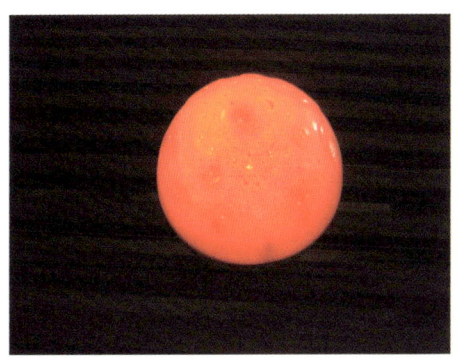 

图 2.7.78　质感玩具

图 2.7.79 放有醋和花露水的杯子（进行气味分辨）

（9）大肌能活动的玩具（图 2.7.80）。

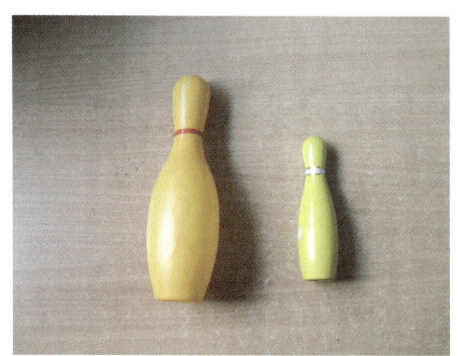

图 2.7.80 大肌能活动的玩具

（10）其他：引导式教育用具还有木棒、手扎、脚扎、拳套、胶圈、扶手等（参考本章第一节）。

结语

环境与用具的设计对有运动障碍的脑瘫儿童有非常重要的意义，引导式教育重视这一方面的规划，不单是为患儿提供无障碍设施，更重要的是环境、教具与用具是诱发儿童主动参与及提升能力的重要元素，并且能使课堂学习更有趣味性及挑战性，又能使常规学习具有可行性。因此，环境、教具与用具的规划必须与引导式教育其他元素一同考虑。

参考文献

[1] 欧安娜，余雪萍. 伴儿同行. 2 版. 香港复康会世界卫生组织复康协作中心，2006.

[2] 杨枫. 幼儿园教育环境创设与玩教具制作. 北京：高等教育出版社，2006.

[3] 何少玲. 儿童康复中心的设计. 中国残疾儿童康复培训中心、香港复康会、世界卫生组织复康协作中心，2009.

[4] 李季湄. 幼儿教育学基础. 北京：北京师范大学出版社，1999.

第八章 家长培训

第一节 家长培训概念

一、家长的重要角色

家长是儿童教育的核心人物，也是漫长康复道路上促进儿童学习的启动者。只有家长直接参与儿童的学习和训练活动，才能成为专业人员的伙伴，成为儿童康复的主导力量，从而保证脑瘫儿童可持续地、有效地康复。每一个残疾儿童的背后都需要一个伟大的家长，因此家长培训也就成为康复道路上的一项重要工作。同时，家庭鼓励是影响脑瘫儿童社会参与状况的关键因素。

二、家长面对脑瘫儿童的心路历程

家长培训工作首先要了解家长面对脑瘫儿童的心路历程。从开始的"拒绝承认，愤怒"阶段到最后的"接纳"阶段，家长们的经历各种各样，但心理变化是相似的。要分清楚家长处在哪个阶段，才能找到一个切入点，才能有的放矢。

"拒绝承认，愤怒"阶段：当他们发现自己的孩子存在问题时，便四处求医，希望医院诊断错误，埋怨上天对他们不公平。

"害怕，罪恶感"阶段：当一张张诊断书都相同的时候，家长们开始担心忧虑："我的孩子得了这种病，朋友们会看不起我，会耻笑我，我的孩子长大了该怎么办？都是因为我，孩子才这么痛苦，都是我的过错造成了孩子一生的不幸。"

"沮丧"阶段：害怕过后家长开始寄希望于医疗机构，希望孩子的状况可以得到改善，但结果很不理想，希望一次次落空，家长们感到束手无策、十分沮丧。

"接纳"阶段：家长不得不重新定位，面对现实开始接纳孩子，积极地寻求治疗。"都已经这样了，我希望我的孩子可以越来越好。什么方法对孩子治病较好？"

若家长长期停在前三个阶段，他们不是过分保护孩子，就是放弃孩子。所以家长培训工作的目的是帮助其尽快过渡到"接纳"阶段。

三、家长培训的原则

家长培训的原则从认识、理解、同理、尊重四个层面开展。

认识：认识家长面临脑瘫儿童问题的反应及背后可能的原因。换位思考，站在家长的立场上来认识问题，全面分析家长的各种反应背后可能存在的各种因素。

理解：理解家长的负面情绪，以及治疗师与家长沟通的障碍。家长的各种情绪反应，治疗师和家长对孩子的能力认识不同会产生各种分歧，不同的家居环境等，均能导致治疗师和家长沟通障碍。要理解这些造成他们之间沟通障碍的因素。

同理：只有站在家长的角度去看待问题，才可能体会家长的感受，这样才能在情感上和家长产生共鸣。

尊重：尊重家长的差异和决定。每个孩子所处的家庭环境不同，家长所接受的教育不同，家长的表现各不相同，他们有自己的想法和决定。一定要尊重家长的选择和决定，无论家长的决定是什么，最后一定要给予专业的判断和解决问题的方法。

第二节　家长培训方法

一、增加与家长的沟通

（一）了解家长

首先，要了解家长对儿童症状的认知与态度，以及家长教育儿童的能力。

1. 家长对儿童症状的认知与态度
（1）是否明白儿童的残疾状况？
（2）是否清楚儿童属于哪一种残疾类别？
（3）是否已接纳儿童残疾的现实？
（4）是否认同某些治疗对儿童有帮助？

2. 家长教育儿童的能力

（1）是否能够来中心协助训练？

（2）是否理解治疗师的讲解？

（3）是否能够按照治疗师的指示去做？

（4）是否能够安排好家居训练时间？

3. 家长与治疗师对待儿童的观念的区别（表 2.8.1）。

表 2.8.1　治疗师与家长观念比较

治疗师的观念	家长的观念
认为儿童需要独立学习	认为儿童需要很多协助
认为儿童有能力学懂	认为儿童怎样学也不懂
认为儿童需要多练习	认为既然不懂练习也没用
认为儿童需要辅助器具	认为辅助器具没有实质作用

（二）与家长沟通

了解了家长对儿童的态度和希望及其教育儿童的能力后，就要开始与家长进一步沟通。与家长沟通的重要原则是言语上要用积极正面的说辞，要真心实意尊重家长。治疗师和家长的关系应该是伙伴关系，无论面对什么样的家庭背景，都应该接纳每个家庭的优势与弱势。

二、解决家庭中的实际困难

（一）协助增进与改善家庭功能

在家庭生活中自理能力占有主导地位，在机构内以引导式教育课程的形式帮助儿童学习生活自理（图 2.8.1），合理编排整日流程目的是给儿童提供反复学习的机会。而在家庭中，由于各方面因素的限制，家长往往替代儿童完成各种活动，这就会使康复效果得不到延续。具体的做法应当是：嘱咐家长平日里按照课堂上的方法和口令帮助儿童反复练习，并根据儿童的能力合理安排家庭中的整日流程。

（二）协助家长寻找和整合资源

残疾儿童的家庭相对贫困，帮助他们寻找经济上的援助是非常必要的（图 2.8.2）。残疾儿童上学难，很难被普通学校接受，所以更应该努力寻找资源、开通渠道，使他们得到受教育的机会（图 2.8.3）。

第八章 家长培训 实践篇

图 2.8.1 茶点时段的生活自理常规学习

图 2.8.2 发放生活补贴

图 2.8.3 入学

（三）帮助家长建立对孩子的合理期待

家长们很难对自己的孩子有一个合理的期望，不是过高就是过低。他们有的认为自己的孩子很聪明，无论做什么事情都可以和正常孩子一样；有的认为自己的孩子什么都不会、什么都不懂。引导式教育机构要让家长们看到自己孩子的能力和困难，建立对他们的合理期待。

三、对家长进行专业的康复指导

（一）康复知识讲座

每周固定时间进行康复知识讲座（图 2.8.4），授课人员有医生、心理治疗师、康复治疗师、矫形专家、成年脑瘫患者、脑瘫儿童家长等，不同领域、不同人员的不同体会，给家长们传递的不仅仅是知识，还有心灵的震撼。家长们被感化着，从心理上和行动上逐渐配合康复治疗工作（表 2.8.2）。

图 2.8.4　家长康复知识培训讲座

表 2.8.2　2010 年家长培训课程安排举例

培训时间	主讲人专业	培训内容
3月4日	医生	引导式教育的理念和原则
3月18日	康复治疗师	小儿脑瘫的头部控制训练
4月1日	康复治疗师	小儿脑瘫的翻身训练
4月15日	成年脑瘫患者	我的成长历程
4月29日	康复治疗师	脑瘫儿童作业治疗的方法
5月13日	康复治疗师	小儿脑瘫的口肌训练
6月10日	特殊教育老师	脑瘫儿童与游戏
7月1日	康复治疗师	引导式教育在家庭中的应用
7月15日	特殊教育老师	如何帮助儿童完成家庭作业
7月29日	矫形专家	坐位保持的训练
10月8日	医生	引导式教育的基本模式
10月21日	康复治疗师	位置转移在生活中的应用
11月4日	康复治疗师	站立训练
11月18日	心理治疗师	如何在生活中提升认知水平
12月2日	特殊教育老师	如何与儿童沟通
12月16日	医生	脑瘫儿童生活护理常识
12月30日	医生	小儿生长发育过程

（二）诱发技巧指导

在训练过程中，家长要全程陪同，跟从康复治疗师与儿童一起参与课堂学习（图 2.8.5），认真仔细地观察儿童的反应。康复治疗师定期安排家长指导课，向家长讲解诱发技巧（图 2.8.6）。

图 2.8.5　家长陪同上课　　　　　　图 2.8.6　家长指导课

（三）家长交流会

每个月给家长开一次交流会（图 2.8.7），及时对个别家长进行心理疏导，给家长心理和精神上的支持。

图 2.8.7　家长交流会

（四）家长考试

对家长进行考核评分是鼓励家长参与脑瘫儿童康复的最佳方法，考核成绩优异的家长能体会自己辛苦付出的成功感，考核成绩落后的家长会努力参与家庭康复，争取下次考核成绩优异。通过计分公示考核成绩（表 2.8.3），提升了家长的参与意识，同时也让家长增强了家庭康复的信心。家长考试可提高家长的积极性，康复治疗师可以进一步做康复手法指导。图 2.8.8 ~ 10 显示出了家长考试的气氛。

表2.8.3　家长培训考核表

儿童姓名	考勤	康复知识	家庭康复训练执行情况	手法操作	总分

评分标准：

1. 考核共分4大项，其中考勤、康复知识各15分；家庭康复训练执行情况30分；手法操作40分，共计100分。

2. 90分以上为优秀，60～90分为合格，60分以下为不合格。

3. 两个月考核一次，成绩不合格者将打扫训练室卫生一周。

年　　月　　日

济南市按摩医院脑瘫康复中心

图2.8.8　家长技能大赛比赛现场

图2.8.9　家长技能大赛与义工互动

图2.8.10　家长技能大赛颁奖照片

（五）参加社会公共活动

每年，康复中心都要组织至少 6 次的大型活动（图 2.8.11），让残疾儿童像普通儿童一样享受参与社会的权利，同时可以让家长真正走出阴霾，培养家长积极向上的性格。尽早地融入社会，感受社会的关注和温暖是家长培训的重要事项。

图 2.8.11　外出乘坐公交车

四、指导家长延续康复效果

（一）家庭作业

鼓励家长每天完成家庭作业，按照康复治疗师的要求记录每项完成的情况，将每项做了多少次、每次做了多长时间记录清楚，到月末交回到康复中心再领取下个月的作业。如果儿童放假，要求家长每天填写家庭作业记录表（表 2.8.4），开学时对儿童进行评估，对家长进行考试。

表 2.8.4　家庭康复指导每日家庭作业记录表

儿童姓名：　　　　　出生日期：　　　　　家长姓名：

作业内容 \ 月	1	2	3	4	5	6	7	8	9	10	11	12
完成情况：												

（二）电话咨询和家访

对于离开康复中心的脑瘫儿童，应定期进行电话指导或家访。电话询问儿童的情况、家长在家庭康复中遇到的困惑，给予积极的引导和鼓励，针对不同的情况给予专业的康复指导。家访可以进一步增强家长的信心（图2.8.12），可以为脑瘫儿童制订更合理的家庭康复方案（图2.8.13）。工作人员根据儿童的家居环境给予专业的指导，提升家庭康复的效果。

图2.8.12　工作人员家访合影

图2.8.13　家庭康复方案

结语

家长培训是一项长期的工作，任重而道远，持之以恒地进行家长培训，使家长直接参与儿童的学习训练活动，成为专业人员的伙伴、儿童康复的主导力量，相信残疾儿童的明天会更美好。

家长培训是艰巨而重要的工作，需要集合多方的智能，附录2.8.1及2.8.2提供了更多参考。

第八章 家长培训 实践篇

附录 2.8.1

浙江康复医疗中心 家长培训

主笔 彭 辉

因为引导式教育是一种新的康复方法，许多家长对其理念及方法还不了解，存在种种顾虑，总认为传统的康复方法好。针对家长的顾虑，我们采取以下形式：集体培训、课堂指导、个别交谈。

（一）集体培训

新参加引导式教育的家长，由于来到一个新的环境，会产生无所适从的感觉。对这些家长进行引导式理念培训，使他们明白：什么是引导式教育、引导式教育的原则及组成、为什么要协助做流程、引导式教育与传统康复的区别，目的是使家长及脑瘫儿童尽快适应环境，开始步入有规律的生活。在康复技巧方面：组织母婴组家长反复观看《0～2岁脑瘫儿童家庭训练方法》、本中心的两套自制光盘——《预防脑瘫儿童挛缩与提高肌力的方法》及《脑瘫儿童穿脱衣方法》，提高家长对脑瘫的认识和康复技巧。

（二）课堂指导

引导式教育特别强调家长的参与，主要是亲自照顾儿童的母亲们。父母们越早介入越容易明白及接受儿童的状况，从而建立培育儿童的信心及能力。家长透过直接参与儿童的整合学习，可以掌握观察及诱导儿童的方法。如熊站时：痉挛型儿童要保持膝盖伸直，膝反张型儿童则要保持膝盖打弯。此时，如何协助固定一侧肢体而活动另一侧？步行时如何协助儿童进行重心转移？

在团队与家长的合作中，要了解家长的状况及需要。如：妈妈的性格及心理状况、对孩子的看法和期望、对脑瘫儿童给予的支持内容和支持时间。通过直接及全面的接触，团队与家长建立紧密及互相信任的关系。

另外，家长是在课堂上与儿童及小组其他家长一起开展整合学习，而不是传统的母亲在众目睽睽下被选出来受人指点。这种自然接触、相互交流及相互支持的方式，消除了家长的孤独感，有助于建立信心。

（三）个别交谈

团队强调与家长建立共同一致的目标。引导员除了向家长解释为儿童制订的学习目标之外，还要重视家长提出的意见，为的是达成一致的目标。因为儿童大部分时间与家长在一起，所以要教导家长运用课堂上学习的方法帮助儿童进行翻身、位置转移等，以及在如厕、洗漱、穿脱衣服、进食、进饮方面进行协助。要使家长明白不能只注重体能训练，生活自理能力的培养也同样重要。

[1] 鲍秀兰. 0～2岁脑瘫儿童家庭训练方法. 中国科学文化音像出版社.

第九章 成功案例

这一章摘录了四家单位的几名儿童的发展情况,目的不在于显示引导式教育的成效,重要的是让同行更明了引导式教育既是以小组的形式进行学习与训练,也必须针对个别儿童的特质、能力和需要制订学习与训练目标,并且要在有规划的"整日流程"里,专业团队与家长并肩陪伴孩子走成长之路。

此次再版,记录了浙江康复医疗中心跟进的一名儿童(个案丙芬芬)进入学校的情况,可以作为促进肢体残疾儿童融合教育的示范;补充了个案甲可可在上期项目完结后继续在浙江康复医疗中心接受引导式教育的进展,直到入读小学,展示了引导式教育的长远效果。

第一节 浙江康复医疗中心

一、个案甲

(一)儿童基本情况

儿童××,女,2009年1月出生。双胎之一(另一胎于3个月龄时因发育不良死亡),足月自然生产,出生体重3.1公斤,无窒息史。4个月时双手不会抓握,6个月余头颅CT提示脑白质偏少。于13个月时(2010年3月)进入浙江省疾病人康复指导中心(浙江省康复中心)参加引导式教育,当时尚不会翻身,不会独立坐、爬,扶站时双尖足,不会对物注视、追视,不会叫"爸妈",头围43厘米。双上肢肌张力Ⅰ级,双下肢肌张力Ⅰ~Ⅱ级,诊断为脑性瘫痪(脑瘫)——痉挛性双瘫(表2.9.1)。患儿每年来中心康复6~9个月,直到7周岁。

表 2.9.1　个案甲基本情况及训练目标

范畴	入院时功能情况	学习目标				
		训练目标 2010年3月24日	训练目标 2011年4月8日	训练目标 2012年4月5日	训练目标 2013年4月15日	训练目标 2015年4月10日
大肌能活动	1 翻身：要在成人的完全协助下，完成俯卧→仰卧→侧卧→仰卧→俯卧位的体位转换 2 坐位：在成人的完全协助下，才能保持正确的坐姿 3 站立：在成人的完全协助下，双手抓住梯背架，才能站立	1 建立地席上侧卧→仰卧位的体位转换 1.1 在成人的大量触体协助下，能有时在玩具的吸引下主动完成侧卧→仰卧位→俯卧位 2 建立坐位 2.1 在成人的大量触体协助下，能经常保持正确的坐位 2.2 能经常双手支撑立保持正确坐姿半分钟以上 3 建立站立 3.1 在成人的大量触体协助下，双手可抓住梯背架独站1分钟	1 增强翻身能力 1.1 在成人口头提示下，能经常完成仰卧位→俯卧位 2 巩固坐凳能力及平衡 2.1 在成人口头提示下，能经常保持正确的姿势1分钟以上，稍用外力推之不倒 3 巩固扶梯背架／条台站立的能力 3.1 在成人口头提示下，经常抓住梯背架独站1分钟并能推之不倒 4 增强扶梯背架／条台的转移能力 4.1 在成人的少量触体协助下，完成坐→站的能力	1 巩固腹爬的能力 1.1 在成人的少量协助下，能向前腹爬2米 2 巩固坐凳能力及平衡 2.2 在成人协助下，能经常弯腰一手撑地，一手拾起地面的物体后坐于凳上 3 巩固扶梯背架／条台站立的能力 3.1 在成人的少量协助下，一手握梯背架／条台，能有时向侧边／前方／上方伸手取物 4 巩固扶梯背架／条台步行的能力 4.1 在成人的少量协助下，主动提步横行5～10米	1 增强坐凳能力及平衡 1.1 在口头提示下经独立长时间保持腰背挺直坐于凳上 2 增强扶梯背架／条台站立的能力 2.1 经常单手抓梯背架站立5分钟以上不倒 3 增强横行的能力 3.1 在成人口头提示下，双手抓住横杆／条台，能经常横行5～10米 4 增强扶助行器步行的能力 4.1 在成人的口头提示下，扶助行器走30米	1 增强独坐的动态平衡能力 1.1 保持独坐，在成人的口头提示下，能经常弯腰从地上捡起东西 1.2 保持独坐，在成人的少量协助下，能有时抛接中号的触觉球 1.3 保持独坐，在成人的少量协助下，一脚固定，一脚活动（踢东西等） 2 增强扶助行器步行的能力 2.1 在成人的监护下经常保持正确姿势扶助行器走50米以上 3 巩固上台阶的能力

305

续表

学习目标

范畴	入院时功能情况	训练目标 2010年3月24日	训练目标 2011年4月8日	训练目标 2012年4月5日	训练目标 2013年4月15日	训练目标 2015年4月10日
	4 爬行：需要成人完全触体协助才能完成		5 建立扶栏杆/条台横行的能力 5.1 在成人的大量协助下主动迈步横行5~10米 5.2 在成人协助下抓握梯背架，平地步行5~10米	4.2 在成人少量协助下抓握梯背架，平地步行5~10米	5 建立上台阶的能力 5.1 在成人的大量协助下，双手扶着栏杆上10个台阶	3.1 能经常在成人的少量协助下，双手扶着栏杆上下台阶1层
上肢活动	双手不能在中线互握及举高过头，左手不能抓握及放松物体、拍打、扔抛物体的能力	1 建立双手在中线的互握 1.1 能经常在成人协助下，双手在中线位抓握物体 2 建立拍打、扔抛物的能力 2.1 能经常在成人大量协助下伸手拍和扔物体 3 建立左手伸手抓握、放松物体的能力 3.1 能经常在成人触体协助下，左手抓握与放松物体	1 增强双手在中线中操弄物品的能力 1.1 能经常自己在中线位抓握各种大小质地的玩具 2 巩固精细抓握、放手的能力 2.1 能经常在成人示范下，用左手二指拾起直径1厘米的小珠放入杯中	1 扩展双手操作的能力 1.1 在成人的口头提示下，能有时用右手拿粗的硬绳左手拿珠子穿直径1.5厘米的不同形状的珠子3颗以上 2 建立写画前/写画的技巧 2.1 在成人少量协助下，将左手肘伸直，固定右手肘于台面意握笔涂鸦	1 巩固写前/写画的技巧 1.1 在成人少量协助下，将左手肘伸直，固定右手肘于台面，右手前三指握水彩笔，在规定的范围内涂鸦	1 巩固写前画的能力 1.1 在成人口头提示下，将左手肘伸直，固定右手肘于台面，右手前三指握水彩笔，在规定的范围内涂鸦 2 巩固写画前的能力 1.2 在成人的少量协助下，在规定的范围内书写数字 1.2 在成人的少量协助下，在规定的范围内书写简单的汉字

第九章 成功案例 实践篇

续表

范畴	入院时功能情况	学习目标				
		训练目标 2010年3月24日	训练目标 2011年4月8日	训练目标 2012年4月5日	训练目标 2013年4月15日	训练目标 2015年4月10日
生活自理能力	需要在成人帮助下完成的进食、如厕、穿脱衣服	1 建立进饮能力 1.1 在成人大量触体协助下，能经常双手在中线位抓住双耳奶瓶把奶嘴放入口中 2 建立擦手能力 2.1 在家长大量协助下，能经常一手抓握毛巾，一手打开，反转擦手 3 建立如厕能力 3.1 在成人大量触体协助下，能偶尔坐在便盆上完成大小便 3.2 在成人帮助穿尿布时，能偶尔在触体提示下独立抬高屁股	1 增强进饮能力 1.1 在成人口头提示下，能经常双手在中线位抓住双耳杯喝水 2 巩固进餐能力 2.1 在成人口头提示下，经常用前三指捏取小馒头放入口中 2.2 在成人大量协助下，能有时用勺子舀食物送入口中3~5口 3 巩固擦手能力 3.1 在成人少量协助下，能经常一手抓握毛巾，一手打开，反转擦手	1 增强进餐能力 1.1 在成人口头提示下，能有时用用前三指握勺子用勺舀食物送入口中 2 巩固擦手能力 2.1 在家长少量协助下，能经常一手抓握毛巾，一手打开，反转擦手 3 巩固如厕能力 3.1 在成人的口头提示下，能经常保持站立，一手抓握梯背架，一手向下拉裤子 3.2 在成人的口头提示下，能稳坐于马桶上，双手抓握栏杆	1 增强进餐能力 1.1 在成人口头提示下，左手伸直抓握扶手，能经常用前三指握勺子吃下多半碗饭 2 增强擦手能力 2.1 在家长的口头提示下，能经常一手抓握毛巾，一手打开，反转擦手 3 增强如厕能力 3.1 在成人的口头提示下，能经常保持站立，一手抓握梯背架，一手向下拉裤子 4 增强脱鞋袜能力 4.1 字脚稳坐于席上/凳上，能经常将鞋子和袜子脱掉	1 增进进餐能力 1.1 能经常自己吃完整餐饭 2 增强擦手能力 2.1 能经常自己完成擦手的方式完成擦手 3 增强如厕的能力 3.1 能经常自己完成脱裤子、坐于马桶 4 增强脱鞋袜的能力 4.1 能经常自行穿脱鞋袜 5 巩固梳洗的能力 5.1 在成人少量协助下，拧干毛巾后，能完成洗脸 5.2 在成人少量协助下，挤牙膏后，能完成刷牙与漱口

307

续表

范畴	入院时功能情况	学习目标					
		训练目标 2010年3月24日	训练目标 2011年4月8日	训练目标 2012年4月5日	训练目标 2013年4月15日	训练目标 2015年4月10日
		4 建立脱鞋袜能力 4.1 在成人大量协助下，保持4字脚稳坐于席子/凳上，抓住袜子脱下	4 巩固如厕能力 4.1 在成人的少量协助下，能有时保持站立，一手抓栏梯背架，一手向下拉裤子3~4下 4.2 在成人的少量协助下能上下马桶，双手抓握坐马桶上下马桶，双手抓握栏杆 5 巩固脱鞋袜能力 5.1 在成人少量协助下保持坐位，4字脚，有时自行抓住鞋跟脱去鞋子、脱袜子	4 增强脱鞋袜的能力 4.1 在成人少量协助下保持坐位，4字脚，能经常自行抓住鞋跟脱去鞋子、脱袜子 5 建立穿袜子和鞋子的能力 能有时将袜子套上脚，有时将袜子拉3~4下 5.2 在成人协助下4字脚稳坐于席子/凳上，并将鞋子套好后自行完成粘搭扣	5 巩固穿袜子的能力 5.1 成人口头提示下能4字脚稳坐于席子/凳上，能经常将袜套上脚趾上，能自行将袜子拉上 5.2 在成人口头提示下，能4字脚稳坐于席子/凳上，并将鞋子套好后，完成粘搭扣 6 建立梳洗的能力 6.1 在成人协助下把毛巾铺开在手上后，能擦脸的各个部位 6.2 在成人协助下将牙膏挤在牙刷上后，能粗略提示下能用杯子漱口	6 建立穿脱衣的能力 6.1 在成人口的少量协助下，能经常双手抓住衣领将宽松的套头衫脱下来 6.2 在成人口头提示下，能把套头衣服在桌上正确铺好，并在少量协助下有时能穿上双袖 6.3 穿上双袖后，在成人大量协助下，能把衣服套到头上，能经常低头举手，抓住衣服慢慢向下拉并穿好

续表

范畴	入院时功能情况	学习目标				
		训练目标 2010年3月24日	训练目标 2011年4月8日	训练目标 2012年4月5日	训练目标 2013年4月15日	训练目标 2015年4月10日
认知	不认父母，对玩具无兴趣，不能追视在面前移动的物体	1 建立追视移动物体的能力 1.1 偶尔能够追视发光及发声的物体180度 2 建立身体概念 2.1 在触觉和环境提示下，有时注意自己的双手和双脚 2.2 在触体和环境提示下，对五官的名称有反应	1 巩固身体概念 1.1 能经常按照指令伸出手或脚 1.2 在环境提示下，有时正确指出自己的五官 2 建立用简单手势表达的能力 2.1 在环境提示下，有时用点头、摇头表达需要 3 建立实物概念 3.1 在环境提示下，有时指出3～4件常见的物体	1 增强身体概念 1.1 能经常正确指出自己身体的5个部位 1.2 在口头提示下，能经常指出五官的功用 1.3 在环境提示下，能经常分辨左右手脚 2 建立空间概念 2.1 在口头提示下，有时正确地将物体放在身体指定的左右/前后/上下/里面外面 2.2 在环境提示下，能有时正确地将物体放在指定的（左右/上下）地方。 3 建立配对概念 3.1 能有时将相同的物体准确配对	1 增强物体配对能力 1.1 能经常将对应的物体准确配对 2 增强空间概念 2.1 能经常正确分辨自己的左右侧 2.2 能经常正确地将物体放在指定的（左右/上下/前后/里外等）地方 3 建立数的概念 3.1 能有时正确指物数出1～10 3.2 在成人的口头提示下，能有时正确指认数字1～10 4 建立颜色及形状概念 4.1 偶尔说出常见物体的颜色（黄、红、绿）	1 建立探究能力 1.1 在成人的口头提示下，能经常对事物或现象进行观察比较，发现相同与不同（至少找出4～5个不同） 2 增强数的概念 2.1 能正确用实物配对1～10数字的量值 2.2 能有时正确数出20以内物体的数目 2.3 能偶尔用实物做出5以内的加法 3 增强语文能力 3.1 能经常认读常用和主题内20件物体名称 3.2 能经常认读自己和同组儿童的名字

309

续表

范畴	入院时功能情况	训练目标 2010年3月24日	训练目标 2011年4月8日	学习目标 训练目标 2012年4月5日	训练目标 2013年4月15日	训练目标 2015年4月10日
沟通	不会以目光、表情及声音回应成人的呼唤，偶尔无意识地发出咿咿呀呀的声音	1 建立回应成人的能力 1.1 在成人呼喊儿童姓名时，偶尔能以注视、微笑、声音回应 2 建立模仿他人的能力 2.1 当别人说话时，能偶尔重复他人发出的声音 2.2 在触体提示下，能偶尔模仿他人示范的动作	1 增强回应成人的能力 1.1 能经常以微笑、声音、点头、摇头回应成人的呼唤和问题 2 巩固语言表达能力 2.1 能有时在成人的提示下叫奶奶、老师 2.2 在成人少量提示下，能有时模仿他人重复词组 3 增强模仿他人的能力 3.1 在口头提示下，能经常模仿他人的动作	1 增强语言表达能力 1.1 能说出自己叫什么名字 1.2 能叫出4～5个同班儿童的名字 1.3 能说出3～4种小动物、身体部位、水果、常用物品的名称 1.4 在成人的示范下说出简单的句子，如"你好""我要"等	3.2 在口头提示下，能偶尔将相应物品准确配对 4 建立大小、多少概念 4.1 在环境提示下，能有时正确指出物体的大小 4.2 在环境提示下，能有时正确指出物体的多少 4.2 偶尔说出常见的形状（圆形、三角形、正方形） 5 建立长短、粗细、薄厚、轻重的概念 5.1 能偶尔正确比较并说出物体的以上特点	3.3 在图片提示下，能经常说出包含4个元素的句子 3.4 在图片提示下，能有时运用连接词（和/然后/因为/所以/等）造句子 1 扩展语言表达能力 1.1 在成人的少量口头提示下能经常基本完整地讲述自己的所见所闻和经历的事情 1.2 能经常喜欢跟读的律律感强的儿歌、童谣 1.3 能与熟悉的成人和同伴简单交流

310

续表

范畴	入院时功能情况	学习目标				
		训练目标 2010年3月24日	训练目标 2011年4月8日	训练目标 2012年4月5日	训练目标 2013年4月15日	训练目标 2015年4月10日
社交	不能辨认熟悉的成人，不能与他人简单交流与玩耍	1 建立与人交往的能力 1.1 当与家人一起时，经常能以笑声或停止哭声来回应 2 建立辨认熟悉的成人的能力 2.1 偶尔主动接近熟悉的人	1 巩固回应成人要求的能力 1.1 能有时按成人的要求交出玩具 1.2 对熟悉的人表达亲切的举动，如拍手、亲亲等 2 建立与同伴玩耍的技巧 2.1 在成人的提示下注意其他儿童的名字，正在做的事情 2.2 在成人的帮助下要求其他儿童一起玩、分享玩具	1 增强与同伴玩耍的技巧 1.1 在成人少量提示下，有时能要求同伴一起玩耍并分享玩具 1.2 在成人口头提示下，能偶尔进行假想活动 2 建立使用礼貌用语能力 2.1 在成人口头提示下，偶尔会说"谢谢""再见"等	1 增强与同伴玩耍的技巧 1.1 能有时主动要求同伴一起玩耍分享玩具 1.2 能偶尔自己与同伴进行假想活动 2 增强使用礼貌用语能力 2.1 能有时在恰当的情境下主动说"谢谢""对不起""你好"等	1 增强与同伴玩耍的能力 1.1 能经常主动要求与同伴一起玩耍和分享玩具 1.2 能有时与同伴商量玩什么 2 增强自信、自主能力 2.1 能经常自己的事情尽量自己做，不依赖别人

(二) 入院后每天作息表

表 2.9.2 不同组入院后作息时间表

时间	母婴组	时间	幼儿组	时间	学前组
8:30—9:00	步行/如厕/准备上课	7:00—8:20	起床/如厕/穿衣/梳洗/早餐	7:00—8:20	起床/如厕/穿衣/梳洗/早餐
9:00—9:40	感官认知 地席 坐立 长坐 地席	8:20—8:45	步行/如厕/准备上课	8:20—8:45	步行/如厕/准备上课
9:40—10:10	转移/进饮/如厕	8:45—9:25	条台 地席 地席 条台	8:45—9:25	坐立行 地席 地席 坐立行
10:10—10:50	单训（家长指导）	9:25—10:15	步行/如厕/擦手/喝水/小憩	9:25—10:15	步行/如厕/擦手/喝水/小憩
10:50		10:15—10:55	手部 口肌 常识 牵拉	10:15—10:55	手部 语言 沟通 写前
11:00—12:00	午餐		亲子游戏		
		10:55—11:15	位置转移/如厕/擦手	10:55—11:15	位置转移/如厕/擦手
12:00—14:00	转移/如厕/午睡	11:15—12:00	午餐	11:15—12:00	午餐
		12:00—14:30	如厕/午睡/牵拉	12:00—14:00	如厕/午睡/牵拉
14:15—14:55	地席 坐立 婴儿操 亲子游戏 音乐	14:30—15:10	步行 坐立 音乐 条台 位置转移	14:00—14:40	条台 位置转移 位置转移 音乐
14:55—15:20	转移/进饮/如厕	15:10—16:30	位置转移/如厕/喝水/小憩	14:40—15:20	位置转移/如厕/喝水/小憩
15:20—16:20	亲子活动时间			15:20—16:30	生活自理 牵拉 数学 语文 检讨

（三）母婴组引导式教育课堂照片

个案甲引导式教育课堂代表照片见图 2.9.1 ~ 2.9.4。

图 2.9.1　地席课

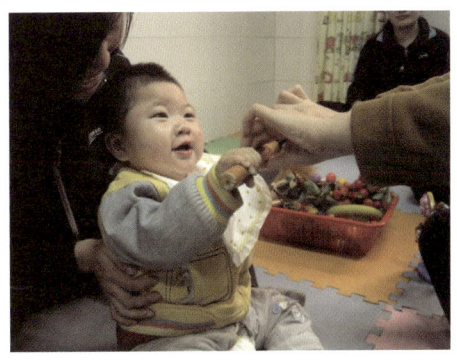

图 2.9.2　"木棒给老师"

图 2.9.3　"这样我会蹲便盆"

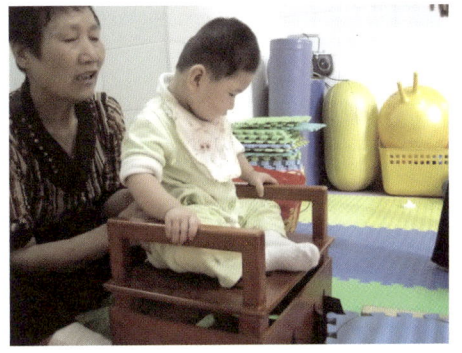

图 2.9.4　"我会自己坐稳"

（四）引导式教育整日流程照片

见图 2.9.5 ~ 2.9.11。

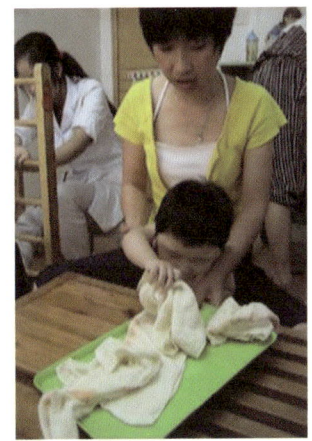  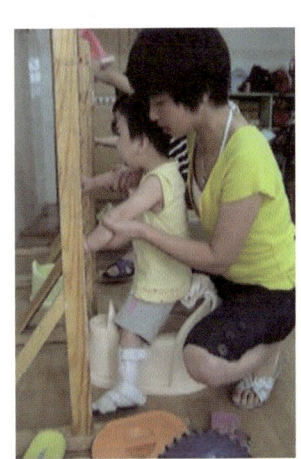

图 2.9.5　生活自理从小抓

313

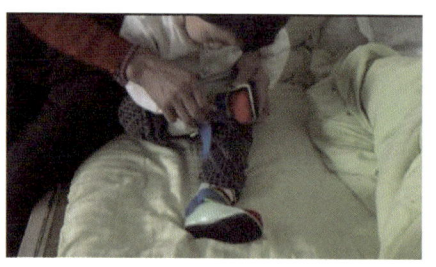
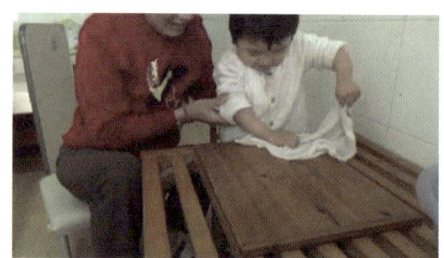

图 2.9.6 初步独立

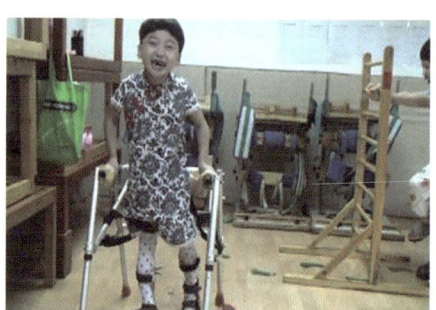

图 2.9.7 课间转移是训练走路的最佳时机

第九章　成功案例 实践篇

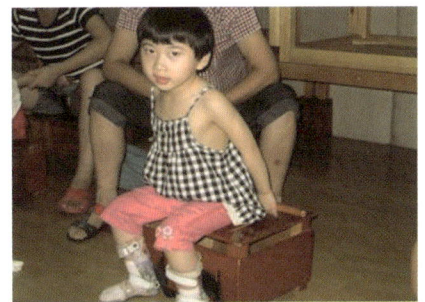

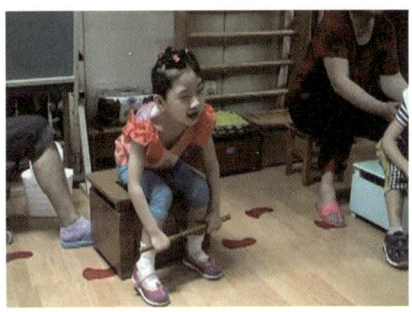

图 2.9.8　课堂上的坐稳训练

图 2.9.9　逐步独立进餐

图 2.9.10　课堂上的认知与手部训练

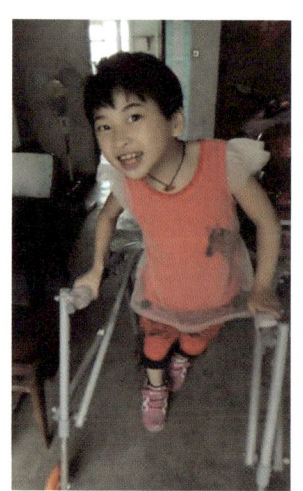

图 2.9.11　在家也能独立

（五）回家时的情况

个案甲在引导式教育的这些年里，渡过了快乐的童年，在六大领域均有很好的发展，为回归家庭和入学做好了准备。

表 2.9.3　个案甲引导式教育康复训练后的情况

范畴	功能情况
大肌能活动	1. 可经常独坐于木箱凳，接抛中号触觉球 2. 可经常独坐于木箱凳，双手按住膝盖，一脚踩实地板，一脚踢球 3. 可经常在家长少量协助（固定一脚）下独立横走 1～20 米 4. 可经常独立推助行器在教室 ⇌ 厕所 ⇌ 房间之间转移 5. 可在家长少量协助（固定一脚）下，经常双手扶栏杆两步一台阶上下楼梯 3 层
精细动作	1. 可经常左手按住条台，右手前三指握水彩笔在规定的范围内涂鸦 2. 可经常一手按住纸的一边，一手独立用剪刀剪直线，但速度较慢 3. 可经常在成人的少量协助下，右手前三指握铅笔在规定的范围内涂鸦 4. 可书写数字和简单的汉字，如上、下、左、右、生……
生活自理能力	1. 可经常独立擦手、喝水、刷牙 2. 可经常独立吃完整顿餐饭，并在口头提示下进行简单的餐后清洁 3. 可在成人少量协助（拉一拉领口）下穿脱套头衫 4. 可在成人少量协助（拉一拉裤腰带）下穿脱裤子 5. 可在成人帮助套上袜口和鞋头下，穿脱鞋袜
语言沟通	1. 可与熟悉的成人或同伴简单交流 2. 在成人口头提示下基本完整地讲述自己的所见所闻 3. 可经常跟读跟唱韵律感强的儿歌、童谣
概念	1. 具有初步的探究能力 2. 可偶尔能正确用实物表达 1～10 的概念，可偶尔正确数出物体的数目 3. 明白大小、轻重、长短、粗细的概念 4. 认识数种颜色 5. 认识 50 多个汉字

（六）出院回家及入学后建议

1. 继续加强下肢肌力和腰背肌力的训练，每天有爬楼梯、横走、户外推助行器步行、与同学坐位抛接球、踢球等活动。

2. 更换适合她的椅子，由木凳改为靠背椅（图 2.9.12A）。

3. 尽量给予更多的时间方便她转移如厕、进餐及餐后清洁。

4. 在学校走廊和厕所安装扶手，安装适合她的坐便器。

5. 引导员定期与老师沟通，制订入学康复计划。

6. 鼓励她与同学多交流，分享她的康复故事，以便同学们更加了解她。

7. 在规定的范围内书写数字和简单的汉字时，给其比普通儿童稍长的时间，以便提高书写质量和速度（图 2.9.12B）。

8. 老师给其平等的机会进行提问，帮助她解决问题。

图 2.9.12　我上学啦

（七）家长心声

2009 年 1 月，可可呱呱坠地，她白净、可爱，全家都欢喜。可是从她 4 个月开始，阴影就笼罩着我们，因为她不会追视，手也不能拿东西，自此我们开始了漫漫求医路……在她 13 个月大时，经人介绍，我们参加了引导式教育，可可从一个哭哭闹闹什么都不懂的小孩逐渐变得对玩具有兴趣、会伸手拿东西、认识爸爸妈妈、会跟小朋友玩、会自己吃饭、会唱歌、能认字写字，从不会翻身、不会坐到扶着助行器走、扶着栏杆或手杖下楼梯。由于不断进步，我们坚持每年都参加引导式教育，从母婴组到幼儿组、学前组，可可就像一个普通小孩一样享受到幼儿园的快乐时光。现在可可已经上了普通小学，像普通孩子一样很快适应了小学生活。可可能有今天我们非常欣慰，非常感谢李嘉诚基金会给我们参加引导式教育的机会，感谢老师们的付出，感谢奶奶的坚持！

二、个案乙

（一）儿童基本情况

儿童豪豪，男，2010 年 2 月出生。第一胎，足月剖宫产，出生体重 4.1 公斤，无窒息史。4 个月大时发现与其他儿童不同，不能自主翻身，双手不会抓握，俯卧位情况下头部控制尚可。8个月大时因发热（自身散热功能差）到医院检查头颅磁共振成像（MRI）提示"外围型脑积水"，诊断为"脑发育落后"。接受了2个疗程的鼠神经生长因子的治疗，效果不明显。于2014年9月（4周半岁时）进入浙江康复医疗中心（简称浙江省康复中心）参加引导式教育，当时可左右翻身，但翻身姿势不正确，能腹爬数步，会独坐，但不稳，双手支撑能力差，四点跪位不充分，不能直跪，不能独站和行走，扶站时膝关节向内屈曲，有尖足，双下肢肌张力高。查体：右侧手和肘关节畸形，右手功能较左侧差；右上肢肌张力 I$^+$ 级；精细动作不能，生活不能自理，日常如厕、进餐、穿脱衣裤等活动完全依赖家长。患儿性格内向，爱哭，智力发展接近同龄儿童。诊断：脑性瘫痪——痉挛型双瘫。患儿自2014年9月来浙江省康复中心进行康复治疗6~9个月直到现在。

表 2.9.4 个案乙基本情况及训练目标

范畴	入院时功能情况	学习目标			
		训练目标 2014年9月4日	训练目标 2015年1月4日	训练目标 2016年1月4日	训练目标 2017年3月15日
大肌能活动	1 翻身：在成人的完全协助下完成俯卧→侧卧→仰卧→侧卧→俯卧→仰卧→侧卧的体位转换 2 爬行：在成人大量协助下能腹爬2米 3 坐位：能独坐，但呈圆背状 4 站立：在成人协助下双手抓住梯背架站立，但膝、髋保持伸直，膝关节呈屈曲位	1 建立地席上侧卧→俯卧→仰卧的体位转换 1.1 在成人的少量协助下能经常以正确的姿势在玩具的吸引下主动完成仰卧→俯卧的体位转换 2 巩固腹爬的能力 2.1 能在成人的少量协助下，能向前腹爬2米 3 建立正确坐姿的能力 3.1 在成人的口头提示下，能经常挺直背保持正确的坐位5分钟 4 建立正确站立的能力 4.1 在成人的少量触体协助下，能经常双手抓握梯背架，保持髋、膝关节伸直站立3分钟	1 巩固保持正确坐姿及坐位动态平衡的能力 1.1 在成人的口头提示下，能经常挺直背保持正确的姿势10分钟 1.2 在成人的口头提示下，能经常独立完成团团转后保持背挺直坐好 2 增强正确站立的能力 2.1 在成人的口头提示下，经常抓住梯背架保持正确的站姿5分钟 2.2 在成人的少量触体协助下，能经常双手抓握梯背架，保持正确的姿势单脚站1分钟	1 增强保持正确坐姿能力及保持坐位动态平衡能力 1.1 在口头提示下，经常保持腰背挺直坐姿10分钟 1.2 在成人口头提示下，能经常弯腰一手撑地一手拾起地面的物体后坐于木凳上 2 增强正确站立的能力 2.1 在成人少量触体协助下，一手抓握梯背架/条台，另一手能经常举高过头向侧边/前/上方伸手取物 2.2 在成人口头提示下，能经常独立双手抓握梯背架，保持正确的姿势单脚站1分钟	1 增强保持正确坐姿及坐位动态平衡能力 1.1 能经常独立弯腰拾起地上的物体，并经常完成向远处抛物，坐稳于木凳不倒 1.2 能经常自觉保持良好坐姿 2 巩固站立能力 2.1 在成人少量触体协助下，一手抓握梯背架/条台，另一手能经常举高过头向侧边/前/上方伸手取物 2.2 在成人口头提示下，能经常徒手站保持2分钟而不倒

320

续表

范畴	入院时功能情况	学习目标			
		训练目标 2014年9月4日	训练目标 2015年1月4日	训练目标 2016年1月4日	训练目标 2017年3月15日
		5 建立位置转移能力	3 巩固位置转移能力	2.3 能偶尔徒手站立保持1分钟且不倒	2.3 能经常独立双手抓握梯背架单脚独立，保持躯干伸直站立3分钟
		5.1 在成人的大量协助下，能经常完成由地席到木凳的位置转移	3.1 在成人的少量协助下，能经常完成由地席到木凳的位置转移	3 增强位置转移能力	3 巩固位置转移能力
		5.2 在成人少量协助下，能经常抓握梯背架/条台站立一坐的位置转移	3.2 能经常双手抓握梯背架/条台独立完成站立一坐的位置转移	3.1 在口头提示下，能独立使用助行器完成站立一坐的位置转移	3.1 在不同环境下，能经常独立使用助行器完成站立一坐的位置转移
		6 建立步行能力	4 增强步行能力	4 增强步行能力	4 增强步行能力
		6.1 在成人的少量协助下，能经常抓握梯背架横行10米	4.1 在成人少量协助下，能经常在室内使用后置助行器走50米	4.1 在成人的少量协助下，能经常扶栏杆横行20米	4.1 在成人口头提示下，能经常使用双拐保持躯干挺直，在不同的路面独立步行10米
		6.1 在成人的大量协助下，能偶尔使用后置助行器步行10米	4.1 在成人的大量协助下，能有时主动迈步横行10米	4.2 双手使用双拐，在成人口头提示下，能经常双脚踩实地保持躯干挺直步行5米	
			5 建立上下台阶的能力	5 巩固上下台阶的能力	5 巩固上下台阶的能力
			5.1 在成人大量协助下，能双手抓握栏杆上15级台阶	5.1 在成人口头提示下，能双手抓握栏杆上下15级台阶	5.1 能经常双手抓握栏杆独立上下3层楼梯
					5.2 能偶尔一手抓握栏杆一步一级地上10级台阶

续表

范畴	入院时功能情况	学习目标			
		训练目标 2014年9月4日	训练目标 2015年1月4日	训练目标 2016年1月4日	训练目标 2017年3月15日
上肢活动	双手不能在中线互握及举高过头，右手不能抓握及放松物体，没有捏取、扔物体的能力	1 建立双手在中线的操作物体的能力 1.1 在成人少量协助下，能经常保持正确的坐姿，在中线位玩各种大小、质地的玩具 2 建立右手伸手抓握、放松物体的能力 2.1 在成人触体协助下，能经常右手抓握与放开物体 2.2 在成人少量协助下，能右手臂伸直并举高取放物体	1 增强手部精细动作的能力 1.1 在成人口头提示下，能经常用右手前二指拾起直径1.5厘米的小珠放入杯中 1.2 在成人口头提示下，能穿5~8颗直径2厘米的珠子 2 建立涂写能力 2.1 在成人少量协助下，能左手握笔，右手固定在台面，在5厘米×5厘米的范围内涂画	1 巩固手部精细动作的能力 1.1 在成人口头提示下，能穿10~20颗直径1.5厘米的珠子 2 巩固写前/涂画的能力 2.1 在成人少量协助下，能右手肘固定于台面，左手握笔，仿写"—""+"等笔画 2.2 在成人口头提示下，能经常右手肘固定于台面，左手前三指握笔，在规定的范围内涂画	1 增强双手协调的能力 1.1 在成人口头提示下，能经常于台前保持正确的坐姿完成串珠、拉拉链、扣纽扣、画画 2 建立运用工具的能力 2.1 在成人少量协助下，能用剪刀剪20厘米长的直线 3 增强书写的能力 3.1 能自觉保持正确的姿势坐手于台前，在20分钟以内，左手前三指握笔在2厘米×2厘米方格中书写汉字及10个阿拉伯数字

322

续表

第九章 成功案例 实践篇

范畴	入院时功能情况	学习目标			
		训练目标 2014年9月4日	训练目标 2015年1月4日	训练目标 2016年1月4日	训练目标 2017年3月15日
生活自理能力	需要在成人的完全帮助下进食、如厕、穿脱衣裤	1 建立擦手能力 1.1 在成人少量协助下，能经常一手按住毛巾，一手打开擦手 2 建立握匙进餐能力 2.1 在成人少量协助下，能有时用前三指握匙进食整餐 3 建立如厕能力 3.1 在成人大量触体协助下，能经常保持站立，一手抓握扶手，一手向下推裤子至臀部（或将裤子拉至腰部） 4 建立脱鞋袜能力 4.1 在成人少量协助下，能经常保持4字脚坐席上/凳上，将袜子脱下	1 巩固进餐能力 1.1 在成人口头提示下，能有时左手前三指握匙进食整餐 2 巩固如厕能力 2.1 在成人少量协助下，能经常一手抓握匙保持站立，完成如厕活动 3 巩固脱鞋袜能力 3.1 在成人口头提示下保持4字脚坐位，能有时自行脱去鞋袜	1 增强进餐能力 1.1 在成人口头提示下，能经常左手持匙进食整餐并保持整洁 2 增强如厕能力 2.1 在成人口头提示下，能经常独立完成如厕活动 3 增强穿脱鞋袜能力 3.1 在成人口头提示下4字脚稳坐席上/凳上，能有时将常将鞋袜脱掉 3.2 在成人协助下4字脚坐席上/凳上，能有时将脚趾的袜子拉好 3.3 在成人协助下4字脚坐席上/凳上，成人协助将鞋子套好后，儿童能在口头提示下自行完成粘扣	1 增强进餐能力 1.1 能经常自我检查，保持正确坐姿，左手握住勺，在规定时间内进食餐，保持整洁 1.2 能有时左手抓筷子，右手扶碗，进食整餐 2 增强如厕能力 2.1 能经常自己完成脱裤子，坐手马桶上的活动 3 巩固穿鞋袜的能力 3.1 在成人口头提示下4字脚稳坐席上/凳上，能经常穿上脚趾的袜子上 3.2 在成人少量协助下，在成人少量协助下完成穿脱鞋袜

续表

范畴	入院时功能情况	学习目标			
		训练目标 2014年9月4日	训练目标 2015年1月4日	训练目标 2016年1月4日	训练目标 2017年3月15日
				4 建立穿脱衣服的能力 4.1 能经常保持正确的姿势坐于床边，在成人少量协助下，能经常双手抓住衣领将宽松的套头衫脱下来 4.2 在成人的少量协助下能经常低头举高手，将已经套在头上的套头衫拉下来整理好，完成穿衣服的过程 5 建立梳洗的能力 5.1 在成人大量协助拧干毛巾后，在口头提示下能擦洗脸的各部位 5.2 在成人大量协助挤牙膏后，在口头提示下能刷前排和内侧的牙齿	4 增强穿脱衣服的能力 4.1 在口头提示下，能经常独立完成穿/脱衣服活动 5 增强洗梳的能力 5.1 在成人口头提示下，能拧好毛巾，完成擦脸活动 5.2 能经常打开宝宝精完成涂抹擦脸的活动 5.3 在成人口头提示下，能经常独立完成刷牙

续表

学习目标

范畴	入院时功能情况	训练目标 2014年9月4日	训练目标 2015年1月4日	训练目标 2016年1月4日	训练目标 2017年3月15日
认知	能识别常见的三种颜色；能指出身体常见部位；对方位名词有一定理解，如里/外、上/下	1 增强对物体的理解能力 1.1 能经常指出4件刚见过的物体的图片 1.2 能经常说出主题学习中5件物体的功用 2 扩展对颜色的认知能力 2.1 能经常辨别常见的8种不同颜色 3 建立数量配对（1～10）的能力 3.1 在口头提示下，能经常匹配10以内的数量	1 扩展对物体的理解能力 1.1 能经常理解并说出物体的长/短、轻/重、快/慢 1.2 能经常说出5种不同的触觉刺激，如软/硬、冷/热 1.3 经常数出最少20件物体，并辨认1～25的数字 2 巩固对颜色的认知能力 2.1 能经常说出10种常见颜色 3 建立对钱币的认知能力 3.1 在口头提示下，能经常辨别各种硬币及纸币的面额	1 扩展学前概念 1.1 能写出自己的名字认自己的名字 1.2 能流利背出1～100 1.3 能以正确次序排列长度或大小不同的物体 1.4 能以正确次序说出一星期内的日子 1.5 能按故事物的发展排好3～5幅有次序的图片 2 巩固对空间、形状、颜色的认知 2.1 能经常准确地分辨"左"、"右"、"前"、"后"、"内"、"外" 2.3 能经常正确认出常见物体的形状，如三角形、方形、圆形等	1 增强汉字的认知及书写能力 1.1 能经常在规定的格内书写学过的汉字及数字 2 明白10以内数字的组成，建立时间概念 2.1 能明白今天、明天、昨天 2.2 能明白一些节日与季节的关系

325

续表

范畴	入院时功能情况	学习目标			
		训练目标 2014年9月4日	训练目标 2015年1月4日	训练目标 2016年1月4日	训练目标 2017年3月15日
言语及沟通	言语表达能力尚可	1 扩展对物品的认知能力 1.1 能经常说出15个生活常见与主题有关的物品 2 增强言语表达能力 2.1 能经常述说怎样运用常见的东西，如笔、杯子、梳子、牙刷、毛巾等 2.2 经常朗通或背诵一段儿歌	1 增强言语表达能力 1.1 能经常用复句，如"我去吃饭，然后去公园" 1.2 不需图画或任何提示，能述说熟悉的故事 1.3 能数1~20的数字 1.4 能经常于聆听故事后，在问题指引下，复述故事内容	1 增强言语表达能力 1.1 能经常在合适的情境下运用疑问句"为什么""如何"及回答这类疑问句 1.2 能复述简单的日常经验 1.3 能简单解释一些字的含义及一些字的反义词	1 巩固阅读及复述能力 1.1 能经常聆听完一段故事后，完整地复述故事的内容 1.2 在成人的口头提示下，能经常根据图书图画的发展，创编故事 1.3 能经常有次序地排列及讲述5幅图片组成的故事
社交	能与熟悉的伙伴玩耍。由于儿童身体的限制，与普通同龄儿童接触较少，所以较内向	1 建立基本的社交礼仪 1.1 在成人的口头提示下，能经常与熟悉的人打招呼，如"早上好！""再见"等 2 建立与同伴玩耍的能力 2.1 能在成人的带领下经常与同伴小朋友分享玩具或一起玩游戏	1 巩固与他人交往的能力 1.1 无需成人提示，能经常与熟悉的人打招呼 1.2 能经常专注于课堂并积极地回答问题	1 巩固与同伴交往的能力 1.1 能经常与同伴一起游戏或玩耍，并遵守游戏规则 1.2 与同伴玩耍时，能经常积极主动表达自己的意愿 1.3 能经常专注于课堂并积极地回答老师的问题，表达自己的想法	1 建立关心尊重他人的能力 1.1 在成人的提示下，能关注别人的情绪和需要，并能提供力所能及的帮助 2 巩固基本的社交行为规范 2.1 能理解规则的意义，并与同伴制订游戏与活动规则 3 建立归属感 3.1 愿意为班集体出主意，做事情，为集体的成绩感到高兴 3.2 能明白自己的民族，知道我们是一个多民族的国家，各民族之间要互相尊重互爱

326

（二）入院后每天作息表

表 2.9.5　不同组入院后作息时间表

星期 时间	幼儿组（2014） 一	二	三	四	五	幼儿组（2015） 一	二	三	四	五	学前组（2016） 一	二	三	四	五	学前组（2017） 一	二	三	四	五
7:00—8:20	起床/如厕/穿衣/梳洗/早餐					起床/如厕/穿衣/梳洗/早餐					起床/如厕/穿衣/梳洗/早餐					起床/如厕/穿衣/梳洗/早餐				
8:20—8:45	步行/如厕/准备上课					步行/如厕/准备上课					步行/如厕/准备上课					步行/如厕/准备上课				
8:45—9:25	条合	地席	条合	地席	条合	坐立	条合	坐立	条合	坐立	坐立	条合	坐立	条合	坐立	坐立行	条合	坐立行	条合	坐立行
9:25—10:15	步行/如厕/擦手/喝水/小憩					步行/如厕/擦手/喝水/小憩					步行/如厕/擦手/喝水/小憩					步行/如厕/擦手/喝水/小憩				
10:15—10:55	手部	口肌	亲子游戏	常识	手部	常识	游戏	感统	语言	手部	常识	音乐游戏	手部	数学	手部	手部	语言	手部	语言	体育游戏
10:55—11:05	位置转移/如厕/擦手					位置转移/如厕/擦手					位置转移/如厕/擦手					位置转移/如厕/擦手				
11:05—12:00	午　餐					午　餐					午　餐					午　餐				
12:00—14:00	如厕/午睡					如厕/午睡					如厕/午睡					如厕/午睡				
14:00—14:30	起床/步行/如厕/准备上课					起床/步行/如厕/准备上课					起床/步行/如厕/准备上课					起床/步行/如厕/准备上课				
14:30—15:10	牵拉	音乐	牵拉	地席	感统	地席	手部	音乐	感统游戏	条合	社交游戏	音乐游戏	条合	体育游戏	条合	条合	位置转移	条合	坐立	音乐
15:10—15:50	位置转移/如厕/喝水/小憩					位置转移/如厕/喝水/小憩					位置转移/如厕/喝水/小憩					位置转移/如厕/喝水/小憩				
15:50—16:30	步行	坐立	步行	坐立	检讨	条合	地席	语言	地席	检讨	手部	语言	手部	手部	检讨	常识	写前	数学	手部	检讨
16:30—17:00	晚　餐					晚　餐					晚　餐					晚　餐				

（三）引导式教育课堂及流程照片

图 2.9.13　2014 年 12 月坐立课

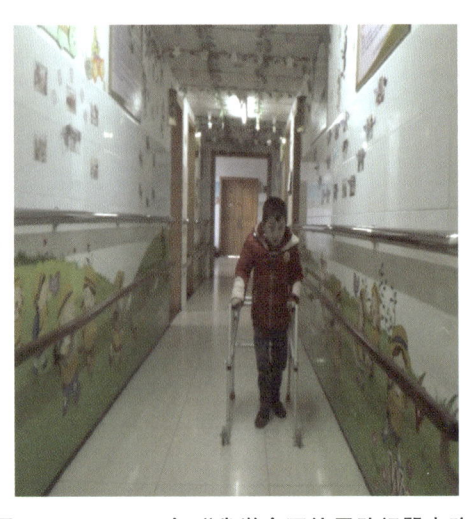

图 2.9.14　2015 年"我学会了使用助行器走路"

图 2.9.15　"我会自己跨地梯了"

图 2.9.16　上台阶肌力训练

图 2.9.17　"我撑得好直"

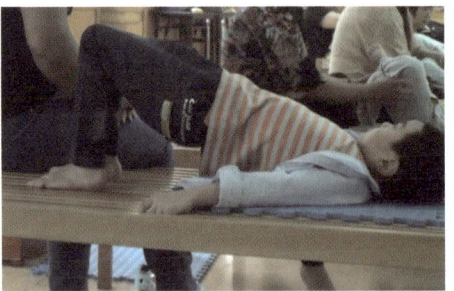

图 2.9.18　"我搭的桥是不是很高呀"

第九章 成功案例 实践篇

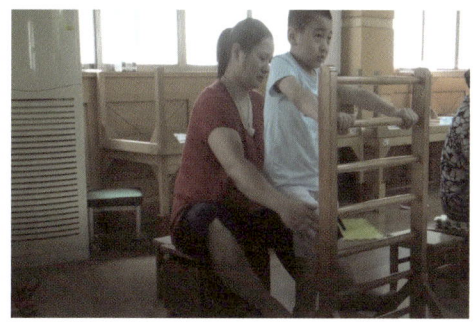

图 2.9.19 单脚站我也能站得很直

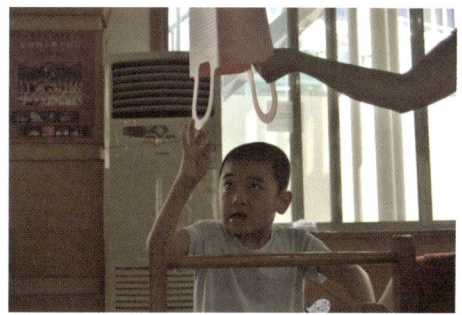

图 2.9.20 上肢伸展训练

图 2.9.21 "下课了我要自己穿鞋子"

图 2.9.22 "我学会了自己穿衣服"

图 2.9.23 "我要好好学习文化课，明年上学去"

图 2.9.24 "我吃饭的速度越来越快"

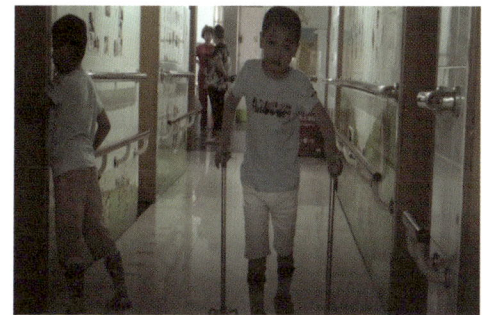

图 2.9.25 日常能经常用拐杖走路

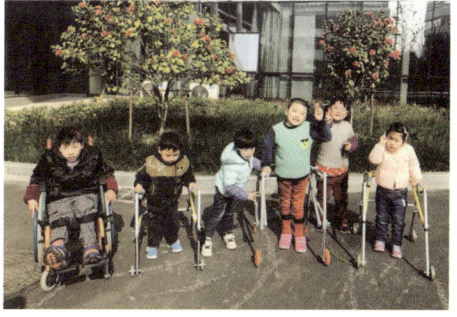

图 2.9.26 "和小朋友们一起玩最开心"

（四）回家时的情况

经过 3 年的引导式教育康复训练，个案乙在六大领域都有很大进步。

表 2.9.6　个案乙引导式教育康复训练后的情况

范畴	六大领域功能情况
大肌能活动	1. 能独立使用四脚拐完成站 ⇌ 坐的位置转换 2. 能经常使用四脚拐在户外不同路面长距离行走 3. 能独立上下 2 层楼梯
精细动作	1. 右手能经常举高手去拿想要的物品，左手能经常在右手协助下完成精细动作，如拧瓶盖、扣纽扣、拉拉链 2. 建立了左利手操作物件的能力，如使用筷子吃饭，左手写字，使用剪刀等能力
生活自理能力	1. 能独立在限定的时间内进食整餐，无狼藉 2. 能独立完成如厕及便后清洁活动 3. 已不再依赖妈妈帮助穿脱衣服，独立性提高
概念	1. 认识常见的颜色及图形，如红、黄、蓝、黑、白、紫，三角形、方形、圆形，等等 2. 认识 1～100 的数字，会算 50 以内的加减法 3. 会简单的拼音 4. 认识 100 多个常见的汉字，能阅读简短的图书
语言沟通	1. 课堂专注力好，有较好的理解和模仿能力 2. 能在不同的环境下主动与老师、同伴打招呼、沟通交流 3. 能复述简单的故事，能将简单的图片连贯起来讲出一个情节
社交	1. 能经常与熟悉的人打招呼，会用礼貌用语，如"早上好""谢谢"等 2. 能主动组织同龄小朋友配合老师完成一些游戏活动，能与同学建立较好的关系 3. 有集体荣誉感，在同伴中有组织才能

（五）家长心声

我家孩子从出生就被诊断为脑瘫后，我们不知道该怎么办，经朋友介绍来到浙江省康复中心咨询。2014 年 9 月入院，参加了引导式教育。孩子入院时情况不是很好，不会站、不会走、不会爬，坐姿也不好，双手抓东西的动作也不好，还有点踮脚，就是说话还可以。自从参加了两年引导式教育，除手部精细动作还不很到位，其他情况明显改善；现在能用助行器（拐杖）行走了，虽然走得不很快，但我们也很欣慰；能自己写字、画简单的画；生活自理能力也有一些提高；在班上能和小朋友说话沟通，玩玩具、做游戏时，都能玩得很开心，为今后上学奠定了一些基础。这都归功于引导式教育及老师们的辛苦付出。真心希望引导式教育能帮助更多、更有需要的小朋友，也祝引导式教育越来越好。

三、个案丙

（一）儿童基本情况

芬芬，女，2007年9月22日出生，3个月时抱养，出生史不详。因运动发育落后，6个月时诊断为脑性瘫痪，注射鼠神经生长因子2年，无效果而停止。5岁时到浙江康复医疗中心接受引导式教育。入院时，不能在席上坐稳，双手不能完全伸直支撑，不会爬，扶站时双腿内收、尖足，右侧髋关节脱位。智力尚可，口齿不清。双上肢肌张力Ⅲ级，双下肢肌张力Ⅲ级，无抽搐史。诊断：痉挛型双瘫。

接受5个月引导式教育后，学会翻身，此后，行髋关节复位手术，并在其他中心康复。但一年后右髋关节重脱位，左髋关节也出现脱位现象。手术2年后，重回浙江康复医疗中心接受引导式教育，学会从坐位转移到站位，并抓住栏杆站20分钟，双手抓握能力好转，学会自己吃饭，认知课表现良好，能做10以内加法。但由于双侧髋关节脱位及内收肌挛缩，影响位置转移能力，处理个人卫生，如洗澡、如厕等需要养父协助。养父由于独身，忧虑芬芬到达青春期，自己不便再照顾她的个人卫生而需要被迫把芬芬送回福利院。此时，遇上项目顾问探访，得知情况后转介香港慈善团体房角石协会，于2016年9月资助芬芬到香港行双侧髋关节复位术，并制订协助芬芬入学的计划。

手术后需要卧床和打石膏，共3个多月，肌力及下肢协调能力减弱，需要密集训练。2017年1月，回浙江康复医疗中心继续接受引导式教育并强化术后康复。同年7月，房角石协会同浙江康复医疗中心引导式教育人员到芬芬家乡探访其家附近的小学，与校方探讨促进芬芬入学的方案。暑假期间，该校按照房角石协会专业人员的提议进行环境改造。2017年9月，芬芬入学，浙江康复医疗中心引导式教育人员在其后到校探访跟进。

（二）术前训练

1. 术前检查及评估

查体：姿势尚对称，直腿坐时圆背，双上肢肌张力Ⅰ级，双下肢内收肌肌张力Ⅱ级，屈腿内收肌角90度，直腿60度，小腿屈肌肌张力Ⅱ级，足背屈角90度，双侧踝阵挛阳性。

GMFCS Ⅳ~Ⅴ：儿童需要完全借助成人提供的身体协助进行位置转移。在家中，可能可以在地面上进行短距离的移动。

MACS Ⅲ：能够执行挑选过的活动，但情境需预先安排，需要指导和大量的时间去完成。

CFCS Ⅲ：对熟悉的人，交流持续有效，但是对不熟悉的人，交流不持续有效。

2. 目标制订

表2.9.7 个案丙基本情况及术前训练目标

范畴	入院时功能情况	学习目标 训练目标 2016年2月24日
大肌能活动	1 翻身：能在成人少量辅助下进行仰卧位⇌俯卧的位置转移。在成人大量协助下进行四点爬，双下肢肌张力高，膝盖不能屈曲，双脚交叉 2 坐位：不能较好地独坐，双手不能抓握家具和支撑，圆背，双脚不能踩实地板 3 站立：在成人大量协助下，能抓住梯背架或家具站立。双下肢肌张力高，膝盖不能屈曲，双脚交叉	1 增强坐位稳定能力 1.1 能经常在口头提示下保持正确坐位姿势，背挺直，双腿分开，双脚着地 1.2 能经常在坐位举高双手而不倒 2 巩固扶梯背架站立的能力 2.1 穿矫形鞋，在口头提示下经常能维持躯体平衡，保持身体居于中线，扶梯背架站立1分钟 3 建立扶梯背架步行的能力 3.1 在口头提示下，保持身体居于中线，维持躯体平衡，经常能扶梯背架步行3米左右 4 建立从坐位到站立的能力 4.1 能经常在大量协助下从坐位到站立
上肢活动	双手不能灵活地向各个方向活动。手肘屈曲，右手不能较好地伸展。双手腕关节不灵活	1 增强双手向各个方向活动的能力 1.1 保持正确的坐姿，能经常一手固定，一手在口头提示下伸直并向各个方向活动 2 增强捏取和放开的能力 2.1 保持正确的坐姿，能经常一手固定，另一手在口头提示下/少量协助下用前三指捏取直径1.5厘米左右的物体，并放入宽口瓶中

续表

范畴	入院时功能情况	学习目标
		训练目标　2016年2月24日
生活自理能力	能独自使用勺子进食，但是狼藉较多。需要在成人的完全协助下才能如厕和穿脱衣裤	1 建立如厕的能力 1.1 在成人的大量协助下，保持较正确的站姿，能一手固定，另一手拉上或拉下裤子，完成穿脱裤子一半的动作 1.2 在成人的大量协助下，能双手抓住扶杆，双脚踩实地板，进行如厕活动 2 建立刷牙的能力 2.1 保持正确的坐姿坐于台前，在大量协助下及家长口头提示，能有时持牙刷刷前面和里面的牙 3 巩固穿脱鞋袜的能力 3.1 保持正确的坐姿，能经常在成人中量协助下使用正确的姿势穿脱鞋子 3.2 保持正确的坐姿，能经常在家长帮忙套好袜口之后，在少量协助下将袜子拉上 4 建立穿脱衣服的能力 4.1 在成人大量协助下，能经常将手伸进衣袖里，将拉链拉上 4.2 在成人大量协助下，能经常将拉链拉下，再一手拉住袖口，一手从袖子里伸出来
认知	认识常见的事物，认识颜色、形状、物体的属性等，不认识数字，不能点数	1 建立数的概念 1.1 在口头提示下，认识数字1～20 1.2 在口头提示下，指物数数1～20 2 建立认读汉字的能力 2.1 能经常指认学过的简单汉字，如上、下、大、天等
沟通	理解能力正常，能对简单的提问做出回答，口齿不清	1 扩展对语言的理解能力 1.1 经常能明白3～4个元素的口头指令 1.2 经常能依正确的次序排列3～4幅有连续性的图片 2 增强语言表达的清晰度 2.1 在口头提示下，能有时较清晰并连贯地讲述一件事情

续表

范畴	入院时功能情况	学习目标
		训练目标　2016 年 2 月 24 日
社交	与同辈之间缺少互动和语言交流，表达不连贯、不清晰	1 增强与同伴玩耍的技巧 1.1 在与其他幼儿一起玩耍时，经常能在口头提示下分享玩具 1.2 在口头提示下，经常能主动要求同伴一起玩耍 2 扩展在社群交往活动中的礼貌用语 2.1 可以在见到老师或认识的人时，主动用礼貌用语打招呼，如"早上好""再见""谢谢"等

3. 课程安排

表 2.9.8　学前一组入院后作息时间表

星期 时间	一	二	三	四	五
7:00—8:20	起床 / 如厕 / 穿衣 / 梳洗 / 早餐				
8:20—8:45	步行 / 如厕 / 准备上课				
8:45—9:25	条台	地席	条台	地席	条台
9:25—10:15	步行 / 如厕 / 擦手 / 喝水 / 小憩				
10:15—10:55	手部	口肌	亲子游戏	常识	牵拉
10:55—11:05	位置转移 / 如厕 / 擦手				
11:05—12:00	午餐				
12:00—14:00	如厕 / 午睡				
14:00—14:30	起床 / 步行 / 如厕 / 准备上课				
14:30—15:10	牵拉	牵拉	音乐	牵拉	感统
15:10—15:50	位置转移 / 如厕 / 喝水 / 小憩				
15:50—16:30	步行	坐立	步行	坐立	检讨
16:30—17:00	晚餐				

4. 课堂照片

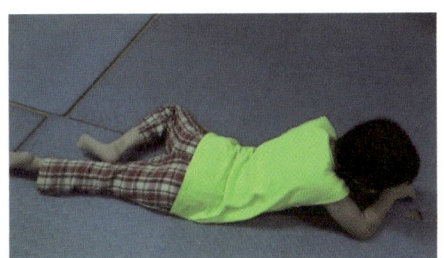

图 2.9.27　席上活动（翻身、爬）　　图 2.9.28　席上坐位平衡练习

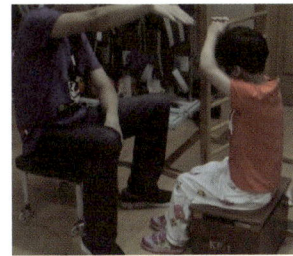
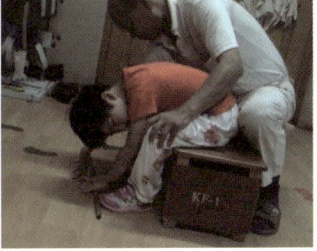

图 2.9.29　木凳上坐位动态平衡练习 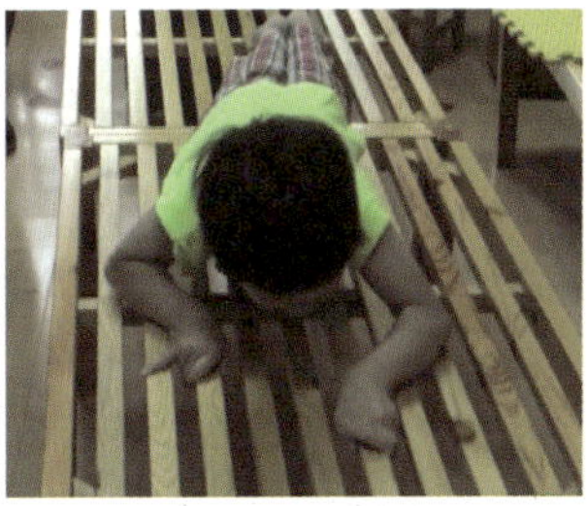　　　　图 2.9.30　上条台

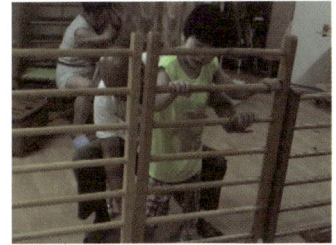

图 2.9.31　扶梯背架保持站立位横行练习　　图 2.9.32　学习使用助行器

（三）手术后康复训练

1. 在香港做手术、住院及房角石协会义工探访照片　左髋关节复位手术后一个多星期，石膏固定及卧床，在床上仍然需要牵拉及主动伸展没有打石膏的关节。医院提供后倾轮椅，让芬芬可以到医院外面晒太阳。

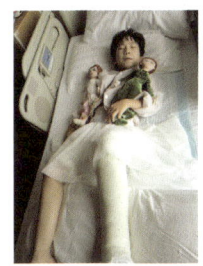
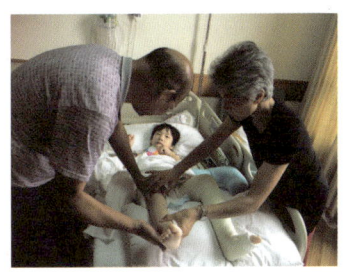

图 2.9.33　石膏固定及卧床　　图 2.9.34　床上牵拉及主动伸展没有打石膏的关节

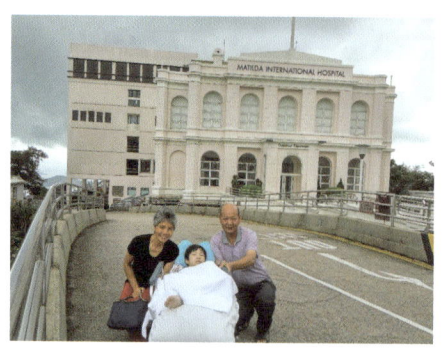

图 2.9.35　乘后倾轮椅晒太阳

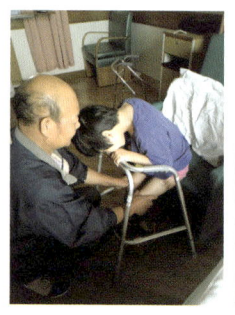  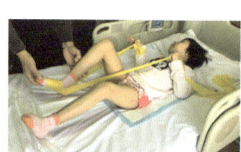 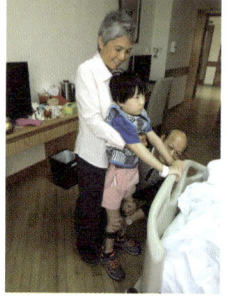

图 2.9.36　拆石膏后，在医院马上进行伸展与肌力、站立训练

图 2.9.37　出院回家乡之前，房角石协会义工带芬芬与父亲游览香港

2．术后检查

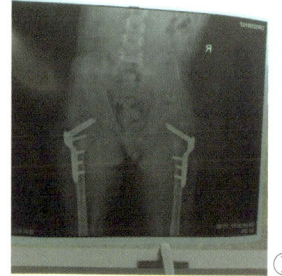 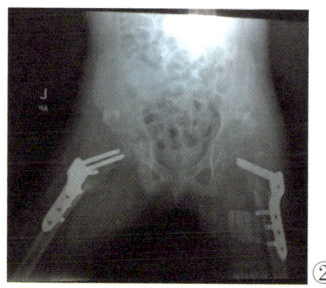

① ②

图 2.9.38　手术后 X- 线片

3. 术后目标制订

表 2.9.9　个案丙基本情况及术后训练目标

范畴/功能项目		现有的能力/困难	长期目标	短期目标
大肌能活动	坐	能力：能独立保持坐凳位 困难：右脚不能踩实地板，腰背肌肌力弱，双下肢肌张力高	1 增强坐凳位动态平衡的能力	1 增强坐凳位动态平衡的能力 1.1 在家长保护下，能经常双脚踩实地板，腰背挺直，一手抓住凳子，一手举高拍球 20 次 1.2 在家长保护下，双脚踩实地板，一手抓住凳子，能经常弯腰用另一手捡起地上的物品
	站	能力：在一成人协助下扶梯背架站立 困难：手肘屈曲，内收肌、腘绳肌肌张力高，踝关节痉挛较重，右脚内翻	2 巩固扶梯背架站立的能力	2 巩固扶梯背架站立的能力 2.1 穿矫形鞋，在口头提示下经常双下肢伸直双脚踩实，手臂伸直扶梯背架保持站立位 1 分钟 2.2 在成人看护下，能经常双下肢伸直双脚踩实，手臂伸直扶梯背架保持站立位 5 分钟 2.3 在成人看护下，双下肢伸直双脚踩实，手臂伸直扶梯背架保持站立位，能偶尔一手抓住梯架，一手举高拿东西
	行/位置转移	能力：在两成人的大量触体协助下，推梯背架平地步行 困难：头及躯干不能保持在中线，双下肢肌张力高，腰背肌肌力弱	3 巩固横行的能力 4 建立扶助行器步行的能力 5 建立坐位 ⇌ 轮椅的转移能力	3 巩固横行的能力 3.1 在一成人扶骨盆触体协助下，能经常一手分开，一脚分开，一手合上，一脚合上横行 5 米 4 建立扶助行器步行的能力 4.1 在一成人扶骨盆少量触体协助下，能经常扶助行器向前步行 3 米 5 建立坐位 ⇌ 轮椅的转移能力

续表

范畴/功能项目		现有的能力/困难	长期目标	短期目标
				5.1 在成人少量协助下，能经常双手抓住轮椅扶手，从凳子上站起来，站好后，双手抓住轮椅一边，侧坐到轮椅上，调整好坐姿，把踏板放下来，双脚踩在踏板上
				5.2 在成人少量协助下，能偶尔用脚将轮椅踏板抬高，屁股往前移，双手抓住一边扶手，侧着下来，双脚踩实地，然后双手扶住轮椅两侧调整好站姿，双脚打弯慢慢坐下来
				5.3 在家长保护下，能偶尔用脚将踏板抬高，屁股往前移，双手抓住栏杆从轮椅上下来，双脚踩实地站好
手部活动	上肢及手部基本动作、手眼协调活动、运用工具	·能力：习惯用前两指捏物体，双手能缓慢向各个方向伸展 ·困难：上肢肌张力高，腕关节不灵活，右手抓握能力欠佳	6 巩固使用剪刀的能力 7 增强书写的能力	6 巩固使用剪刀的能力 6.1 在口头提示下或少量协助下，能有时使用剪刀沿着较粗的线条剪出轮廓 7 增强书写的能力 7.1 在规定的范围内，如4厘米×4厘米的格子中，能经常书写已学过的简单汉字
生活自理能力	进食、进饮	·能力：独自使用勺子进食，可以餐后整理（擦嘴、擦手、擦桌子） ·困难：双上肢肌张力高，坐位动态平衡能力欠佳	8 巩固进餐的能力	8 巩固用筷子进餐的能力 8.1 在口头提示下，右手抓住扶手，腰背挺直，双脚踩实，保持正确坐姿，能经常用左手拿勺舀饭菜并送到嘴里

续表

范畴/功能项目	现有的能力/困难	长期目标	短期目标
如厕	能力：能在家长协助下，一手扶梯背架，一手稍微拉下裤子 困难：双下肢肌张力高，无法站稳，右手抓握能力差	9 巩固如厕的能力	9 巩固如厕的能力 9.1 在家长保护下，经常能扶扶手站在马桶前，并能一手扶扶手一手将裤子向下拉到大腿
穿脱鞋袜	能力：能在成人大量协助下进行穿脱鞋袜 困难：双下肢肌张力高，腕关节不灵活。坐位动态平衡能力欠佳	10 增强穿脱鞋袜的能力	10 增强穿脱鞋袜的能力 10.1 在家长扶住膝关节协助下，能经常保持4字脚，拉开矫正术贴和鞋带，将鞋子和矫正鞋脱下 10.2 在家长扶住膝关节协助下，能经常保持4字脚，大拇指伸进袜口脱掉袜子 10.3 在家长扶住膝关节协助下，能经常保持4字脚，将鞋子套在脚上，并按进去穿上 10.4 在家长扶住膝关节协助下，能经常保持4字脚，将袜子套在脚上，并往上拉至穿上
穿脱衣服	能力：成人大量协助完成 困难：双上肢肌张力高，腕关节活动不灵活，手部精细动作差	11 巩固穿脱上衣的能力 12 建立脱裤子的能力	11 巩固穿脱上衣的能力 11.1 在成人少量协助下，能经常将手伸进衣袖里，将拉链拉上 11.2 在成人少量协助下，能经常将拉链拉下，一手拉住袖口，另一手从袖子里伸出来 12 建立脱裤子的能力 12.1 在家长协助固定双脚的情况下，踝关节屈曲，屁股抬高，能经常将裤子拉到大腿下

续表

范畴 / 功能项目		现有的能力 / 困难	长期目标	短期目标
认知	感官知觉、专注记忆、解难推理、概念发展	能力：接近正常年龄儿童 困难：接受类似学习太少	13 增强数学运算的能力 14 增强认读汉字的能力	13 增强数学运算的能力 13.1 学习20以内的加减法，掌握运算技能，理解加减互逆的关系 14 增强认读汉字的能力 14.1 能经常认读学过的汉字，可以念简短的儿歌
沟通	表达与理解	能力：理解能力正常，能对简单的提问做出回答 困难：发音不是很清晰	15 扩展语言的理解能力 16 增强语言表达能力 17 建立初步阅读的能力	15 扩展语言的理解能力 15.1 在独立的情况下，经常能明白5～6个元素的口头指令 15.2 在独立的情况下，能经常完成5～6个图片的排序 16 增强语言表达能力 16.1 能经常口齿清晰、有序、连贯、清楚地讲述一件事情 17 建立初步阅读的能力 17.1 能有时根据故事的部分情节或图书画面的线索猜想故事情节的发展，或续编、创编故事
社交	自我认识，与成人、朋辈的关系，社会适应	能力：能和熟悉的人一起玩耍 困难：跟陌生人不愿意交流	18 建立自信、自主的能力 19 增强与同伴相处的能力	18 建立自信、自主的能力 18.1 与别人的看法不同时，敢于坚持自己的意见并说出理由 19 增强与同伴相处的能力 19.1 活动时能与同伴分工合作，遇到困难能一起克服 19.2 与同伴发生冲突时，能自己协商解决
家长工作重点		1.增强位置转移能力，如从坐到站、从轮椅到站到坐、从坐到轮椅、扶栏杆横行 2.为防止肌肉粘连、关节挛缩畸形，每天需做肌肉牵拉训练		

4．课堂安排

表 2.9.10　学前二组（双髋关节复位手术后）作息时间表

时间＼星期	一	二	三	四	五
7:00—8:20	起床/如厕/穿衣/梳洗/早餐					
8:20—8:45	步行/如厕/准备上课				
8:45—9:25	坐立行	坐立行	坐立行	坐立行	坐立行
9:25—10:15	步行/如厕/擦手/喝水/小憩				
10:15—10:55	手部	手部	手部	手部	手部
10:55—11:05	位置转移/如厕/擦手				
11:05—12:00	午餐				
12:00—14:00	如厕/午睡				
14:00—14:30	起床/步行/如厕/准备上课				
14:30—15:10	条台	条台	条台	条台	条台
15:10—15:50	位置转移/如厕/喝水/小憩				
15:50—16:30	牵拉	牵拉	牵拉	牵拉	牵拉
16:30—17:00	晚餐				

5．课堂照片

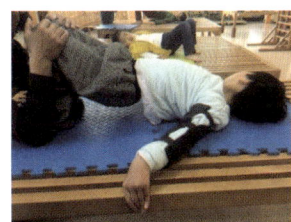
图 2.9.39　条台课中练习腰背肌的力量

图 2.9.40　流程中练习生活自理（洗脸）

图 2.9.41　手部活动（制作彩泥蛋糕）

图 2.9.42　与同伴进行角色扮演游戏

图 2.9.43　户外推轮椅训练

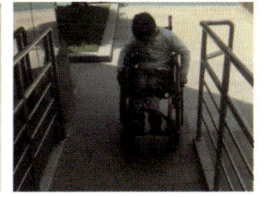
图 2.9.44　上下斜坡

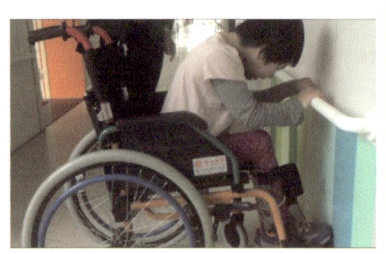 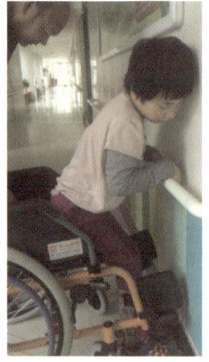

图 2.9.45　练习双手扶杆下轮椅 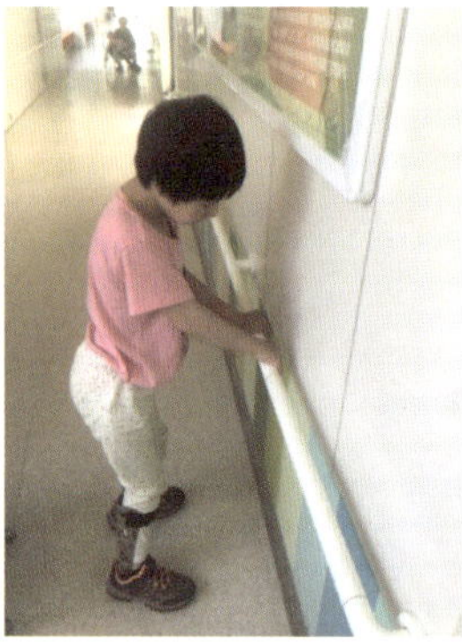　　　图 2.9.46　练习横行

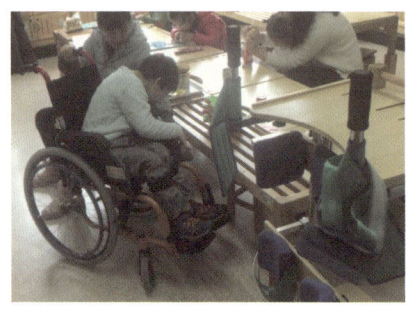 

图 2.9.47　推轮椅到条台前　　　图 2.9.48　下条台，横行至站立架旁，上站立架

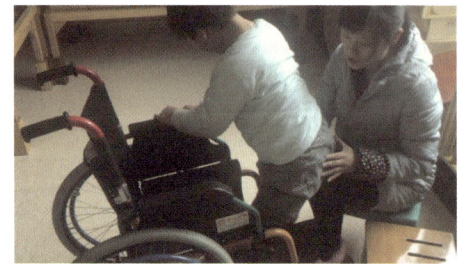 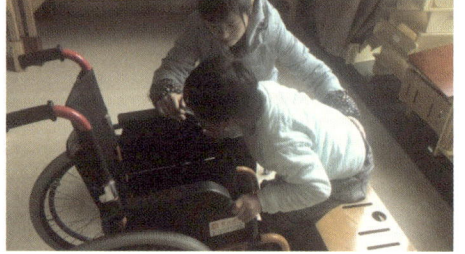

图 2.9.49　练习从座凳转移到轮椅，从轮椅转移到座凳

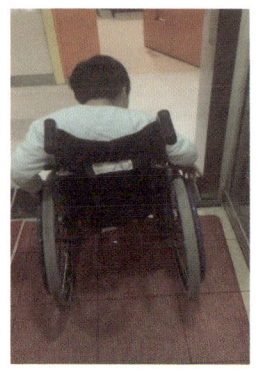 

图 2.9.50　推轮椅进厕所，从轮椅转移到马桶

（四）出院评估

GMFCS Ⅳ：在大部分环境里，儿童的移动方式均需他人提供身体协助，在他人提供的身体协助下可进行短距离步行。因为在移动能力上受到限制，使芬芬需要有所调适、应变，才能参加体能活动和运动。

MACS Ⅱ：能够操纵大部分对象，但是速度较慢或表现质量会下降。

CFCS Ⅰ：在大多数环境中，能够独立进行信息发送者和信息接收者之间的角色转换。对于不熟悉和熟悉的交流对象，轻松交流，速度适当。交流中的误解可以迅速被修正，不会影响整体的交流效果。

表 2.9.11　个案丙引导式教育康复训练后的情况

范畴	六大领域功能情况
大肌能活动	1. 能够独立进行站  坐的位置转换 2. 能双手扶杆独立横行 5～7 米 3. 能在较平坦的路面上独立推轮椅
精细活动	1. 能够创作泥土作品 2. 能使用剪刀剪轮廓简单的图形或图片 3. 能够握笔在小格子中书写 100 以内的数字 4. 能够握笔在 2cm×2cm 的格子中书写笔画简单的汉字
自理活动	1. 能够在靠背椅上独立脱鞋袜和矫正鞋 2. 能够独立洗脸和刷牙 3. 能对着镜子梳理自己的短发 4. 能够整理自己的衣物，折叠衣物 5. 能够推轮椅进厕所（需要少量协助上下轮椅），可以一手扶杆，另一手拉下或拉上裤子（最后需要家长整理裤子），上下坐便器
语言沟通	1. 说话时思路较清晰明确，能清楚地表达自己的想法 2. 可以复述简短的故事，能抓住重点 3. 可以看着 6～7 幅图，讲述一个小故事
概念	1. 认识 70 个左右的汉字 2. 能够独立完成 100 以内的连加连减 3. 会看钟表，认识时间 4. 能够按照给出的标准或选择某个标准对物体进行比较、排列和分类
社交	1. 能通过观察了解他人的情绪，安慰他人 2. 在遇到事情和他人有矛盾时，能够明确表达自己的理由，对于正确的事能一直坚持 3. 和同学能够和谐相处，可以自行解决问题

（五）出院后建议

由于芬芬即将进入小学，为了让她能够更好地适应学校生活，在与学校沟通后，提出以下建议。

1. 家庭建议

（1）提供站立架，每天保持一定时间的站立训练。

（2）提供条台桌和木凳，每天保持正确的坐姿书写作业。

（3）在家门口装横杆，每天需要练习横行。

2. 学校设施改建

（1）在学校的台阶上浇筑水泥斜坡，方便轮椅上下。

（2）将芬芬的座位安排在最后一排，方便轮椅进出。

（3）对课桌的桌面进行改造，自制特需桌面，方便芬芬书写。

（4）增加垫脚，让芬芬能够在上课时将双脚踩实地板。

（5）在坐位时，双膝夹上厚的垫子，有利于分腿。

（6）教室外的走廊加装扶手，可以在课间活动时练习横行。

（7）改造学校厕所，加装扶手，可以每天练习如厕。

（六）校访

1. 2017年3月校访

项目顾问与浙江康复医疗中心引导式教育人员到当地小学，与校长、老师进行沟通，查看哪些地方和设施需要改造。在此也非常感谢学校，每次回访都能积极主动配合，能够体谅孩子的个别需要，帮助芬芬融入主流学校生活。

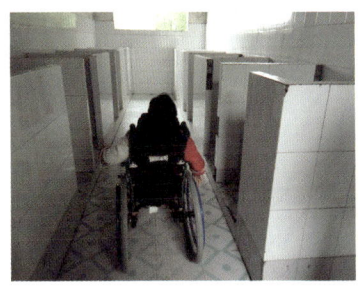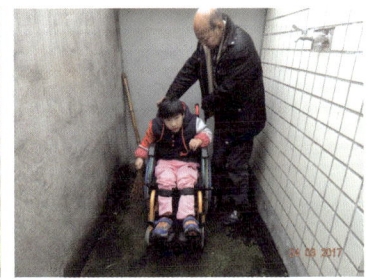

图 2.9.51　探访组与校方探讨卫生间的可行性及通道加建坡道的需要性

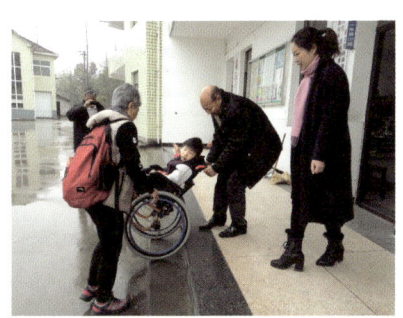

图 2.9.52　进教室台阶缺坡道

图 2.9.53　探访组带芬芬参观教室并与同学接触，校方乐意与探访组商讨接收芬芬入学的可行性

2．2017 年 7 月校访

香港房角石协会专业团队到小学实地勘察，进行设施改造测量。

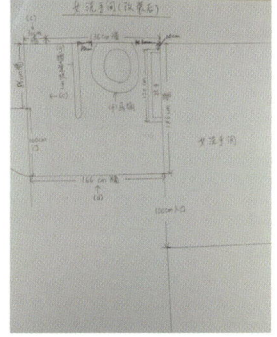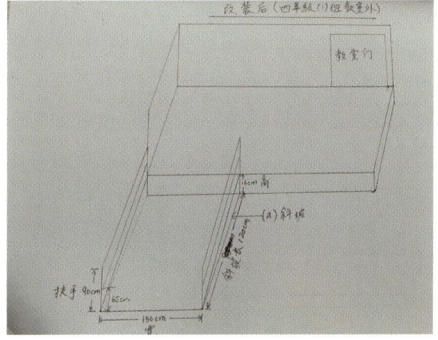

图 2.9.54　实地勘察，进行设施改造测量及部分图纸

本次内容：

（1）选择更适合改造的教室。

（2）在教室前的台阶处安装一带有扶手的斜坡（注：斜坡长120厘米，宽150厘米，高16厘米；扶手①高度90厘米，②高65厘米）。

（3）于女卫生间门前改造斜坡。

（4）将女卫生间原有的围墙拆掉并移建新墙。

（5）在女卫生间入口过道处加建一道新墙。

（6）在洗手间内墙上安装一横扶手。

（7）在洗手间内安装一马桶。

（8）在洗手间内墙上安装一折叠扶手。

（9）特教老师帮助芬芬做好上学的准备，在引导式教育中余下的时间里，培养孩子主动、有上进心的学习精神，以及与他人相处、合作、分享的个性。鼓励孩子勇敢面对困难和他人的眼光。

3. 2017年9月学校回访

浙江康复医疗中心引导式教育工作人员再访学校，观察芬芬校园生活，检查加建的无障碍设施使用实况，向房角石协会专业团队反馈，再做修改。校方初期只造单扶手，省中心老师协助芬芬试用，将情况向房角石协会专业团队反馈，后者建议增加扶手，校方立刻配合，见下图。

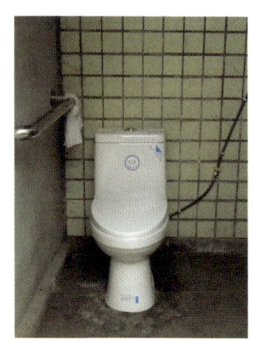
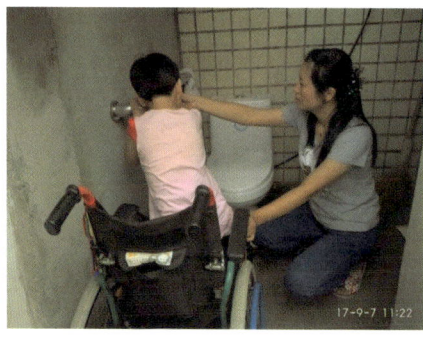
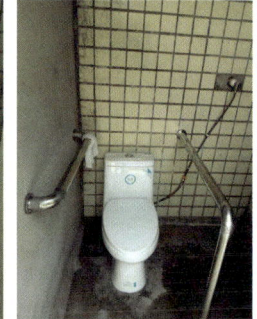

图 2.9.55　在单扶手基础上增加扶手

坡道两旁缺扶手，会造成危险。房角石协会专业团队建议增加扶手，校方立刻配合，见下图。

第九章 成功案例 实践篇

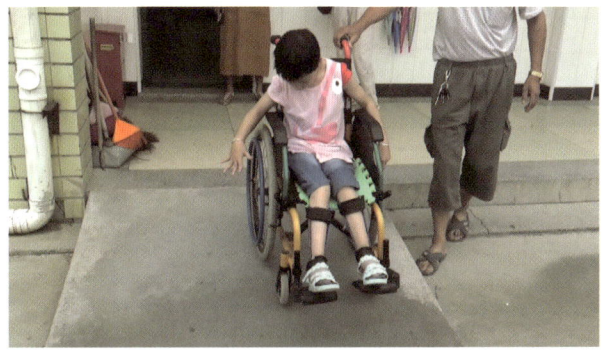

图 2.9.56　在坡道两旁增加扶手

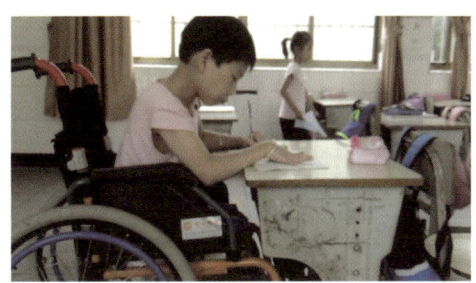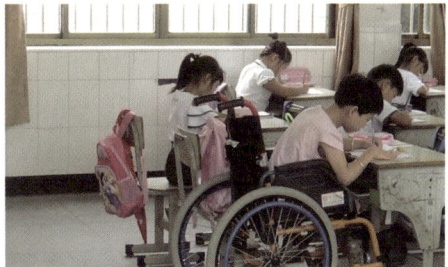

图 2.9.57　芬芬上课的座位

图 2.9.58　浙江康复医疗中心老师及脑瘫科主任到教室和校园观察芬芬参与校园生活的情况后，
与校长和老师开会讨论

图 2.9.59　传媒报道

347

本次内容：

（1）将芬芬的座位安排在最后一排，方便轮椅进出。

（2）对课桌的桌面进行改造，自制特需桌面，方便芬芬书写。

（3）增加垫脚，能够让芬芬在上课时将双脚踩实地板。

（4）在坐位时，双膝夹上厚的垫子，有利于分腿。

（5）教室外的走廊上加装扶手，可以在课间活动时练习横行。

（6）改造学校厕所，加装扶手，每天可以练习如厕。

（7）特教老师经常和学校班主任、家长、孩子保持联系，了解最新情况，适时提供协助，解决困难。

在后期我们还将定期回访，发现和解决问题，让芬芬能更好地融入社会。

（七）芬芬爸爸的心声（家长心声）

我是孩子的爸爸，一个人带孩子是很辛苦的，何况她还患有严重的脑瘫，但是我从她3个月大就抱来抚养，也舍不得放弃。从得知她是个脑瘫孩子，我就带她去大医院治疗，吃药、打针、做康复，还有手术，钱花了不少，却没有多少效果。想到我自己年龄越来越大，她也越来越重，又不能读书，怎么办？心里很矛盾。孩子知道我的心思，也很担心离开我。后来我们就参加了引导式教育。这两年，看到她能自己做一些事了，又学到很多知识，和同班的小朋友也玩得很开心。在香港慈善机构的帮助下做了手术，学会扶着栏杆横走了，今年夏天还找到了欢迎她入学的学校，区残联、教育局和学校都非常照顾她，按照专家的意见为她改造了厕所，增加了坡道和扶手。现在，孩子在学校学得很开心。虽然以后还会有困难，但我不会放弃。

第二节　济南市按摩医院

（一）儿童基本情况

儿童毅毅，男，6岁，第一胎第一产，足月剖宫产，出生体重3.1公斤，出生后有窒息。2004年，因不能站立行走就诊于（济南市）儿童医院，诊断为脑瘫。于2009年2月20日进入济南市按摩医院康复部"中国残联长江新里程计划项目第二期——引导式教育"训练班。当时四肢肌张力高，头控差，不会翻身，不会独坐、爬，双上肢呈屈曲模式，双手大把抓握能力差，双下肢伸展交叉、尖足。日常生活完全依赖家长，双上肢肌张力Ⅳ级，双下肢肌张力Ⅱ～Ⅲ级，诊断为脑瘫——痉挛型双瘫（表2.9.12）。

表2.9.12 毅毅入院时基本情况及训练目标

范畴	入院时功能情况	训练目标
大肌能活动	1 全身肌张力高，翻身困难，需完全辅助 2 盘坐位弓背保持，端坐位不可保持，需完全帮助 3 位置转移：在成人协助下完成俯卧位翻身至仰卧位；在成人大量协助下完成仰卧位至坐位的转移 4 在成人扶腋下站立行走，双下肢交叉、尖足	1 建立翻身的能力 1.1 在少量协助下到侧卧位后，有时能主动翻到仰卧⇌俯卧 2 建立坐位的能力 2.1 在大量触体助下，经常能保持正确的坐姿 2.2 能经常独立双手支撑保持坐姿半分钟 3 建立运用辅助器具步行的能力 3.1 在大量触体协助下，能抓住梯背架维持正确站立姿势1分钟 3.2 在大量触体协助下，能以正确姿势推梯背架步行5米
精细活动	1 双上肢屈曲、肩关节内收、肘关节屈曲、腕关节掌屈活动困难 2 双手握拳，拇指内收；右手抓、放物体困难，没有捏取、拍打、扔物体的能力；左手可抓握起直径3厘米的物体、触体提示下放下物体 3 在成人协助下，双手能在中线位互握及举高过头	1 增强手在中线位的互握能力 1.1 在少量触体协助下，经常能用双手在中线位抓握物体 2 提高右手伸手抓放物体的能力 2.1 在触体提示下，经常能用右手抓放3厘米大小的物体 3 建立捏取物体的能力 3.1 在大量触体协助下，有时能用手指捏取1厘米大小的物体
生活自理活动	1 盘坐位，在成人协助下左手可解开鞋带，但不能推下鞋子 2 端坐位，头前屈，弓背，在成人大量协助下用全掌握勺进食 3 在成人大量协助下如厕，无主动参与的意愿	1 建立穿脱鞋袜的能力 1.1 在成人口头提示下，能推下鞋子 1.2 在成人少量协助下，经常能穿上鞋子 2 建立进食能力 2.1 在成人少量协助下，能持勺进食 3 建立如厕能力

续表

范畴	入院时功能情况	训练目标
	4 在成人完全协助下穿脱衣物、洗漱	3.1 在环境提示下，有时能按程序完成如厕 4 建立自主穿脱衣物及洗漱的能力 4.1 在成人口头提示下，有时能用左手脱下套头衫，用双手脱下裤子 4.2 在成人口头提示下，经常能用双手拿毛巾擦脸，左手能持牙刷刷牙
语言沟通	1 多次提示下，可表达自己的意愿，如"尿尿""老师再见"	1 建立主动表达的能力 1.1 在环境提示下，经常能主动表达自己的意愿 1.2 在环境提示下，有时能运用恰当的问句表达疑问
概念	1 基本概念尚可，有对比、辨别等能力，但不认识颜色 2 文字符号的概念较差	1 建立区分颜色的概念 1.1 在环境提示下，能说出5种以上的颜色并加以辨认 2 建立学习文字符号的能力 2.1 在环境提示下，能认识简单的汉字和数字，并能够完成简单的运算
社交	1 课堂上专注力差，提示下可回应老师的问题 2 与同学交流时音量小	1 巩固与人交往时做出回应的能力 1.1 经常能专注课堂并积极主动地回答问题 2 建立与朋友正常交流的能力 2.1 与小朋友玩耍时，能有时积极主动并适当表达自己的意愿 2.2 在成人口头提示下，有时能主动邀请同伴一起做游戏

（二）入院后每天作息时间表

针对毅毅的具体情况，设计了作息时间表（表2.9.13）。

第九章 成功案例 实践篇

表 2.9.13 毅毅入院后作息时间表

时间 \ 星期	一	二	三	四	五
8:30—8:40	入中心/课前准备				
8:40—9:00	如厕/步行/餐点				
9:00—9:45	沟通交流	手部	口肌	坐立	口肌
9:45—10:15	步行/课间操				
10:15—11:00	坐立	体能	长台	常识	游戏
11:00—11:20	如厕/步行/餐前准备				
11:20—12:00	进餐训练				
12:00—12:20	上床/脱衣				
12:20—13:30	午休				
13:30—14:00	穿衣/如厕/进饮/拉展				
14:00—14:45	长台	概念	手部	体能	地席
14:45—15:15	步行/如厕/吃水果				
15:15—16:00	推拿				
16:00—16:30	如厕/家庭康复指导训练/个训				
16:30	放学				

（三）引导式教育课堂照片

毅毅的引导式教育照片见图 2.9.60 ～ 63。

图 2.9.60 "我来削铅笔"

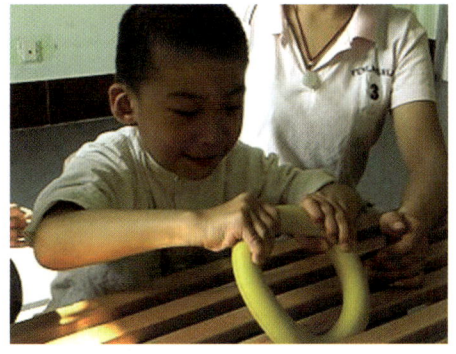

图 2.9.61 "我用力拉出胶圈"

图 2.9.62 "我坐直"

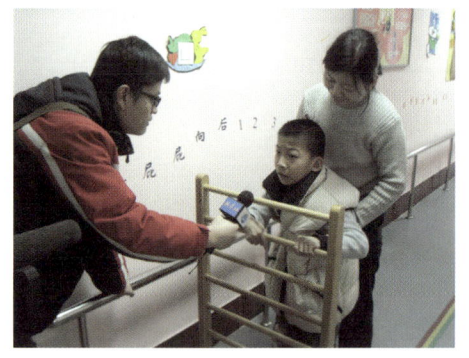
图 2.9.63 接受记者采访

（四）回家时情况

经过引导式教育，毅毅回家时情况已有很大改善（表 2.9.14）。

表 2.9.14　毅毅出院回家时情况

范畴	回家时六大范畴功能情况
大肌能活动	1. 翻身灵活 2. 端坐位保持：躯干挺直，双足放平 3. 位置转移：在成人帮助扶梯背架的情况下，可完成端坐位 ⇌ 站立、蹲位 ⇌ 站立 4. 双手抓握梯背架，在成人辅助固定骨盆的情况下可推梯背架行走
精细动作	1. 双上肢：肩关节可前屈 110°，伸直肘关节举高木棒 2. 右手可抓握、放松直径 3 厘米的物体，左手可侧捏直径 1 厘米的小珠并放入瓶中，左手可握笔书写 3. 可用右手固定物体，左手完成活动
自理能力	1. 盘坐位，左手可脱下鞋子，在成人协助下可脱下套头衫 2. 端坐位，触体提示下可挺直腰，右手可全掌握勺独自进食 3. 如厕时，可双手脱、提裤子并冲水
语言沟通	1. 可表达自己的意愿，与同学、老师打招呼
概念	1. 认识红色、绿色、黄色、白色、黑色 2. 认识数字 1～20，并完成 10 以内的加减法
社交	1. 可专注于课堂内容，大声回应老师的问题，表达自己的想法 2. 与小朋友玩耍时，可积极主动并适当表达自己的意愿

（五）延后进展及家长心声

1. 延后进展

在医院领导与当地教育部门的积极联络下，毅毅在 2010 年 9 月 1 日顺利成为济南市天桥区明湖小学一年级的学生（图 2.9.64～66）。

图 2.9.64 欢迎老师来我家！

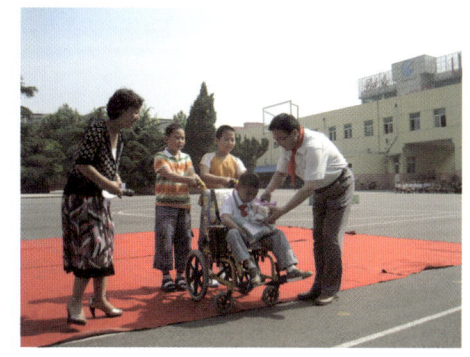

图 2.9.65 入读小学仪式

图 2.10.66 我上学啦！（戴红巾者）

2. 家长心声

从孩子一生下来我就不停地带他做各种治疗，可是效果并不明显。我心想，这样的孩子只能在家里呆一天算一天了，从来没有想过他能独立完成什么事情或者能像正常孩子一样去上学。参加了引导式教育以后，我的观念有了很大的改变：（我家）孩子也是一个完整的人啊，他该享有他的权利，他也势必要参与家庭和社会生活。从此，我和孩子一起学习引导式教育。他的性格变了，不再依赖我了，积极主动起来，各方面均有了很大的进步。医院领导和工作人员还积极联系了区教育部门、区残联，让我的孩子也背上书包走进了学校，还带上了红领巾，成为了一名光荣的少年先锋队队员。我真是无比激动，全家人对未来的生活都充满了信心。我代表全家感谢李嘉诚基金会和中国残联给了我的孩子康复的机会，还要感谢"引导式教育"这个康复与教育相结合的综合方法，它真正改变了我和我的家庭。

第三节　东莞市残疾人康复中心

（一）儿童基本情况

儿童沛沛，女，8岁，第二胎第二产，孕33周早产，出生体重1650克，出生时脐带绕颈，生后10天检查发现有"脑积水"，但未予治疗。2005年在广州儿童医院诊断为脑瘫——痉挛型中度双瘫，也曾于广州儿童医院行康复治疗，疗效不明显。于2008年9月1日进入东莞市残疾人康复中心脑瘫部引导式教育班。

入班时基本情况：运动水平发育落后于正常儿童。可左右翻身，会独坐，但坐不稳；双手支撑能力差，四点跪位不充分，只能爬1～2步，不能直跪；不能完成从卧位到直跪位的姿势转换，不能完成单腿跪，不能独站和独走，扶站时膝关节屈曲，躯干前屈，有尖足；双下肢肌张力高，右侧重于左侧；右上肢肌张力I^+级；精细动作欠佳；生活不能自理，需要家长辅助才能完成如厕、进餐等活动；日常生活及与成人、同伴沟通都依赖家长的辅助；性格内向，爱哭，但智力发展与同龄儿童接近，有语言表达（表2.9.15）。

表2.9.15　沛沛的基本情况和训练目标

范畴	入班时基本情况	训练目标
大肌能活动	1 全身肌张力高，特别是双下肢。能独坐，但不能保持端坐位，弓背，双手支撑能力差，四点跪位不充分，不能完成直跪 2 位置转移能力差，不能完成从卧位到直跪位的姿势转换，不能完成从坐位到站位的姿势转换 3 不能独站和独走，可扶站	1 加强站立的能力及站立位平衡 1.1 能在外力的作用下保持站立位 2 建立在不同路面上步行时的稳定性及协调性 2.1 在监督下平面步行10米左右 3 建立单腿站立的能力 3.1 在部分辅助下将左/右脚踏上木箱凳，并独立保持站立2分钟左右 4 建立各体位下的姿势转换能力 4.1 在部分辅助下可完成从站位到蹲位的姿势转换（如蹲下拾物）

第九章　成功案例 实践篇

续表

范畴	入班时基本情况	训练目标
精细动作	1 双上肢存在差异，右侧差于左侧，右上肢肌张力高，肩关节内收，肘关节屈曲，拇指内收 2 双上肢旋前、旋后功能差 3 双手的精细动作差，右手抓握、放开物体困难，更不能书写	1 建立精细抓握的能力 1.1 在触体提示下，能用示指指物，并拾起1厘米大的物体 2 增强双手的协调能力 2.1 在触体提示下，有时一手持瓶，另一手拧开瓶盖 3 建立指与指之间的控制和手部的灵活性 3.1 能在口头提示下，有时伸出左/右手来操作物体或玩游戏 3.2 在口头提示下，有时能用粗的硬头绳穿3~5粒直径为1厘米的圆珠 4 建立写前能力 4.1 在口头提示下，有时能右手维持按纸，用左手前三指握粉笔在10厘米×10厘米的图案内涂色，出界不超过2厘米 4.2 在触体提示下，有时能正确用前三指握铅笔在3厘米×3厘米的方格内仿画线条和图形（一、丨、／、\、○、×、□、△）
生活自理能力	1 端坐位，弓背，在成人大量协助下可拉下袜子的一半，但不能做到整理好 2 完全在成人协助下洗漱与刷牙 3. 可表达如厕意愿，但要在完全协助下才能完成 4. 进餐需成人完全协助	1 增强穿鞋子的能力 1.1 在成人的协助下，能自行粘上鞋的魔术贴并整理好 2 增强脱袜子的能力 2.1 在触体提示和成人协助下，经常能把袜子拉下并放好在鞋子里 3 建立刷牙的技巧 3.1 在触体提示和成人协助下，能持牙刷刷前面、里面及上下排牙齿的各部分 3.2 在成人口头提示下，能漱口并把水吐出来 4 增强坐在厕盆上的能力 4.1 在触体提示和成人协助下，经常能做到由站立至坐在厕盆上及由坐在厕盆上至站起来并冲水

续表

范畴	入班时基本情况	训练目标
语言理解与表达	1 能理解两个以下的指令，复杂的指令理解不了 2 不主动跟别人说话，说话声音小，更不会主动跟老师、同伴们说出自己的需求 3 说话不连贯，经常讲一件事时断断续续，记忆不好	1 巩固理解复杂指令的能力 1.1 经常能明白老师给予的复杂口头指令，如"沛沛，请你帮我拿本书给何老师，拿支笔给陈老师" 2 增强排列程序图的能力 2.1 在口头提示下，能经常依正确次序排列 5 幅相关的连续的图片 3 增强主动沟通的能力 3.1 跟老师和同学沟通时，经常能主动表达自己的意愿，如"老师，我来唱歌给小朋友和老师听。" 4 增强记忆能力 4.1 在口头提示下，可以把过去几个小时内发生的事情回忆着说出来
社交活动	1 不接受陌生人，对陌生人和陌生的环境表示拒绝，非常依赖亲人 2 完全提示下才说出礼貌用语，并表现出不愿意 3 性格内向，依赖性强，不与同伴玩游戏，有困难时不向别人寻求帮助	1 增强基本的社交技巧 1.1 能超过半数时间不需提示而说出"谢谢""不客气" 1.2 能经常学会先征得他人同意才去分享其他同伴正在玩的玩具 2 扩展与同伴游戏的技能 2.1 能向同伴解释游戏规则，并能互相合作 3 建立帮助别人和要求别人帮助的能力 3.1 当自己有困难和别人有困难时，能帮助别人和要求别人帮助 3.2 表示喜欢与别人建立友谊
概念	1 基本概念尚可，空间、数量概念比较差，不会指物数数并说出总数 2 不认识汉字，但能理解简单图片的内容，有时能回答问题 3 有学习的意愿，但课堂专注力差	1. 巩固 5 以内数的概念 1.1 经常能做到指着物件数数（1～5） 1.2 不需要提示能进行 5 以内的倒数、顺数 2 巩固空间概念 2.1 经常能分出左、右的位置，有时能说出物体是在哪边 2.2 经常能分辨出里、外、前、后、远、近 3 建立认识汉字的能力 3.1 在口头提示下，经常能挑选出 5 个以上指定的汉字、词卡 3.2 有时能认出几个声母拼音：a、o、e 3.3 能认识自己和同伴的名字

（二）毕业离开中心前一年作息时间表

针对沛沛的具体情况，制订了一年的作息时间表（表 2.9.16）。

表 2.9.16 沛沛的作息时间表

时间 \ 星期	一	二	三	四	五
7:45—8:15	幼儿进班报到				
8:15—8:55	单训/家长指导	体能	单训/家长指导	体能	
8:55—9:25	如厕/步行训练/喝水				
9:25—9:45	课间操				
9:45—10:25	常识	位置转移	数概	手部	社交
10:25—10:50	如厕/喝水/步行训练				
10:50—11:00	餐前准备				
11:00—11:40	午饭				
11:40—12:00	如厕/步行训练/上床				
12:00—14:00	午睡				
14:00—14:40	起床/如厕/喝水/茶点				
14:40—15:20	地席	地席	地席	地席	地席
15:20—15:50	如厕/步行训练/喝水				
15:50—16:30	音乐	口肌/沟通	写前/写字	长台	游戏/艺术
16:30—17:00	自选器械/放学				

（三）引导式教育课堂照片

沛沛的引导式教育照片见图 2.9.67～72。

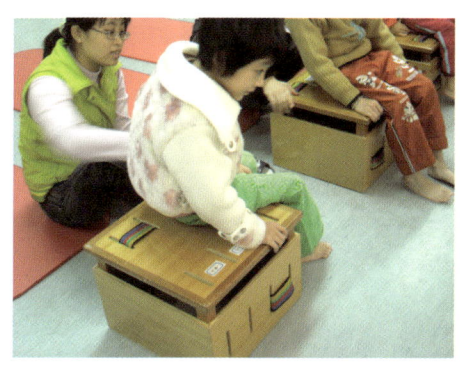

图 2.9.67　坐立课上学习团团转

图 2.9.68　努力学习书写

图 2.9.69　努力爬上条台

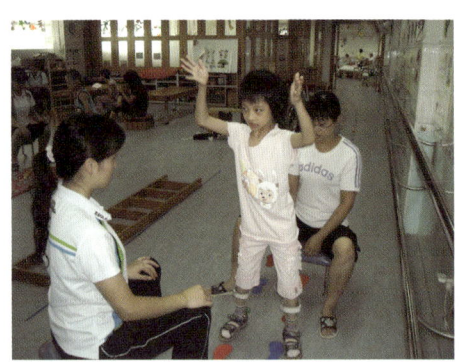
图 2.9.70　老师教我走路

图 2.9.71　社交课上我是一名小护士

图 2.9.72　好多老师来我家，真开心！

（四）引导式教育康复成效

经过两年多的引导式教育，沛沛的康复效果明显，达到了预期目标。总体目标是独立行走，提高生活自理能力，培养积极参与群体活动的性格，为回归社会主流群体做好准备。沛沛现已到适学年龄，经过她自己和老师们的努力，于 2010 年 7 月份在引导式教育训练班毕业，9 月份顺利进入东莞市中堂第二小学跟班就读，学习科学文化知识。她在课堂上，专心听讲，认真学习，跟同学相处融洽，在老师和同学眼里是一个好学生。在家里，家长坚持帮沛沛继续做好家庭康复训练，并在训练中认真督促沛沛主动完成；生活方面尽量减少沛沛的依赖性，充分给予沛沛独立尝试完成的机会，提高生活自理能力（表 2.9.17）。

表 2.9.17　沛沛毕业时的情况

范畴	毕业时功能情况
大肌能活动	各体位的姿势转换能力较前有所增强，可经常进行坐位 ⇌ 立位；双下肢肌力有所增强，可保持独站，站立位平衡基本达Ⅱ级，有时可达Ⅲ级；在成人看护下可在室内行走5米左右，独走时缓慢，常有躯体的摆动代偿；可经常单手扶栏杆登上生活用台阶，双手扶栏杆下台阶
精细动作	部分能独立完成，手平放在台上，手掌向下、向上；双手做到将物体放于容器内，示指侧面及拇指拾物，将小珠放于杯内，用示指指物；左手用剪刀剪直线，用蜡笔涂鸦；能独立用笔画"—""│""+"，并能在指定的方格内写简单的汉字；不需辅助能拧开及关瓶盖，对手部的意识及注意力都很好，双手的协调能力好
生活自理能力	日常生活基本自理，能大部分完成穿衣、进食等活动，扶辅助器具能上厕所，如厕后能自行清洁，生活上不再依赖亲人，独立性提高
语言理解与表达	课堂上听讲专注，对多个步骤的指令理解较好，有较好的模仿能力，课堂积极回答问题，能带动课堂气氛；在不同的环境下能主动与老师、同伴沟通，说出自己的需求，有较强的沟通意愿，能大胆表现自己；对于简单的图片故事能连贯讲出情节，比较有条理
社交活动	有礼貌，会说礼貌用语请别人帮忙，如"谢谢老师的帮忙""不用客气，这是应该的"等，能主动地配合老师与同学一起玩耍，能做到互相合作，游戏反应较好，在环境变化下能积极参与活动，不拒绝，能与同学建立较好的关系
概念	能认识与主题有关的物体、图片；对数的概念理解很好，能认识数字 1～20，知道它们之间的关系，初步懂得 10 以内的数和加减法以及空间概念，知道左右、前后、上下、里外等空间概念，能认识与主题有关的汉字和部分汉语拼音，会写简单的汉字；会复述简单的故事

（五）学校、家里照片

以下是沛沛在学校和家里的照片（图 2.9.73～76）

图 2.9.73　小学课堂里认真听讲，坐得很直

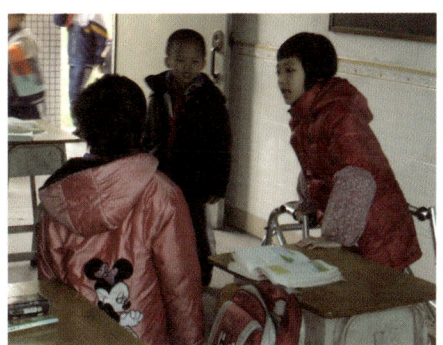
图 2.9.74　下课后跟同学一起玩

图 2.9.75　在学校很开心，有很多同学　　　图 2.9.76　在家里认真完成作业

（六）家长心声

我家沛沛，现在是一个听话、懂事的孩子，性格活泼，在学校里主动与人沟通，学习认真，在家里主动进行康复训练，认真完成作业，见到人就笑容满面。看到孩子每天能上学，我的心情真的是千言万语也说不清，这样的改变是在我送她来康复中心引导式教育班以后才出现的。

记得 2007 年 6 月初来中心做评估时，沛沛少语，木讷，怕陌生人，坐不稳，吃、喝、拉、穿等全靠大人，依赖性很强，从来没离过妈妈的手。9 月份开始，在脑瘫部进行康复训练一年，效果较好，但是孩子的生活自理和与人沟通的能力很差。后来，经何老师建议，孩子加入引导式教育班进行整体的学习，虽然不放心，但还是相信引导式教育这个新的理念，选择了进班学习与康复。

班里强调要小孩跟着一天的流程，要家长放手，引导小孩主动配合，参与生活自理活动，加强体能，调整、改正不良动作，并强调家长要学会康复手法，延伸到家里进行康复训练。与此同时，中心还开设培训班培训家长正确的康复手法，提高家长的理论认识，从而坚定了我的信心。就这样，在引导班的各位老师和全体治疗师的关怀指导下，沛沛进入了整天的康复与教育，我也认真听取老师的意见，按照要求积极展开家庭康复。沛沛每天都在进步，我开始看到了希望，但从来没想过像她这样的孩子能上小学读书。

2010 年初，沛沛学会自己在平地上独立走几步了，虽然走得较慢，但作为家长来说，看到孩子能走路，那种心情真不知道如何表达。沛沛的学习兴趣浓厚，喜欢与人沟通、学唱歌，大部分的日常生活都能自理。终于，在 2010 年的 9 月份，沛沛的愿望实现了，成了一名一年级的小学生,多么光荣啊!看到自己的孩子能和正常孩子一样上学,作为家长的我,不断鼓励她在学校里大胆跟同学玩,帮她建立自信,现在孩子准备升二年级了。是引导式教育这种新的康复模式改变了我的观念,才让沛沛有了美好前景。

希望所有的家长共勉,不断鼓励小朋友,使他们充满信心,每天开心地生活、学习。更希望引导式教育能帮助更多有需要的小朋友。

第四节 广东省残疾人康复中心

(一)儿童基本情况

儿童晶晶,女,2005年7月出生,足月顺产,第一胎第一产,难产,产程过长导致缺氧。1岁时头竖不稳,不能坐,于2007年5月在中山大学附属第一医院诊断为脑性瘫痪,一直都在接受康复训练。于2009年12月进入我中心(广东省残疾人康复中心)参加引导式教育,当时晶晶双手没有抓握及放开的能力,双手不能在中线互握,双上肢不自主运动多,不能从坐位到站立位,不能扶物步行,生活完全依赖家长帮助完成,诊断为脑性瘫痪——手足徐动型(表2.9.18)。

表2.9.18 晶晶的基本情况和训练目标

范畴	入院时功能情况	训练目标
大肌能活动	1 坐在木箱凳上不能弯腰拾起地上的物体后回到座位上 2 不能自己从仰卧位坐起来 3 不能独立横行 4 不能独立用梯背架步行	1 坐在木箱凳上能弯腰拾起地上的物体后回到座位上 1.1 成人协助坐好后,经常能维持坐姿双手玩耍,独立保持头在中线位、伸直腰背、双脚踏实地 1.2 在少量触体协助下(固定抓握凳子的手)坐在木箱凳上,有时能一手抓握凳子,一手捡起地上的物体而不摔倒 2 增强从仰卧位到坐位的位置转移能力 2.1 在少量触体协助下,能屈曲右脚到左脚前面 2.2 在大量触体协助下,能固定右脚和伸直左手,偶尔能由仰卧位坐起 3 巩固独立横行的能力 3.1 经常能独立单手扶扶手保持站立5分钟不摔倒

续表

范畴	入院时功能情况	训练目标
		3.2 在口头提示下,有时能扶扶手横行3米不摔倒 4 增强使用梯背架步行的能力 4.1 经常能单手扶梯背架站立保持5分钟不动 4.2 在成人的看护下,经常能跟随节律性意向步行2米(先站好再踏步)
精细动作	1 双手不能自如抓握及放开物体 2 双上肢不自主运动多	1 巩固双手的抓握及放开能力 1.1 有时能保持双手抓握物体30秒不放开 1.2 有时能听指令在10秒内放开手中的物体 2 建立双上肢打开手掌按住毛巾/台面的能力 2.1 有时能同时打开双手掌按住毛巾保持10秒不动
生活自理能力	生活完全依赖家长协助完成	1 建立双手持杯进饮的能力 1.1 在成人协助固定杯子的情况下,有时能伸双手握住杯子 1.2 在成人大量触体协助下,双手肘固定在长台上,能保持双手抓住杯子送到口 2 建立持勺子进食的能力 2.1 左手绑手扎抓握扶手,在成人中量触体协助右手握住勺子的情况下,偶尔能保持不放手 3 建立穿脱鞋袜的能力 3.1 坐在木箱凳上穿脱鞋袜时,经常能保持右手抓握长台,左手抓握木箱凳,保持坐姿 3.2 坐在木箱凳上,有时能把左/右脚放在右/左侧膝盖上并保持5秒不掉下
语言沟通	1. 不能说单字 2. 不能依从3个指令 3. 在见到同学或他人时,不能主动微笑或拉手	1 增强发声及发单字音的能力 1.1 经常能发声(如wo、ba、ma、fa、en)回应游戏及成人的问题 1.2 有时能说单字(如饭、到、好、要、拿、杯)回应游戏及成人的问题 2 建立依从3个指令的能力 2.1 在口头提示下,经常能以图片、表情或手势表示明白3个步骤的指令

续表

范畴	入院时功能情况	训练目标
		3 建立运用表情、动作进行表达的技巧 3.1 见到同学或他人时，经常能主动微笑 3.2 见到同学或他人时，经常能主动拉拉手 3.3 下课或回家时，有时能主动挥手表示再见
认知学习	1 不能稳定辨别在内与在外 2 不能将衣物、食物进行分类	1 巩固辨别在内与在外的能力 1.1 经常能完成相应的指令，如"哪个勺子是在杯内？哪个是在杯外？" 2 建立分类、数与量匹配等概念 2.1 有时能独立将衣物、食物、玩具进行分类
社交能力	1 不能在公共场合做出适当的社交行为（比较害羞） 2 不能玩简单的角色扮演游戏	1 巩固公共场合的社交能力 1.1 在接受礼物或得到帮助时，经常能主动表达"谢谢" 1.2 在口头提示下，经常主动与其他儿童分享正在玩的玩具 1.3 经常能主动与熟悉的人打招呼或告别 2 建立玩简单的角色扮演游戏的能力 2.1 在环境提示下，有时能配合老师玩简单的角色扮演游戏

（二）入中心后每天作息时间表

针对晶晶的实际情况，制订了作息时间表（表 2.9.19）。

表 2.9.19　晶晶的作息时间表

时间＼星期	一	二	三	四	五
8:30—8:50	报到				
8:50—9:30	坐立	长台	坐立	长台	坐立
9:30—10:15	穿鞋/步行/如厕/擦手/喝水				
10:15—10:45	手部	社交	自理	常识	语言
10:45—11:20	步行/如厕/擦手/喝水				
11:20—11:25	餐前准备/餐前口肌练习				
11:25—11:30	介绍每日饭菜/分餐				
11:30—12:00	午餐				

续表

时间　　　星期	一	二	三	四	五
12:00—1:50	午睡				
1:50—2:00	起床				
2:00—2:40	穿衣服（鞋子）/步行/如厕/擦手/喝水				
2:40—3:10	常识		艺术	手部	集体游戏
3:10—4:00	步行/如厕/擦手/茶点				
4:00—4:30	体能	体能	体能	体能	集体游戏
4:30	放学				

（三）引导式教育课堂照片

晶晶的引导式教育照片见图 2.9.77～82。

图 2.9.77　条台课上"搭拱桥"

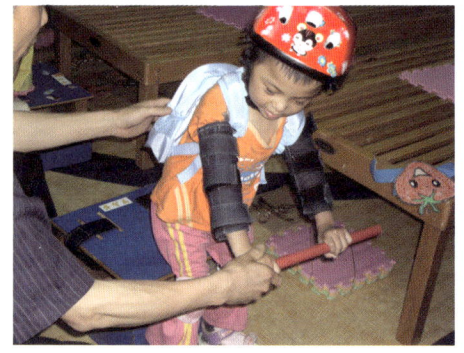

图 2.9.78　给我一点帮助，我能站起来

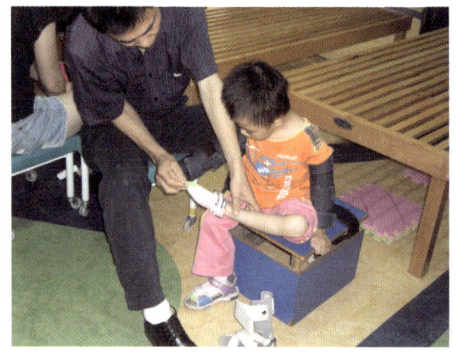

图 2.9.79　爸爸教我脱袜子

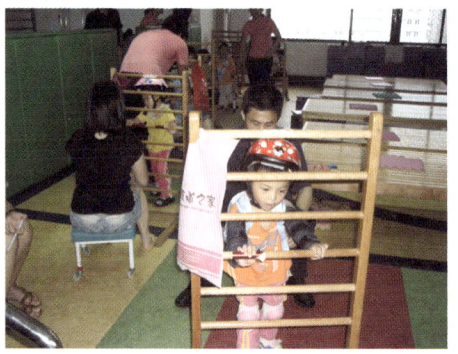

图 2.9.80　下课了，我们排队上厕所

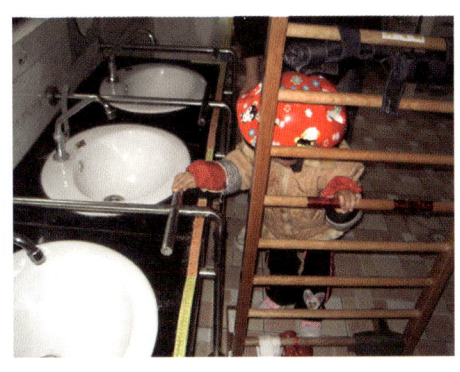 

图 2.9.81　抓紧扶手，自己移位去洗手　　　图 2.9.82　我学会推架步行了

（四）一年半的学习成效

经过一年半的引导式教育，晶晶的康复效果很明显（表 2.9.20）。

表 2.9.20　晶晶一年半后的情况

范畴	目前进展情况
大肌能活动	1. 口头提示下经常能保持良好的坐姿进行活动 2. 大量触体协助下，能够固定右脚和伸直左手，偶尔能由仰卧位坐起来 3. 有时能独立由坐在凳子上到站立 4. 俯卧在木条台上，有时能伸直双手抓住梯背架抬高头保持 10 秒 5. 经常能单手扶梯背架站立保持 2 分钟不动 6. 有时能完全独立站立 3～20 秒 7. 偶尔能完全独立徒手步行 3 步以内
精细活动	1. 经常能保持双手抓握梯背架不放开 2. 有时能听指令在 10 秒内放开手中的物品 3. 有时能同时打开双手掌按住毛巾保持 10 秒不动
自理活动	1. 成人协助固定杯子，有时能伸双手握住杯子 2. 成人大量触体协助将双肘固定在长台上，能保持双手抓住杯子送到口 3. 左手绑手扎抓握扶手，成人中量触体协助右手握住勺子，偶尔能保持不放手 4. 坐在木箱凳上穿脱鞋袜时，经常能保持右手抓握长条台、左手抓握木凳，保持坐姿 5. 坐在木箱凳上，有时能把左/右脚放在右/左侧膝盖上并保持 5 秒不掉 6. 在口头提示下，偶尔能粘上鞋子的魔术贴或撕开鞋子的魔术贴

续表

范畴	目前进展情况
语言沟通	1. 经常能发声（如 wo、ba、ma、fa、en）回应游戏及成人的问题 2. 有时能发声（如好、要）回应游戏及成人的问题 3. 见到同学或他人时，偶尔能主动微笑 4. 见到同学或他人时，在口头提示下经常能主动与人拉拉手 5. 下课或回家时，有时能主动挥手表示再见
认知学习	1. 经常能完成相应的指令，如"哪个勺子是在杯子内？哪个是在杯子外？" 2. 掌握了有关主题教学的一些内容 3. 数与量的匹配（5～10） 4. 有学习量词的经验
社交能力	1. 在接受物体或帮助时，在口头提示下经常能主动表达"谢谢" 2. 在口头提示下，经常能主动与其他儿童分享正在玩的玩具 3. 在环境提示下，有时能配合老师玩简单的角色扮演游戏

（五）家长心声

我的孩子从1岁左右确诊是脑性瘫痪开始，就在各大医院做一对一的个体训练，直到4岁进步都不明显，尤其是双手的功能一点也没有改善，训练都是针对腿，把家长也带入了一个误区，好像对于这些孩子来说多做运动就好，所以我们那时也忽略了孩子的双手活动、说话、智力的开发等问题。晶晶自从进了引导式教育班，在双手的抓握及放开、固定、伸直方面有了明显改善，在推梯背架步行、扶物站立、横行能力上都有很大的进步，也愿意主动和小朋友玩耍，在提示下她也愿意说"拜拜""好"等，基本能明白别人的指令。我们家长整天跟老师和孩子在一起学习，思想也有了改变，会把她当一般孩子看待，陪她玩，陪她说话，陪她学习，陪她训练，整个家庭的氛围变得和谐友善啦。我们不再像以前那样总是指责孩子为什么不努力训练。引导式教育这种学习和训练相结合的模式非常适合我的孩子，也让家庭增加了生机和活力。

第十章　涓涓心语 实践篇

第十章　涓涓心语

　　这一章集结了家长、脑瘫人士和引导式教育团队的观点、经历与感受，作为本书的总结。

　　本章的第一节"同路人心声"中两位母亲的心路历程和一位父亲的肺腑之言展现了脑瘫儿童家长对儿女无条件的爱与担当，孩子康复的路途虽崎岖，他们却未曾想过放弃。我们身为康复专业的一群推行者，岂可草率。几位家长对引导式教育的认同，给了我们往前推行引导式教育的信心与鼓励。

　　小虎子妈妈说："由以前的寄希望于机构到现在发现自己在孩子康复中的重要作用并相信自己，我确实得到了提升。"那位父亲又说："引导式教育确实给脑瘫孩子带来了福音，同样也给一个个像我们这样的家庭注入了活力……"还有一位脑瘫朋友徐凯现身说法："脑瘫儿童的最大障碍是什么？就是不会运用正确的方法去生活。那么我们就需要引导儿童正确地去生活，这就是我们要做的。在这个过程中，我们首先要让孩子学会生活，然后是懂得生活，最后是享受生活。"

　　这几位家长与脑瘫朋友所言，恰恰道出了引导式教育提供康复之路的核心是一项"增权赋能"的教育工作；是一个提升心理健康水平，增加个人对环境的控制感及决定能力的过程。小可爸爸提出了五点困惑，提示我们给家长"增权赋能"的深层次要求，督促着我们要不停地总结经验，提升引导式教育的水平，并不忘家长是我们团队不可或缺的一员。

　　本章的第二节"母婴组工作点滴"详细描述了最年幼的一个小组如何进行引导式教育，步骤细致，反映出的信息是：要给孩子和家长"增权赋能"，引导式教育团队必须具备专业精神和责任意识。

第一节 同路人心声

一、两位母亲的心路历程

（一）浙江康复医疗中心家长

我的儿子出生时早产，今年5岁。在成长过程中，我发现他与同龄的孩子不一样，身体总是软软的，此后经过检查，确诊为脑瘫，就这样我们开始了漫长的康复之路，走南闯北，最后经人介绍来到这里（浙江康复医疗中心）。一进医院门，首先给我的感觉是环境很温馨，与曾经去过的医院相比是两样的；医生的态度也有很大的差别，之前医院的医生态度比较生硬，好像有这样一个孩子，我就比别人矮几分似的——我曾想自己平时老老实实做人，在单位工作时，无论是员工还是领导，对自己都有很高的评价——对于一个残疾儿童的家长来说难以接受这种态度，感到很压抑、很委屈。这里的医务人员会微笑着与我讲话，态度很好，比较阳光。办理相关手续后，医生决定让我儿子到引导式教育班。因为对引导式教育不了解，心里不太接受，更愿意接受传统的康复治疗。我儿子的病情比较严重，既痉挛，又有剪刀步态，走起路来像跳芭蕾舞，手足钩着，属于典型的痉挛型脑瘫。由于引导式教育要求家长参与，当时感觉协助孩子真的很累。儿子不好好配合，我又不能强制他——不像之前其他医院的治疗，由治疗师治疗几十分钟，帮我牵拉，我也能够休息一下。我曾想过退缩，后来老师的培训使我对引导式教育的理念、方法有了一定的了解，我忍住了。我想，放弃一种方法是很简单的事情，但对孩子来说是一种损失。

回想初到引导式教育课堂上的情景，因为儿子专注力很差，每次上课我必须先接受课堂学习的内容——不是儿子上课而是我自己去接受。在课堂上，我看别的家长怎么做我也怎么做，老师也很有耐心，有时老师课后也会进行个别辅导，家长之间也会互相帮助。我曾经想放弃，但每当想到老师所给与的鼓励，想到别人能这么鼓励你，自己为什么不能对儿子多加鼓励而使他有信心去参与活动呢？我慢慢调整了自己的心态。经过一段时间的康复，我发现儿子进步了：他学会了四点支撑。原来他像小蚯蚓一样只会动来动去，在1个半月的康复后他竟然能够双手短时间支撑自己的身体,这让我看到了希望,心中也有了计划。有时他会运用课堂上学习的技巧来解决一些问题,如:他独立坐在凳子上时,因为害怕摔倒,他会自己向后移;为了方便看电视,他会用团团转的方法转身以防止摔倒;当初他不会站、不会走,现在能扶东西站立5～6分钟,能经常扶着梯背架在我少量帮助下走很长一段路;原来他不怎么讲话,现在很会讲,他会讲谁是同学,他要和谁一起玩,沟通能力也进步了很多。在习作课上,他与其他小朋友在游戏中得到牵拉(图2.10.1),会计划自己怎样完成这个活动(要先上台阶然后再过地梯)。

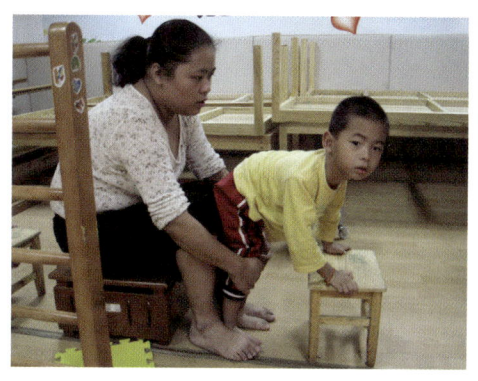

图2.10.1 做"小山洞"有牵拉作用

对新来的家长,我想以自己的亲身体会告诉大家,一定不要着急,静下心来,尝试一次。机会不可错过,要听老师的劝告。现在如果谁让我去做单训,我也不会去了。

我是个比较坚强、开朗的人,很少流眼泪。记得当初在得知孩子病的严重性时,我流过一次眼泪。这里的康复生活给我一种感觉,那就是很温馨。因为温馨,我也会掉眼泪。这里有义工,他们很有爱心、耐心,经常来跟孩子玩,有时一周会来几次。这里每逢节假日都会举办联欢会,儿子说在这里太开心了。记得12月24日那次圣诞晚会,儿子特别开心,那时我掉下了眼泪。我很感谢这里的医生和老师,像这么开心的场面,在家里是不会有的。当老师给孩子讲故事时,孩子们都会全神贯注地听,此时感觉到孩子们非常幸福。作为妈妈,我可以照料他的生活,却无法带给他这种氛围。我深深体会到:孩子身体残疾没有关系,但意志力不能残,性格很要紧,这种开朗、健全的性格,靠原来一对一的单训是不能培养出来的。这里经常有香港老师来指导,我计划明年有机会还要来。现在马上要出院了,家庭方面,我计划进行改造,梯背架已经准备好了,也做了简易的站立架。另外,我觉得这里对人很公平:每个孩子都是康复3～4个月出院,第二年若有机会再来,因为脑瘫儿童很多,好机遇要大家分享。

(二) 济南市按摩医院家长

刚听说引导式教育对部分脑瘫孩子康复效果很好时，我就充满了好奇心与幻想，更寄希望于让孩子训练一年就能恢复健康，像正常孩子一样，也就是说，刚进入机构的我充满了热情和对孩子无尽的期望。可是没几天，我就对这种方式产生了疑虑，每堂课教授的内容很平常、很简单，不同课程所训练的内容似乎又有点相同。课上课下要不停地穿脱鞋子，站起、坐下要按口令一步一步地做，上厕所、吃饭、睡觉、喝水要按口令一点一点来。怎么会是这样？这么小的孩子怎么可能看着水不喝、看着饭不吃而按老师的口令来做呢？每天不停地穿脱鞋子不是浪费时间吗？我迷茫了。我在潜意识里认为，让这么小的孩子参加引导式教育是个错误。可是既然来了就不能半途而废啊，再说这里的每个老师都那么热情、善良，眼神、言语里充满了对孩子无尽的关爱，有时候我自己都对屡教不会的孩子失去了耐心，对孩子的怪异举动反感不已，而老师们却兢兢业业微笑着对孩子，并不断地从孩子身上发现哪怕是一点点的闪光点，从而给孩子和家长一些鼓励和安慰，就凭这些我也要坚持做完。既然如此，就先按老师的要求做吧，哪怕自己并不明白为什么，就这样半机械地做了一段时间。突然有一天，我发现孩子会按口令推杯子、脱鞋子、团团转了，甚至吃饭时老师说拿起馒头，他会放下手中的勺子去拿馒头吃。孩子的这些进步让我有点惊讶，开始相信这种节律性的口令一遍遍地重复很有用，那看似浪费时间的举动真的能教会孩子生活的本领。

刚参加引导式教育时，我总觉得对孩子功能方面的训练太少，不像传统康复那么集中、力度那么大。后来在孩子的不断成长中，在老师的不断指导下，我也确实发现有些训练在平时的坐、站及生活自理过程中就有练习，只要我们认真地按步骤做，孩子就能够得到训练。

参加引导式教育已近半年，由最初的陌生、好奇到现在的渐渐了解一二，由以前的寄希望于机构到现在的发现自己在孩子康复中的重要性并相信自己，我确实得到了提升。感谢引导式教育给我参与其中的机会，感谢引导式教育让我们感受到康复与生活相结合的快乐，感谢所有工作人员给孩子的无私关爱与付出，让孩子年幼的心灵感受到阳光的明媚和生活的快乐！

二、一位父亲的肺腑之言

我是一个6岁孩子的父亲,5年前,"脑瘫"这个词在我的人生字典中是找不到的,而今却深深地嵌入了我的骨子里。要不是老婆怕痛,执意剖宫产;要不是因为糊涂记错了预产期,可能今天我们的小日子过得还挺滋润的,可是上天却跟我们开了一个残酷的玩笑。周岁了,女儿还不会抬头、不会坐,多处求医问药最终被确诊为"脑瘫——痉挛型四肢瘫"。从此我们一家开始走上忙碌、颠簸、费力、花钱的道路,只要从哪里听到"风吹草动",就立马去尝试,天南海北一圈跑下来,还是没有起色,最可气的是盲目听信别人买了许多没用的药,钱也花光了,心也凉了。为此日子过得捉襟见肘。看着女儿僵硬的手脚,有时真的很无助、很绝望,想放弃,但看着女儿忽闪忽闪的大眼睛,我又打起精神来。

今年6月,在当地残联的引荐下,我们来到浙江康复医疗中心慈爱康复医院参加引导式教育,开始了一个全新的康复模式。在那里,老师们很敬业,女儿也很配合,我也干脆停掉了手头的工作全身心地陪伴,一星期、两星期、一个月、两个月、三个月,我们惊奇地发现女儿有了很大的转变,手脚不像以前那么笔直,能坐了,也能拿着勺子笨拙地吃饭了,还能和我们进行简单的有声交流;更可贵的是,她能融入小朋友当中了,大家一起上课、游戏,一起吃饭(图2.10.2);她能在我的辅助下推梯背架走路了,这人生的第一步虽然迈得有点迟,但弥足珍贵。

图2.10.2　学习自己吃饭

女儿刚开始时总是哭哭啼啼的,现在每天像吃了开心果一样。我真切地感受着女儿带来的快乐,引导式教育同样也给一个个像我们这样的家庭注入了活力,确实给脑瘫儿童带来了福音,衷心希望它越办越好。

三、一位家长的困惑

"脑瘫孩子需要加量训练。"这是一位脑瘫儿童母亲的说法,这几句话也许道出了一切训练活动的真谛,引导式教育正是一种将康复训练融入孩子一切日常行为中的模式,是一种将训练的量加大到极限的模式。

在完善的训练环境中,将日常行为规范成标准的指令,由美丽大方、耐心细致的引导员反复不停地灌输给脑瘫儿童，对加强生活自理能力和粗大运动能力有较好的效果。

作为一个脑瘫儿童的家长，能够让孩子接受引导式教育是一种幸运，是一件值得感恩的事情，对医院提供的康复训练，包括训练环境、指导、对家长的培训、细致的工作，等等，我们都怀着欣慰和感激之情。孩子接受引导式教育已经有一段时间了，我自己参与也有大半年了，有些对引导式教育的不解和想法，现汇报如下：

（1）医院针对每个孩子每个月都制订了训练目标。但训练目标的确定，我认为应该有家长参与，甚至最好是在医院的指导下以家长为主来制订目标，这样是否更符合引导式教育的精神？

（2）每个孩子的情况都不同，需要训练强化的方向也不一致，目前分班制在训练配合度和效果方面应该比单独训练要好。是否可以考虑每天有一小段时间单独针对个人进行单项训练？

（3）家长参与是引导式教育优于其他训练方式的特点之一，但同时也增加了家长的时间成本。如果陪着训练的家长训练完并不与孩子住在一起，这样陪着训练的家长实际上并不能起到参与的作用。所以家长参与的方式是否应该更注重实效、更人性化、更灵活一些？

（4）家里有一个脑瘫儿童对家长的心灵是一种折磨，在社会压力如此大的情况下，对家长更是一种考验。有时候训练一会儿就累得想发泄，看着孩子不配合就着急、生气；看着孩子怎么也学不会就会绝望、想放弃；有时候想惩罚孩子，又不知道应该不应该；看孩子很容易注意力不集中，就不知道是孩子过于敏感还是训练不能引起孩子的兴趣；看孩子容易兴奋和发笑，也不清楚该怎么看待这些事。我们希望医院能够提供调适患儿家长心理、帮助家长理解患儿行为的渠道。

（5）我的孩子说话的可能性在逐步减少，可能今后需要学习手语，现在应该开始教她吗？

以上是对小可近期训练的一些想法，望解惑。

四、一位脑瘫朋友的亲身体会

我是来自济南市按摩医院康复部的义工，我叫徐凯，很荣幸有这个机会，让我把自己这些年来康复的经历和感受跟大家分享，希望能对大家有所帮助。

（一）自我介绍

我出生在一个工人家庭，今年 24 岁。出生时因为难产、缺氧而造成窒息，经过及时抢救才保住性命，后来被诊断为脑瘫，因为确诊较早，所以不到 1 岁就开始了治疗。那时候家人也不知道什么是脑瘫，该怎么治疗，只要是听说有治疗脑瘫的，不管在哪里，不管用什么方法，就会去，比如聊城、石家庄、北京、河南、山西。基本上所有治疗脑瘫的方法我都试过，比如高压氧、针灸、理疗、推拿、营养液注射、手术、传统康复、引导式教育等，我都经历过。这条路走下来，不能说我有多么坚强和了不起，起码对我来说，是一段特别珍贵的记忆。现在回过头去想想，我有几点最深切的感受：

1. 苦涩的童年

童年是一个人最美好的时光和记忆，因为可以无忧无虑地玩，而我则是在医院中度过的，每天都要去感受疼痛和枯燥的生活。当我结束一段治疗回家，和周围小朋友刚刚玩到一起的时候，又被父母带走了，又要去接受别的治疗了。

2. 心理上的折磨

记得我在石家庄的时候，每两天做一次按摩，那种按摩是以牵拉为主，非常疼，所以每次在做按摩的前一天，我就开始不高兴，没有精神去玩，心理上有很大的负担，可是当我做完以后，就会很高兴，就去喊别的小朋友一起玩，吃嘛嘛香。其实现在想想，这是对心理的一种折磨，也是很好的锤炼。

3. 重新认识自己

经过这些痛苦以后，我对自己有了新的认识，我是和别人不一样，但那只是一部分，在其他方面，我们是一样的。我要承认自己的缺陷，正视缺陷是一种勇气。

4. 积极面对他人，面对社会

只有正视自己以后，才知道怎么去面对他人，才敢于让自己走出去。我交新朋友的时候，他第一次看见我，可能会有异样的眼神，但是我敢说我们聊天以后，他就不会那样了，因为他会知道我和其他朋友的区别不大。

（二）理念建议

社会发展到今天，人们对康复目标的要求已经不单单是能自理的问题了，我们要把孩子们引入社会，让他们能享受社会生活，那么我们的康复观念是不是也要有所变化呢？

我感谢这个团队能够接纳我。在进入这个团队，学习到什么是引导式教育以后，我觉得引导式教育恰恰就是把孩子引入生活与社会的最好方式。大家想想，我们的康复目的是什么？是要让孩子正常地生活，肢体功能只是一部分，更重要的是让孩子们有一个生活模式。我们所看到的引导式教育，包括整日流程、进餐、进饮、如厕、生活自理，都在诠释着两个字——生活。脑瘫儿童的最大障碍是什么？就是不会运用正确的方法去生活，那么我们就需要引导儿童正确地去生活，这就是我们要做的。在这个过程中，我们首先要让孩子学习生活，然后是懂得生活，最后是享受生活。

1. 学习生活

其实我们想想脑瘫的症状和特点，就会发现，脑瘫儿童不是丧失了一些东西，而是他的能力没有被开发出来才导致目前的障碍，所以我们首先要帮助孩子学习生活的基本模式，比如吃饭、喝水、穿衣、如厕等（图 2.10.3）。我们需要做的，就是给孩子们一个学习的平台，使他们了解什么才是生活。

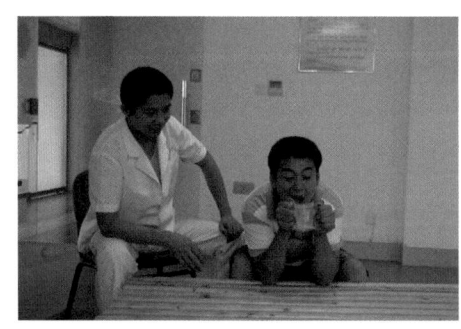

图 2.10.3　学习生活的基本模式是认识生活的开端

2. 懂得生活

当孩子学会一些动作后，我们就要给其充足的空间去发挥。因为只有在真正的实践中，孩子才知道这个动作为什么要这样做，才知道做这些动作是为了什么，只有自己认同了，才会更好地运用到生活中。

3. 享受生活

当把所学的动作运用到生活中，完成了以前很难做到的事情，对孩子来说，是一种成就感，是生活带来的享受（图2.10.4）。

引导式教育给孩子带来的不仅是智能的改善，更重要的是帮助他们和家长完善心志，让孩子能做一个"全人"。

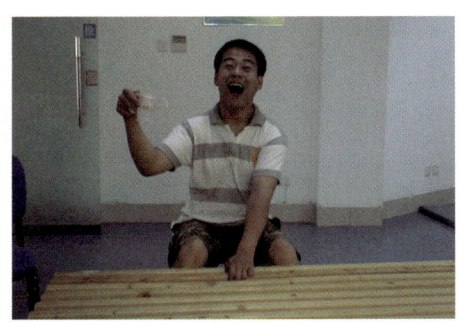

图2.10.4　能够自己喝一口水的成就感

（三）训练建议

刚才说的都是理论方面的内容，具体到训练上，我在康复训练中使用过很多方法和技巧，但是最重要的往往是一种无形的概念和感觉，我们只有真正领悟到这些，才知道如何诠释好这个动作。在康复经历中，我感触最深的两个关键词是"稳定"和"中"。

1．"稳定"

我觉得脑瘫儿童最需要的能力是稳定，包括姿势的稳定、情绪的稳定和心理上的稳定，脑瘫的症状里有很多是造成不稳定的因素，所以，帮助儿童做到稳定，是我们工作的重点。下面我用具体的动作来和大家探讨一下稳定的含义。

桌子上有一个球，我现在要做的就是去拿这个球，如果我用原始状态的话，会腰骶坐、肢体僵硬、上肢屈曲、下肢不能踏实地（图2.10.5）去拿（图2.10.6）。为什么会这样去拿？有人说是姿势不正确、紧张，那么为什么会紧张？作为一个脑瘫患者，我把自身的想法说一下：老师要我去拿这个球，我的第一想法是我能不能拿住，然后是想怎么拿才不会掉下去。我就用尽全身的力气去拿这个球，这个时候我不会去想我的身体姿势怎么样，我只想把球给老师，当我把球放在老师手上的一瞬间，我整个人就放松下来了。

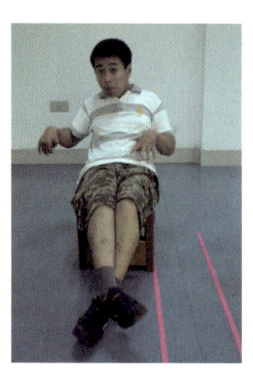
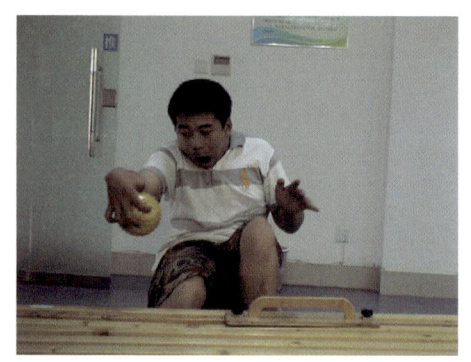

图 2.10.5　原始状态的坐姿　　　　图 2.10.6　用原始状态去拿球

从刚才我描述的动作过程中，大家有没有发现什么问题？我把所有内心活动都描述出来的目的就是要告诉大家，脑瘫儿童需要的是一种安全感，如果让大家去拿这个球，你肯定不假思索地就拿起来了。为什么？因为你知道自己可以做到。脑瘫儿童对自己的能力是怀疑的，怕自己做不好、完成不了这个任务，所以会紧张，所以姿势的异常才会比平时更严重。

那么，我们想让患儿稳定下来的第一步不是纠正异常姿势，而是要给其一种安全感、信任感。如果你只是一味地纠正我的姿势，那么咱们就是对立的，我就会对你有一些戒备和抵抗，因为你打破了我原来相对稳定的状态，而我没有在你给我的状态中得到安全感，所以我不会轻易改变。我们要首先让孩子们有安全感和信任感，我们要和他们站在一边，一步一步地让他们感觉到，你给他们的状态比他们自己采取的状态更加安全和稳定，他们内心感觉到这种状态是安全的，他们就会做到。正是因为有了安全感，他们才能慢慢做到稳定，也就是说，安全感是稳定的前提（图 2.10.7）。

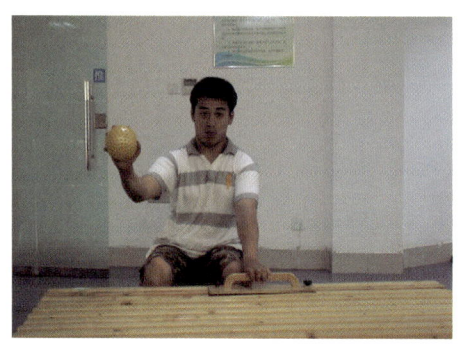

图 2.10.7　找到稳定身体的方法

2. "中"

脑瘫儿童的另一个突出特点就是中线位的意识差,做动作的方位不准确,专注力较差,所以,我们要帮助他们提高"中"的概念。"中"包括在中线位的动作规范,还包括注意力的集中,甚至包括中心的意识和气息的通畅。

大家有没有注意,平时人们上肢的活动区域是胸前的肩宽范围内,大部分动作是在这个区域内完成的,这就是人们对于"中"的概念的运用。这个概念也是脑瘫儿童所缺乏的(图2.10.8),所以在引导式教育中,对"中"的学习是很多的(图2.10.9、10)。

 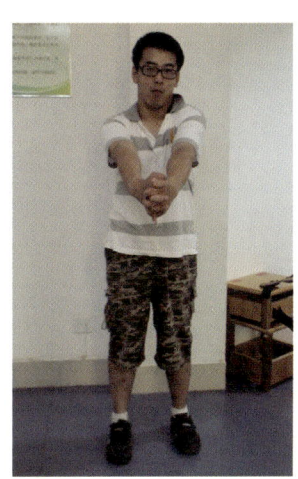

图2.10.8 缺乏"中"的概念的步态　　　图2.10.9 双手互握居"中"

图2.10.10 应用"中"的概念拿球

我们刚才讲了要帮助儿童稳定下来,这里面也有"中"的概念。比如,我现在要从凳子上站起来,如果按照原始的状态就会像图2.10.11这样做,如果我运用引导式教育的动作模式和节律性意向就会按照从坐到站的口令做(图2.10.12～2.10.15)。

图 2.10.11　用原始状态站起来

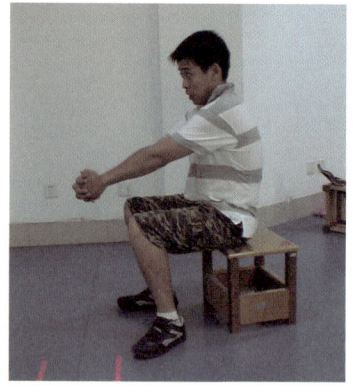

图 2.10.12　两手交叉

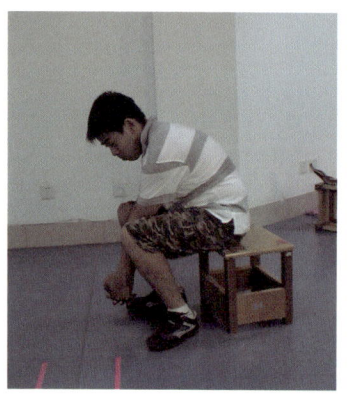

图 2.10.13　弯下腰

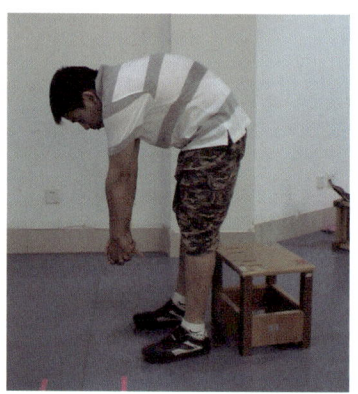

图 2.10.14　抬高屁股

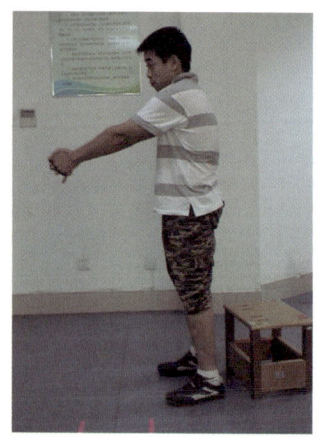

图 2.10.15　站直

口令：

我脚放平，1、2。

我脚分开，1、2。

我双手交叉，交叉、交叉。

我低下头，低下、低下。

我抬高屁股慢慢站起来，1、2、3、4、5。

这样从中线位站起来，就会非常安全和稳定。有了安全和稳定作为保证，就可以完成更多的事情。

（四）希望

随着社会的进步，我们对每个行业都有了更高的要求，对于康复专业来说，我个人有一些希望，也想借这个机会，斗胆跟各位专家提出来，有什么不对的地方，还请大家多多指教。

1. 提高儿童的综合能力

因为我个人也在做一些康复方面的工作，在这个过程中，我们发现一个很严重的问题，脑瘫儿童的整体素质有待加强。由于我们的特殊性，接触的事情和受到的教育相对来说比较少，所以当我们成长起来以后，进入社会，各方面的能力都会显得不足。康复是孩子最早接触的一种教育和规范，所以我觉得在给孩子做康复的时候，就要培养他们的综合素质。

2. 最大限度地挖掘儿童的潜能

刚才我说过，脑瘫儿童只是缺少学习的机会，这个学习的机会就是开发潜能的过程。在这个过程中，我们会发现其实这些孩子有很强的能力，甚至会有超出常人的能力，就看能不能被发现，如果被及时发现，可能会改变孩子的一生。

3. 尽早帮助孩子及家长建立正确的康复观及生活态度

这一点是非常重要的，我们看到很多伤残人士，或多或少都有一些心理障碍，这是由于从小没有接触到正确的教育方式，还有家长在心理上也存在一些问题，导致整个家庭处于比较特殊的状态，所以帮助孩子和家长就显得尤为重要。

4. 鼓励脑瘫朋友努力实现自己的价值

如果想强大起来，就需要独立面对困难和挫折，只有在"实战"中学会调整自己，不断向前，我们才能成功。我是一个喜欢交朋友的人，

很希望和诸位专家成为好朋友。让我们一起为孩子们的美好明天而努力。

第二节 母婴组工作点滴

由于引导式教育是以小组学习的方式进行康复活动的，初次接触的人总会认为只有儿童到了一定年龄，具有一定理解能力时才可以参加，婴儿怎么也可以进行引导式教育呢？确实，婴儿和幼儿、学龄前儿童有不一样的地方，他们更离不开母亲，所以这个组叫母婴组。通过适当调整康复教育计划，引导式教育完全可以运用在婴儿身上，并收到很好的康复效果。以下是我们在母婴组引导式教育实践中的一些感想。

母婴组的孩子要学习的内容包括感官知觉、大肌能、专注记忆、手部操作、生活自理、概念、社交等。这些学习内容都可以整合在习作程序和游戏中，其中感官知觉的发展是基础，要给婴儿丰富的感官刺激，比如看对比度强烈的颜色，听不同的声音（高音、低音、鼓声、金属声、珠子声、音乐等），用不同质地、温度的物品刺激皮肤，尝不同的味道，使他们对各种物品感兴趣，注意到它们的存在，才可能逐渐发展出物体恒存概念以及伸手抓物的能力。当他们学会抓物以后，在游戏课上应多提供不同的玩具或同种玩具的不同玩法来引发摇、拉、推、敲、抛、拼插、拉开等手部动作，可以多考虑有因果关系的玩具，比如当拉、按的时候会出现动作或发出声响等，这样更能引发婴儿的兴趣，使他们更多地、重复地做这些动作。这些动作都有助于他们发展基本动作模式，发展探索外界、解难的能力和主动的性格。

婴儿的注意力分散、短暂，一个习作程序要由较多个活动组成，引发每一个活动都需要玩具来帮助，所以玩具的量也多，但每次只出示一件玩具，当出示另一件玩具时要将前面用过的藏好。在母婴组的小月龄阶段（0~18个月），玩具要用可看、可摸、可闻的具体的物品，以便于孩子们理解。到了18~24个月这个阶段，可以安排简单符号的学习，比如图片，图片上的物品应当是孩子平时能经常看见的，物品与背景颜色对比度要鲜明，图片要简单。以选择会发声的、利于清洁的玩具为佳，前者为了更快地吸引注意力；后者则是因为小孩子喜欢将玩具放入口中，这是我们并不反对的行为，所以玩具用过后要马上清洁，并且最好为每个小

第十章　涓涓心语 实践篇

孩子准备固定的一套。母婴组也能运用主题教学，只是范围较窄、程度较浅，比如可以使用简单的日常生活用品、水果、小动物、车子等。

婴幼儿阶段也有逐步发展社交能力的需要和步骤，可以在习作程序中加入摸、抓、搓自己的手、脚或脸等，妈妈们同时唱《小手小手在哪里》等儿歌，让小孩子逐步认识自己；再通过摸布娃娃或妈妈的手、脚、脸，同时在镜子中对比自己的身体来认识别人和发展人际关系；在共同游戏和习作之余，鼓励小孩子摸、拉同伴的手，面对面接触，使他们注意到同伴的存在，进而发展到互相传递东西，学习分享和一起玩耍；在课堂上可以多增加一些环境变化的情节，比如"关灯了，小宝宝要睡觉了，不能发出声音"，促进社会适应能力的发展。

母婴组也可以运用节律性意向来引发、控制动作，只是常常用一些有节奏的儿歌。如唱出"伸直手肘"，然后再说"伸直、伸直，唔——"。当说到"唔——"的时候，妈妈就帮助他伸直手肘，久而久之，当听到这个旋律，唱到这句歌词，特别是说出"唔"的时候，孩子就真的伸直了手肘。经常使用同样的歌曲或童谣，妈妈与孩子就能把习作当成一种习惯性的活动，在家里重复这种活动练习。母婴组的节律性意向节奏一定要慢，要给婴儿较长的等待时间，妈妈要与引导员一起说出口令。要时刻保持与孩子的交流，以加强亲子感情和互动。

母婴组孩子的年龄为 0～2 岁，这个年龄段最大的问题是容易哭闹，尤其是新组成的小组，或加入了一个新来的孩子，经常是教室里一片哭闹声，但两周后哭声会减少。这往往是孩子对陌生环境恐惧和不适应造成的。要尽量让环境显得温馨、舒适，每一个孩子都有自己的木箱凳、梯背架、条台桌、便盆和玩具，以增加熟悉程度和亲切感。当一个孩子哭的时候，妈妈们要学会分析前因后果，有些是生理性的，而有些与环境、心理有关，同时，每个孩子都有自己独特的气质，妈妈要正确应对。

在课堂结束后，母婴组也有每日常规，这就是转移、如厕及喝水。婴幼儿不能被直接抱起来放在木箱凳上，而是由家长辅助，根据各自的程度选择爬、滚、扶走至条台桌边，再由梯背架辅助坐在木箱凳上，学习擦手、双手抓握双耳杯喝水；蹲便盆时，也要由幼儿运用梯背架先站立，再抓紧扶手，然后慢慢一步一步蹲下。这些常规是学习中线位对称、抓握、放手、伸直肘关节、固定、髋关节活动、躯干转动、重心转移等所有基本动作模式的绝佳机会，是培养主动解难和生活自理能力的开始。由于这个年龄段的孩子需要更多反应和重复的时间，同时为了避免混乱，小组的成员不能太多，以4～5个孩子为宜。因婴儿的体能较差，注意力集中的时间较短，且需要较多的睡眠时间，故每天的课堂节数可以减少，每节课的时间应该缩短。为了缩短步行的距离，可以将一个大教室区分成不同的区域作为课堂、小憩、餐点、蹲便盆之用（图2.10.16）。

图2.10.16 母婴组的教室

妈妈们从开始不知如何面对自己的特殊孩子，到慢慢学会像对待普通孩子一样与自己的孩子相处、玩耍，并懂得如何帮助他们进步，这是母婴组的目标，是孩子健康成长的希望所在（图2.10.17、18）。

图2.10.17 母婴组的地席课　　　　　　图2.10.18 喜见孩子的笑容

图书在版编目(CIP)数据

脑瘫儿童引导式教育教与学 / 中国残联社会服务指导中心主编. --2版. --北京：华夏出版社，2020.1
ISBN 978-7-5080-9768-8

Ⅰ.①脑… Ⅱ.①中… Ⅲ.①小儿疾病-脑瘫-儿童教育-特殊教育-教材 Ⅳ.①G764

中国版本图书馆CIP数据核字（2019）第107563号

脑瘫儿童引导式教育教与学

主　　编	中国残联社会服务指导中心
责任编辑	梁学超
责任印制	顾瑞清
出版发行	华夏出版社
经　　销	新华书店
印　　装	三河市少明印务有限公司
装　　订	三河市少明印务有限公司
版　　次	2020年1月北京第2版 2020年1月北京第1次印刷
开　　本	787×1092　1/16开
印　　张	24.75
字　　数	397千字
定　　价	169.00元

华夏出版社　地址：北京市东直门外香河园北里4号　邮编：100028　网址：www.hxph.com.cn
若发现本版图书有印装质量问题，请与我社营销中心联系调换。电话：(010) 64663331（转）